国际儒学联合会教育系列丛书

丛书指导委员会主任 滕文生
总主编 钱逊 执行总主编 张岂之 李学勤 于建福
国际儒学联合会 国家教育行政学院国学教育研究中心 组编

汉唐书局

中华传统文化经典教师读本

近思录

本书编著 殷慧

山东城市出版传媒集团·济南出版社

○ 涵养须用敬 进学则在致知
○ 学本是修德 有德然后有言
○ 为学大益 在自求变化气质
○ 克己可以治怒 明理可以治惧

图书在版编目（CIP）数据

近思录 / 殷慧编著. —济南：济南出版社，2020.9

（中华传统文化经典教师读本 / 钱逊，于建福主编）

ISBN 978-7-5488-4237-8

Ⅰ.①近… Ⅱ.①殷… Ⅲ.①理学—中国—南宋 Ⅳ.① B244.72

中国版本图书馆 CIP 数据核字（2020）第 157621 号

出 版 人	崔　刚
丛书策划	冀瑞雪
责任编辑	冯文龙　孙育臣
图书审读	朱汉民
装帧设计	李海峰　谭　正

出版发行	济南出版社
地　　址	济南市二环南路1号（250002）
编辑热线	0531-86131747（编辑室）
发行热线	82709072　86131747　86131729　86131728（发行部）
印　　刷	阳谷毕升印务有限公司
版　　次	2020 年 10 月第 1 版
印　　次	2020 年 10 月第 1 次印刷
成品尺寸	185 mm×260 mm　16开
印　　张	25.25
字　　数	525千
印　　数	1—4000册
定　　价	99.00元

（济南版图书，如有印装错误，请与出版社联系调换。联系电话：0531-86131736）

丛书指导委员会

主　　　任　滕文生　张岂之　李学勤
委　　　员　张立文　陈　来　郭齐勇　周桂钿　董金裕
　　　　　　张学智　李存山　朱汉民　杨朝明　桂晓风
　　　　　　牛喜平　王志民　王大千　崔　刚

丛书编写委员会

总　主　编　钱　逊
执行总主编　于建福
委　　　员　（按姓氏笔画排序）
　　　　　　于述胜　于建福　王钧林　冯焕珍　朱荣智　刘长允
　　　　　　刘嘉庚　李　山　杨　明　杨朝明　吴　光　张　践
　　　　　　张圣洁　张新科　单承彬　耿建华　钱　逊　殷　慧
　　　　　　黄朴民　常　森　舒大刚　温海明　颜炳罡　冀瑞雪

本书编著　殷　慧

丛书审读委员会

主　　　任　牟钟鉴
委　　　员　骆承烈　王殿卿　郭齐家　陈　昇　刘示范　吴　光
　　　　　　俞家庆　朱汉民　韩　星　李　岩　王　杰　马恒君
　　　　　　张　涛　杜　勇　周海生　王　珏

汉唐书局

总序

党的十八大以来，以习近平同志为核心的党中央多次强调要大力弘扬中华优秀传统文化。习近平同志指出，"优秀传统文化是一个国家、一个民族传承和发展的根本，如果丢掉了，就割断了精神命脉"；"中华民族有着五千多年的文明史，创造和传承下来丰富的优秀文化传统"，"我们决不可抛弃中华民族的优秀文化传统，恰恰相反，我们要很好传承和弘扬，因为这是我们民族的'根'和'魂'，丢了这个'根'和'魂'，就没有根基了"。习近平同志的这些论述，是指导我们弘扬中华优秀传统文化，做好中华优秀传统文化的传承和教育工作的重要南针。近几年来，在习近平新时代中国特色社会主义思想指引下，国人文化自信得到彰显，中华优秀传统文化得以广泛弘扬，国家文化软实力和中华文化影响力大幅提升。

教育工作的光荣任务就是传授知识传承文化，而学校则是传授知识传承文化的主要场所。历史的经验反复说明，要做好教育工作，既取决于教师的文化知识积累和讲授水平，又取决于学校课程的合理设置和教材的编写质量。要做好传承中华优秀传统文化的教育工作，亦复如是。

习近平同志在视察北师大谈到有关教材编写工作时指出：

"我很不赞成把古代经典诗词和散文从课本中去掉，'去中国化'是很悲哀的。应该把这些经典嵌在学生脑子里，成为中华民族文化的基因。"中共中央办公厅、国务院办公厅颁布的《关于实施中华优秀传统文化传承发展工程的意见》，要求按照一体化、分学段、有序推进的原则，把中华优秀传统文化贯穿于启蒙教育、基础教育、职业教育、高等教育、继续教育各领域，以幼儿、小学、中学教材为重点，构建中华文化课程和教材体系，并要求实施中华文化经典诵读工程。教育部颁布的《完善中华优秀传统文化教育指导纲要》，要求从小学到大学，都要分学段由浅入深地贯穿中华优秀传统文化的教育，在小学、中学、大学的课程设置中要强化中华传统文化的教育内容；在教师培训、研修和资格考试中也要增加中华传统文化的内容，并要求修订中华传统文化的相关教材，组织编写中华优秀传统文化的普及读物。

从幼儿园、小学到中学和大学，各级各类学校的教师都需要具备基本的中华传统文化素养，方能成为合格传道、授业、解惑的"师者"。自己不懂，何以教人？"以其昏昏，使人昭昭"是不行的，正所谓"工欲善其事，必先利其器"。要提高教师的传统文化素养，编写一套供广大教师学习和传授的中华传统文化经典教师读本，很有必要，也是当前亟需的。为此，国家教育行政学院国学教育研究中心、国际儒学联合会联合济南出版社，共同推出这套《中华传统文化经典教师读本》系列丛书。

这套丛书第一辑包括《论语》（上下册）、《孟子》（上下册）、《大学》（朱熹本）、《大学》（古本）、《中庸》、《三字经》、《百家姓》、《千字文》、《弟子规》、《声律启蒙》、《龙文鞭影》共10种读本合13册，已由济南出版社出版。第二辑拟包括《周易》（上下册）、《诗经》（上下册）、《孝经》、《孔子家语》（上下册）、《老子》、《庄子》、《荀子》、《孙子兵法》、《史记》、《近思录》、《传习录》、《六祖坛经》、《颜氏家训》、《笠翁对韵》、《千家诗》（上下册）等读本，成熟一部出版一部，将由济南出版社于2020年出齐。由于文本内容各异，在编写体例上也不尽相同。每册大致按照简介、原文、注释、大意、解读这样的体例进行编写。简介主要是扼要地介绍经典文本的基本情况；原文注重选择流传较广、认可度高的经典底本；注释、译文力求做到准确、精练和通俗易懂；解读是编者对经典文本的内容及其思想价值的综合理解和阐释。同时，书中还设置了"教学引导""释疑解惑""成语探源""思考辨析题""知识扩展""延伸阅读""生活实践"等栏目，为教师们制定教学方案提供参考。

编写这样的教师读本，是一个新的尝试。是否符合需要，还要在教师的自修与教学实践中进行检验。令人欣慰的是，第一辑出版后，深受读者欢迎，也赢得多方好评。祈望读者能把学习和使用这套丛书的体会与意见及时反馈给我们，以便进一步修订，使之能够真正成为广大教师爱读爱用之书。

文化兴则国运兴，文化强则民族强。没有高度的文化自信，没有文化的繁荣兴盛，就没有中华民族伟大复兴。具有里程碑意义的党的十九大确立的"习近平新时代中国特色社会主义思想"，为中华优秀传统文化传承发展提供了精神支柱和力量源泉。作为新时代学人，传承和发展中华优秀传统文化，恰逢其时，时不我待，任重道远。我们应按十九大报告提出的要求，深入挖掘和阐发中华优秀传统文化，尤其是经典中蕴含的思想观念、人文精神、道德规范，结合时代要求继承创新，让中华文化展现出永久魅力和时代风采。

编委会
2017 年 9 月

目录

导读　/ 1

序　/ 7

卷一　道　体　/ 9

卷二　为　学　/ 41

卷三　致　知　/ 104

卷四　存　养　/ 150

卷五　克　治　/ 186

卷六　家　道　/ 209

卷七　出　处　/ 225

卷八　治　体　/ 251

卷九　治　法　/ 272

卷十　政　事　/ 297

卷十一　教　学　/ 331

卷十二　警　戒　/ 345

卷十三　异　端　/ 360

卷十四　圣　贤　／374

篇章体例

◎ 原文

◎ 注释

◎ 大意

◎ 思考辨析题

参考文献　／394

导读

一、引言

宋代的新儒学兴起是中国思想文化史上的大事。如果想要了解宋代新儒学的精神追求和价值取向，那么首要而便捷的方式便是阅读《近思录》。"近思"之名，出自《论语·子张》，孔子非常重要的弟子子夏曾说："博学而笃志，切问而近思，仁在其中矣。"所谓"近思"，就是"思己所未能及之事，不远思也"。《近思录》主要辑选的是"北宋四子"（周敦颐、张载、程颢、程颐）的重要言论，按照朱熹的说法，"《近思录》是近来人说话，便较切"。这个"切"，正点明了"切问而近思"的编写意图。《近思录》代表了宋代新儒学发展的精神方向，同时也反映了朱熹、吕祖谦对新儒学主旨方向、理论体系的理解与把握。南宋·叶采称《近思录》"规模之大而进修有序，纲领之要而节目详明，体用兼该，本末殚举"，清·江永称"凡义理根源，圣学体用，皆在此编……盖孔、曾、思、孟而后，仅见此书"；四库馆臣认为此书"实为后来性理诸书之祖"；近代以来，梁启超、钱穆皆奉《近思录》为研习宋代理学的首选经典，钱穆更将《近思录》列为"中国人必读的九部书"之一，提出"后人治宋代理学，无不首读《近思录》"；陈荣捷先生亦曾对《近思录》的价值与意义有过抉发："《近思录》为我国第一本哲学选辑之书，亦为北宋理学之大纲，更是朱子哲学之轮廓。以后宋代之《朱子语类》，明代之《性理大全》，与清代之《朱子全书》与《性理精义》，均依此书之次序为次序，支配我国士人之精神思想凡五六百年。影响所及，亦操纵韩国与日本思想数百载，且成为官学。在我国亦惟儒独尊，尤以朱子之哲学为主脑。"这些论述都道出了《近思录》在中国思想文化史尤其是宋明理学史上的重要地位。

二、《近思录》的编纂及流传

南宋孝宗淳熙二年（1175年），45岁的朱熹在建宁府建阳县芦山（在今福建建阳）为其母守墓，结"寒泉精舍"以居。当年夏天，浙江东阳吕祖谦来访十余天，与朱熹共读"北宋四子"的语录和著作。两人叹服"四子"学说"广大闳博，若无津涯"，同时又担心初学者不得其门而入，因此"掇取其关于大体而切于日用者"，编成《近思录》——一本理学入门书。

《近思录》的编者为朱熹与吕祖谦，这似乎不应成为什么问题。《宋史·艺文志》中提到两人共同编撰，但后来各本除了江永的《集注》外，均删去了吕祖谦的名字。《近思录》既然为朱吕合编，后世却多将其著作权署在了朱子名下，这是为何呢？最主要的原因，当然主要涉及后人对朱吕学术地位的评价。朱熹后来被认为是道学、理学的集大成者，列入《宋史·道学传》，其《四书章句集注》成为元以后科举考试的教材。而吕祖谦未能进入包括朱熹、张栻以及程朱门人等在内的《道学传》，只与陆九渊兄弟等一起被列入《儒林传》中。另外，在《近思录》编辑过程中，朱子的贡献更大，后世也将《近思录》看作朱子哲学发展重要的组成部分，这或许就是吕祖谦的名字被删去的原因。近年来，不少历史学家、文献学家、哲学史家也都关注这一问题，现在一般认为：朱吕合编《近思录》，且吕祖谦在其中功不可没。

在《近思录》的流传方面，具体而言，早在朱熹生前，就已有讲友刘清之取程门诸公之说，为之作《续录》。及至朱熹身后，《近思录》注解、续补之作更是不断涌现，历代《近思录》续编、补编、仿编、注释、集解、札记等后续著述，总数多达百种以上，此外还有朝鲜、日本历代学者的注释、讲说著述百余种。作为古代学术思想经典，《近思录》有着其历久弥新的思想意义和学术价值，而数百年来流传广泛的众多《近思录》后续著述，同样是值得后世珍视的思想学术史资源。从某种程度上说，正是因为历代学者对《近思录》的高度认可和宣扬，使其成为理学史和中国古代学术史上不可或缺的经典。

三、《近思录》的主要内容和思想体系

《近思录》的体系结构既渊源于先秦儒学、北宋新儒学内部的思想传统，也和道家、佛教哲学的思想体系有着紧密的联系。《近思录》扮演着承先启后的角色，一方面融合、总结了前代思想的精华，另一方面也为阳明心学等提供了丰富的思想素材，在儒学发展史上有着重要地位。《近思录》之所以能够上升到经典的地位，与其具有严密的内在逻辑体系是分不开的。由此正可以看出朱、吕编纂时的用心良苦。

《近思录》选录周敦颐著作12条，程颢著作162条，程颐著作338条，张载著作110条，共622条。目前通行本中的篇目源自《朱子语类》卷一〇五所载之逐篇纲目：一、道体；二、为学大要；三、格物穷理；四、存养；五、改过迁善，克己复礼；六、齐家之道；七、出处进退，辞受之义；八、治国平天下之道；九、制度；十、君子处事之方；十一、教学之道；十二、改过及人心疵病；十三、异端之学；十四、圣贤气象。叶采将其概括为：卷一道体，卷二为学大要，卷三格物穷理，卷四存养，卷五改过迁善、克己复礼，卷六齐家之道，卷七出处进退辞受之义，卷八治体，卷九制度，卷十处事之方，卷十一教学之道，卷十二改过及人心疵病，卷十三异端之学，卷十四圣贤气象。为凸显主题，本书对各卷标题作了如下概括：卷一道体，卷二为学，卷三致知，卷四存养，卷五克治，卷六家道，卷七出处，卷八治体，卷九治法，卷十政事，卷十一教学，卷十二警戒，卷十三异端，卷十四圣贤。通过这些提要和纲目，就能大体了解《近思录》的主要内容。

我们可以把《近思录》十四卷划分为四个部分：卷一为第一部分，主要是道体论，包括宇宙论、本体论、心性论、心物论等；卷二、三、四为第二部分，主要是内圣的为学之道，包括人生观、认识论、工夫论等；卷五、六、七、八、九、十、十一、十二为第三部分，主要是外王的为学之道，包括修身、齐家、治国、平天下、制度、教学、出处进退等；卷十三、十四为第四部

分，从正面说涉及的是儒学的终极关怀，包括理想人格、圣贤气象等，从反面说则是对"异端之学"的批驳。上述的二、三部分又可以合起来称为"为学之道"。这样全书就可以看作是由道体、为学、圣贤气象三部分组成。总体而言，《近思录》从论道体始，进而论及为学之道，最后阐明圣贤气象，并以辨异端作为辅助，全书构成了一个具有自身内在完整逻辑结构的思想体系。

具体而言，一部《近思录》，主旨就是要告诉学者如何求道明理、成圣成贤。这在《道体》《为学》《圣贤》等卷有比较集中而明确的体现。首先，《道体》卷集中了后来宋明理学史上讨论的无极太极、阴阳动静、理气心性等诸多概念和范畴，理论的核心是试图解决宇宙如何生成、人从哪儿来、天道与人道如何沟通等问题，也可以说是需要解决人何以能够成为圣贤的理论基础问题。

其次，《为学》卷明确了"求道明理、成圣成贤"的为学目标与为学方法。理学在学习目标方面的核心主张是求道成圣，"言学便以道为志，言人便以圣为志"（第59条）。宋代理学提出了非常响亮的口号——"圣人可学而至"，认为人均可以通过学习和修养成为圣贤。据二程说："昔受学于周茂叔，每令寻颜子、仲尼乐处，所乐何事。"后来程颐在《颜子所好何学论》中说："学以至圣人之道也。"程颐对那些不以求道成圣为志的学者严加斥责，批评他们是"自弃""自小"。据吕大临在张载殁后写的《行状》中忆述："学者有问，多告以知礼成性、变化气质之道，学必如圣人而后已，闻者莫不动心有进。"总之，北宋四子的治学言行，旗帜鲜明地要求学者必须首先回归孔孟圣贤之学，以区别于辞章、功利、异端之学；必须以求道明理作为学习目标，立志成圣成贤。他们强调，在治学以成圣的过程中必须向圣贤学习，多研习儒家经典。在此卷中，四子研读、讲解最多的经典是《周易》《论语》《孟子》《礼记》等。

在具体学习方法上，程颐认为："人之蕴蓄，由学而大，在多闻前古圣贤之言与行。考迹以观其用，察言以求其心，识而得之，以蓄成其德。"（第9条）程颐主张不但要多学习、多体悟，而且须由表及里，由外及内，把握精神实质。二程很推崇孔子及其弟子颜渊、曾点、曾参、漆雕开、子游、子夏等的学习方法，倡导学者仿效他们。张载认为，"为学大益，在自求变化气质。不尔，皆为人之弊，卒无所发明，不得见圣人之奥"（第100条）。张载主张通过学习和修养，去掉气质之性中那些丑恶的部分，复返至纯至善的天地之性。同样，北宋四子都主张"读书以求义理"，非常重视通过读书、推敲文字来探求为学和做人的道理；主张通过多闻多识，多学习，多体悟，考察圣贤言论以推求其用心，考察圣贤行动以认识其功用，最终彻底掌握并养成自己高尚的品德。朱熹曾说："圣人贤于尧舜处，却在于收拾累代圣人之典章、礼乐、制度、义理，以垂于世。"这也表明，学习圣贤就应该全面学习圣贤所留下来的典章制度、礼乐刑政，并开掘体味义理。

最后，《圣贤》卷树立了"圣贤"的标准。理学家所谓的"圣贤"与"道统"论息息相关，《近思录》所论的"圣贤气象"在理学发展过程中有着举足轻重的地位。所谓圣贤气象，即圣贤风度、圣贤风范，是做人的最高境界。朱吕辑录的此卷，"为有宋理学家一绝大新发明"，值得珍视。《近思录》辨别是否为圣人、有无圣贤气象的标准，主要是看一个人是否求道、明理、循理。在该卷中，"四子"所论定的具有圣贤气象的圣人共有十五位，依次是：尧、舜、禹、汤、周文王、周武王、孔子、颜子、曾子、子思、孟子、周敦颐、程颢、程颐、张载。此外，"四子"认为荀子、扬雄、毛苌、董仲舒、诸葛亮、王通、韩愈七人均有根本性缺陷，所以不能称为圣人。在明确了"圣贤"标准之后，原本"儒门淡薄，收拾不住，皆归释氏"的感叹，在圣贤的振作和道统的接续中有了新的气象，这一气象就是儒学的复兴。因此在讨论《近思录》的逻辑体系和内在结构时，不妨以求道、明理、成圣作为指引我们阅读的一条主要线索。

四、《近思录》读法

对于一般读者来说，初读《近思录》可能有不少困难。这是因为《近思录》内容广博，涉及"北宋四子"对儒释道主要经典和重要问题的讨论。而如果初读者对这些经典和问题不太熟悉的话，势必困难重重。为了读懂《近思录》，我们建议大家循序渐进，先易后难。比如朱熹就提出："看《近思录》若于第一卷未晓得，且从第二卷、第三卷看起，久久后看第一卷，则渐晓得。"在朱熹看来，《道体》一卷也是初读者的难点，应该联系其他各篇来读，才能读懂。"《近思录》首卷难看。某所以与伯恭商量，教他做数语以载于后，正谓此

也。若只读此，则道理孤单，如顿兵坚城之下；却不如《语》《孟》只是平铺说去，可以游心。"（《朱子语类》卷一〇五)

按照朱熹循序渐进的读书法，大家可以先读一些有现代汉语翻译的译注本，初步理解《近思录》所承载的内容，这也是本书编撰的初衷所在。除本书外，还可参考查洪德、杨祖汉等的译注本，也可以将几种译注本搜罗在一起，与本书的译注对照着读，加深对《近思录》的理解。在此基础上，大家可以继续带着探究的心理，翻阅一些集注、集解本，如陈荣捷著《近思录详注集评》(华东师范大学出版社，2007年)，张京华辑校《近思录集释》（岳麓书社，2010年），程水龙撰《〈近思录〉集校集注集评》（上海古籍出版社，2012年）等，看看历代学者是如何注释《近思录》的。接下来大家如果还有兴趣，可以逐本翻阅严佐之、戴扬本、刘永翔主编的《近思录专辑》十册（华东师范大学出版社，2015年）。此专辑遴选点校了宋以来有代表性的《近思录》注解，其中影响最大的是叶采和张伯行分别所作的《近思录集解》，茅星来和江永分别所作的《近思录集注》。这四种注解本的作者对《近思录》既有深刻的体认，又能根据不同时代的学术要求对其进一步补注，能够贯通、创新理学思想，因而值得重视。当代学人为深入了解中华优秀传统文化，可根据自身需要，通过研读《近思录》，体味宋代新儒学修身求道明理成圣的精神追求，从而汲取丰富的精神资源，增强文化自信。

序

朱熹序

淳熙乙未之夏，东莱吕伯恭来自东阳，过予寒泉精舍。留止旬日，相与读周子、程子、张子之书，叹其广大闳博，若无津涯，而惧夫初学者不知所入也。因共掇取其关于大体而切于日用者，以为此编，总六百二十二条，分十四卷。盖凡学者所以求端、用力、处己、治人之要，与夫所以辨异端、观圣贤之大略，皆粗见其梗概。以为穷乡晚进、有志于学而无明师良友以先后之者，诚得此而玩心焉，亦足以得其门而入矣。如此，然后求诸四君子之全书，沈潜反覆，优柔厌饫，以致其博而反诸约焉，则其宗庙之美，百官之富，庶乎其有以尽得之。若惮烦劳，安简便，以为取足于此而可，则非今日所以纂集此书之意也。

五月五日朱熹谨识。

吕祖谦序

《近思录》既成,或疑首卷阴阳变化性命之说,大抵非始学者之事。祖谦窃尝与闻次缉之意,后出晚进于义理之本原,虽未容骤语,苟茫然不识其梗概,则亦何所底止?列之篇端,特使之知其名义,有所向望而已。至于余卷所载讲学之方、日用躬行之实,具有科级。循是而进,自卑升高,自近及远,庶几不失纂集之指。若乃厌卑近而骛高远,躐等陵节,流于空虚,迄无所依据,则岂所谓"近思"者耶?览者宜详之。

淳熙三年四月四日东莱吕祖谦谨书。

卷一　道　体

　　首卷主要谈"阴阳变化性命之说",探讨了宇宙生成论、理气论、人性论等内容,是北宋道学家最具有创造性的理论。叶采认为:"此卷论性之本源,道之体统,盖学问之纲领也。"

　　《近思录》是吕祖谦、朱熹编纂的道学入门之书。吕祖谦曾在原序中提到将《道体》放在卷首的用意:可以知道体之名义,并"有所向望"。《道体》卷大抵有两种读法:一种是先读,确立为学之根本与规模,了解道之大体、学之大纲,具体而言,就是北宋四子的理论取向及其成就;另一种是读完其余十三卷后再读《道体》卷,下学而上达,进行总结性、概括性的提升。

　　从《道体》卷讨论的主要内容可以看出,"北宋四子"(周敦颐、张载、程颢、程颐)主要围绕《周易》《论语》《孟子》《中庸》等展开,这为后来"四书"的结集奠定了坚实的基础。《道体》卷也体现了北宋道学丰富多彩、精彩纷呈的理论形态:就"天理"而言,在周敦颐那儿,主要集中体现为对"无极""太极"的讨论;而在张载那儿,主要表现为对"太虚""气"的梳理。后来朱熹将"太极""太虚"等纳入其"天理"的范畴加以阐述,集北宋诸子之大成。

1.1 濂溪先生①曰：无极而太极②。太极动而生阳，动极而静，静而生阴，静极复动。一动一静，互为其根。分阴分阳，两仪③立焉。阳变阴合，而生水、火、木、金、土。五气顺布④，四时行焉。五行，一阴阳也；阴阳，一太极也；太极，本无极也。五行之生也，各一其性。无极之真，二五⑤之精，妙合而凝。乾道成男，坤道成女。二气交感，化生万物。万物生生，而变化无穷焉。惟人也，得其秀而最灵。形既生矣，神发知矣，五性⑥感动，而善恶分，万事出矣。圣人定之以中正仁义（本注：圣人之道，仁义中正而已矣），而主静（本注：无欲故静⑦），立人极⑧焉。故圣人与天地合其德，日月合其明，四时合其序，鬼神合其吉凶。君子修之吉，小人悖之凶。故曰："立天之道，曰阴与阳；立地之道，曰柔与刚；立人之道，曰仁与义。"又曰："原始反终，故知死生之说。⑨"大哉《易》也，斯其至矣！（周敦颐《太极图说》）

◎ **注释** ①〔濂溪先生〕即北宋理学家周敦颐（1017—1073），字茂叔，原名敦实，因避宋英宗（原名赵宗实，后改名赵曙）旧讳改名敦颐，道州营道

（今湖南道县）人。晚年知南康军时，家居庐山莲花峰下，取故居之"濂溪"名之，世称"濂溪先生"，卒谥元公。著《太极图说》及《通书》，阐发儒家经典中的心性义理思想，被后世尊为"宋明理学的开山鼻祖"。②〔无极而太极〕"无极"一词源于《老子》，"太极"则出自《周易·系辞上》。"无极"与"太极"都是指宇宙生生不息的本根（体），人和天地万物的本原状态。朱熹把"自无极而太极"中的"自"删去，认为不是太极之外另有一个"无极"，而是以"无极"一词来形容太极这一本根（体）无声无臭和广大无边的情状。③〔两仪〕指阴阳二气。④〔五气顺布〕五气，五行（金、木、水、火、土）之气。顺布，流布。⑤〔二五〕阴阳二气与五行。⑥〔五性〕指仁、义、礼、智、信。⑦〔无欲故静〕语本《老子》："无欲故静，天下将自定。"⑧〔立人极〕树立做人的最高标准。⑨〔原始反终，故知死生之说〕语出《周易·系辞上》。原，考察。反，反观。

◎ **大意** 周敦颐说：无极演变为太极。太极动而生阳，动至极处则归于静，静而生阴，静至极处则复归于动。一动一静，互为根源。阴阳相分，阴阳二气就形成了。阳与阴变化和合，而生成水、火、木、金、土五气。五气依次流布，春、夏、秋、冬四季循环交替。由此可见，五行复归于阴阳，阴阳复归于太极，太极本源于无极。五行的生成，都各有自己的本性。作为无极的真气，阴阳五行的精气，神妙结合而凝聚成具体的形态。乾道生成男，坤道生成女。阴阳二气交互感应，化育生成宇宙万物。宇宙万物生生不息，而变化无穷。只有人禀受了天地的精华而成为万物之灵。人的形体生成后，神知也随之感发，仁、义、礼、智、信五性受外物所感，而有善恶之分，不同的行为事态就出现了。圣人以中正仁义之德裁定万事（本注：圣人之道，就是持守仁义中正而已），通过"主静"的修养确立做人的最高标准（本注：人没有欲望就能静定）。因此，圣人与天地德性一致，与日月同辉，与四季相合，与鬼神吉凶一致。君子修养圣人之道则趋向吉利，小人则违背圣贤之道，因而凶险。所以，《周易·说卦》说："立天之道，称阴与阳；立地之道，称柔与刚；立人之道，称仁与义。"《周易·系辞上》又说："探究事物起源和归宿，才能懂得生死的真谛。"深奥伟大啊，《周易》！广大精微，无所不包。

1.2 诚，无为①；几②，善恶。德③：爱曰仁，宜曰义，理曰礼，通曰智，守曰信。性焉安焉④之谓圣，复焉执焉⑤之谓贤，发微不可见、充周⑥不可穷之谓神⑦。（周敦颐《通书·诚几德第三》）

◎ **注释** ①〔诚，无为〕指道的本真状态。诚，真实无妄。无为，自然无伪无欲。②〔几〕细微的迹象。朱熹认为："几者，动之微，善恶之所由分也。"③〔德〕指天道显现在个体身上的德性。④〔性焉安焉〕圣人自然澄明的生命本真状态。性焉，指本性如此。安焉，指安然而行，不勉强学习。⑤〔复焉执焉〕贤人回复生命本真状态，为善去恶。复焉，指复返本性。执焉，指操持固守而不失。执，守。⑥〔充周〕使"诚"扩充而周遍。⑦〔神〕指人和天地万物一体合流的神妙莫测情状，语出《周易·系辞上》。

◎ **大意** 诚，真实无妄，自然无为；人最细微的一念萌动，就有善恶之分。德之体有五用：爱人就是仁，合宜为义，顺理是礼，通达为智，守持是信。心中本就有并安于仁、义、礼、智、信的人，就是圣人；能够恢复并安于五性的人，就是贤人；诚之意念的发动微妙而不可见，扩充诚使之周遍而不可穷尽，是圣人与天地万物一体合流的神妙情状。

1.3 伊川先生①曰："喜怒哀乐之未发谓之中②。"中也者，言"寂然不动③"者也，故曰"天下之大本"。"发而皆中节谓之和。"和也者，言"感而遂通"者也，故曰"天下之达道"。（《二程遗书》卷二十五《畅潜道录》）

◎ **注释** ①〔伊川先生〕即程颐（1033—1107），字正叔，号伊川，学者称"伊川先生"。河南洛阳人,因其久居洛阳,所以其学被称为"洛学"。明道先生程颢(1032—1085)之弟,兄弟二人合称"二程",都从学于周敦颐,同为北宋理学的奠基者之一。他们不重著述,唯求义理。二人的著作合称为《二程集》。②〔喜怒哀乐之未发谓之中〕语出《中庸》。中,不偏不倚。后文的"中节",指合乎法度。③〔寂然不动〕指易作为宇宙最高本体寂然不动的状态。语出《周易·系辞下》。

◎ **大意** 程颐说:"人的喜怒哀乐没有表现出来时,称作中。"中的意思,就是《周易》上说的无思无为时的无声无息,无动无为,所以说"中"是"天下之大本"。喜怒哀乐表现出来全都符合节度,称作和。和的意思,就是《周易》所说的"感应而能贯通天下",所以说和是"贯通天下的大道"。

1.4 心一也,有指体①而言者(本注:"寂然不动"是也),有指用②而言者(本注:"感而遂通天下之故"是也),惟观其所见何如耳。(《二程文集》卷九《答吕大临论中书》)

◎ **注释** ①〔体〕事物的本体、本质。②〔用〕事物的现象、功用。宋儒认为心有体用之别,心体为性,其用为情,心统性情。

◎ **大意** "心"只有一个,有时指心的本体而言(本注:即"无思无为寂然不动"),有时指心的功用而言(本注:即"感于物而遂通天下之用"),这就取决于所理解的是心之本体还是心之功用了。

1.5 乾,天也。天者,乾之形体;乾者,天之性情。乾,健也,健而无息之谓乾①。夫天,专言之则道也,"天且弗违②"是也。分而言之,则以形体谓之天,以主宰谓之帝,以功用谓之鬼神,以妙用谓

之神，以性情谓之乾。（《程氏易传·乾传》）

◎ **注释** ①〔健而无息之谓乾〕本条是程颐《程氏易传·乾传》对《周易·乾卦》"天行健，君子以自强不息"一句的解说。健，刚健不息。②〔天且弗违〕天、人、鬼神都与道不相违背，语出《周易·乾卦·文言传》。

◎ **大意** 乾，是天的象征。天，是乾的形体；乾，是天的性情。乾的意思是刚健，刚健而无止息称为乾。天，统而言之则为道，指的是"天尚且不违背"的那个道。分而言之，就是根据其形体称之为天，由于其主宰万物而称之为天帝，由于其具有变化万端的功用而称之为鬼神，由于其不可测知的神奇妙用而称之为神，根据其性情称之为乾。

1.6 四德①之元，犹五常②之仁。偏言则一事，专言则包四者。（《程氏易传·乾传》）

◎ **注释** ①〔四德〕指元、亨、利、贞。儒家认为："元者，善之长也；亨者，嘉之会也；利者，义之和也；贞者，事之干也……君子行此四德，故曰乾。"元有大与始之意，亨是通，利是祥和，贞是正与固。②〔五常〕指仁、义、礼、智、信。

◎ **大意** 乾之四德（元、亨、利、贞）中的元，相当于仁、义、礼、智、信五常中的仁。如果从狭义上说，则元为善之长；如果从广义上说，则元包含了元、亨、利、贞四者。

1.7 天所赋为命，物所受为性。①（《程氏易传·乾传》）

◎ **注释** ①此条是对《周易·乾卦》用九象辞的解说。命，犹诰敕，一说令。性，犹职任。程颐曾提出"性即理也"的重要命题。

◎ **大意** 性与命其实是一回事，从天所赋予的角度来说是命，从万物所禀受的角度来说则为性。

1.8 鬼神①者，造化之迹②也。（《程氏易传·乾传》）

◎ **注释** ①〔鬼神〕原指天地间精气的聚散变化。后世哲学家用以指阴阳之变、气之往来屈伸。以气而言，鬼为归，属阴；神为伸，属阳。②〔造化〕造，指自无而有。化，指自有而无。造化，指创造化育。

◎ **大意** 鬼神是不可见的神妙的造化所表现出来的迹象。

1.9 《剥》之为卦①，诸阳消剥已尽，独有上九一爻尚存，如硕大之果不见食，将有复生之理，上九亦变则纯阴矣。然阳无可尽之理，变于上则生于下，无间可容息②也。圣人发明此理，以见阳与君子之道不可亡也。或曰：剥尽则为纯坤，岂复有阳乎？曰：以卦配月，则坤当十月③。以气消息④言，则阳剥为坤，阳来为复，阳未尝尽也。剥尽于上，则复生于下矣。故十月谓之阳月⑤，恐疑其无阳也。阴亦然，圣人不言耳。（《程氏易传·剥传》）

◎ **注释** ①〔《剥》之为卦〕本条是对《周易·剥卦》上九爻辞的解说。上九曰："硕果不食，君子得舆，小人剥庐。"按剥卦之体为☶☷，下五爻为阴（称六），独上一爻为阳（称九）。这一卦，由纯阳的乾卦自下而上渐次阳消阴长而来。进一步，上九爻再变成阴（上六），就成了纯阴的坤卦。依《易》理，消于上则复于下，最下一爻进而变成阳（初九），则演变为复卦（☷☳）了。②〔息〕止息。阴阳之变以气论，故言间不容息。③〔坤当十月〕据卦气说，四月为乾，乾卦六爻皆阳。六爻由下而上，每月一爻变为阴爻，故至十月，六爻皆阴，即坤卦。④〔消息〕卦变方式之一。一个卦体中，凡阳爻去而阴爻来，称为"消"；阴爻去而阳爻来，称为"息"。《周易》有十二消息卦，依阴阳消息的次序排列为复、临、泰、大壮、夬（guài）、乾、姤（gòu）、遯（dùn）、否（pǐ）、观、剥、坤。从复卦到乾卦，阳爻逐渐增加，从下往上增长，阴爻逐渐减少，为阳息阴消。从姤卦到坤卦，阴爻逐渐增加，从下往上增长，阳爻逐渐减少，为阴息阳消。⑤〔十月谓之阳月〕语出《尔雅·释天》。

◎ **大意** 剥卦指各阳卦都剥落将尽，只剩下上九这一阳爻。其卦象，就如同有硕大的果子，挂在树上没有被人吃掉，尚有阳气复生之理。如果阳爻上九也变成阴爻上六，那就变成纯阴的坤卦了。然而，阳气没有完全殆尽的道理，上九爻变于上，初九阳爻就会生于下，中间几乎没有任何停顿。圣人阐明了这一道理，并通过它来说明阳刚之气与君子之道都不会消亡。有人问：阳爻剥尽就变为纯阴的坤卦，难道还有阳气吗？程颐回答说：以卦配月份来说，坤卦正当十月。以阴阳二气相互消长的现象来讲，阳爻剥落为纯阴的坤卦，阳气重新回来而坤卦初六爻变为阳爻，就成了复卦，阳气未曾消尽。上面阳爻逐渐剥落时，复卦下面的阳气也开始生成。所以，将十月称为阳月，就是担心人们怀疑坤卦无阳。将四月称为阴月的道理也是如此，只不过圣人没有特别说明而已。

1.10 一阳复于下①，乃天地生物之心也。先儒皆以静为见天地之心，盖不知动之端乃天地之心也②。非知道者，孰能识之？③（《程氏易传·复传》）

◎ **注释** ①〔一阳复于下〕复卦卦体震下坤上（☷☳），只有初九爻为阳爻，所以叫"一阳复于下"。②〔动之端乃天地之心也〕按朱熹解释，此动之端是见天地之心，而非动端为天地之心。又说："十月阳气收敛，天地生物之心固未尝息，但无端倪可见。惟一阳动，则生意发动，乃始复见其端绪也。"凡生物都从这里起，岂不是天地之心？按十月为坤卦（☷），乃纯阴之卦。至复卦（☷），始一阳动于下。初九爻为一阳之始，阳为动；下卦为震，震为动，初九为震之下，故称"动之始"。③本条是对《周易·复卦·象传》的解说。

◎ **大意** 复卦在纯阴的坤卦之后，从卦象来看，一阳爻复生于下，是继坤卦纯阴之后，一阳复起，这显示了天地生物之心。前代儒者都认为"道"凝然不动时可见天地之心，那是因为他们不知道动而未动之初才能见天地之心。不是深明大道的人，谁能认识到这一点呢？

1.11 仁者，天下之公，善之本也。①（《程氏易传·复传》）

◎ **注释** ①本条是对《周易·复卦》六二爻象辞"休复之吉，以下仁也"的解说。叶采解："仁者以天地万物为一体，故曰'天下之公'。四端万善，皆统乎仁，故曰：'善之本。'"按：善端者，恻隐之心为仁之端，羞恶之心为义之端，辞让之心为礼之端，是非之心为智之端。世间万善皆由此四端而成，而仁义礼智又统于仁。四端之说，见《孟子·公孙丑上》。

◎ **大意** 仁，是天下"公平之德"，是一切善的根本。

1.12 有感必有应①。凡有动皆为感，感则必有应，所应复为感，所感复有应，所以不已也。感通之理②，知道者默而观之可也。（《程氏易传·咸传》）

◎ **注释** ①〔有感必有应〕这是对《周易·咸卦·象传》中"咸，感也"的解释。咸卦（䷞）艮下兑上，艮为少男，兑为少女，为感应，为夫妇之道。②〔感通之理〕咸卦卦辞云："咸：亨，利贞；取女吉。"亨者，通也。程颐《易传》："物之相感，则有亨通之理。君臣能相感，则君臣之道通；上下能相感，则上下之道通；以至父子、夫妇、亲戚、朋友，皆情意相感，则和顺而亨通。"

◎ **大意**　凡有感发必然有回应。凡有动都成为感，凡感所动之处必有应，所应而动又成为感，所感之处又有应，因此感与应连续不断而无止息。感而通的道理，通晓道的人默然静观就好了。

1.13　天下之理，终而复始，所以恒而不穷。恒非一定之谓也，一定则不能恒矣。惟随时变易，乃常道也。天地常久之道，天下常久之理，非知道者，孰能识之？①（《程氏易传·恒传》）

◎ **注释**　①本条是对《周易·恒卦》的解说。程颐的解释体现了"恒"的辩证法：不变不能恒久，只有变才能恒久。

◎ **大意**　天下的道理，终而复始，所以恒常而无穷。恒常并不是指静止不动、一成不变。静止不动、一成不变就不能恒久。只有随时变化，才是万物恒久之道。天地恒久之道，天下恒久之理，不知晓道的人怎能理解呢？

1.14　人性本善，有不可革者，何也？曰：语其性，则皆善也；语其才，则有下愚之不移①。所谓下愚有二焉：自暴也，自弃也②。人苟以善自治，则无不可移者，虽昏愚之至，皆可渐磨而进。惟自暴者拒之以不信，自弃者绝之以不为，虽圣人与居，不能化而入也，仲尼之所谓下愚也。

然天下自弃自暴者，非必皆昏愚也，往往强戾而才力有过人者，商辛③是也。圣人以其自绝于善，谓之下愚，然考其归，则诚愚也。既曰下愚，其能革面，何也？曰：心虽绝于善道，其畏威而寡罪，则与人同也。惟其有与人同，所以知其非性之罪也。④（《程氏易传·革传》）

◎ **注释** ①〔语其才则有下愚之不移〕语出《论语·阳货》。②〔自暴也，自弃也〕语出《孟子·离娄上》。自暴，指自我戕害。自弃，指自我放弃，即放弃向善。③〔商辛〕商朝最后的君王纣王之名，自焚于鹿台，史家都称他的恶行是商朝灭亡的重要原因。④本条是对《周易·革卦》上六爻爻辞之解释。按《论语·阳货》载孔子语言："唯上智与下愚不移。"《孟子·告子上》云："人之性善也，犹水之就下也，人无有不善，水无有不下。"而《周易》又有"小人革面"之说，那么《论语》《孟子》《周易》的人性论是否矛盾？此条亦解决此问题。宋代理学家将人性分为"天命之性"与"气质之性"，认为天命之性无不善，气质之性则有善有不善。故而人在本性上是善的，由于禀受的气质不同，有善有不善，但气质又可以通过自我内在的修养而变换，所以在宋儒看来，这三者的人性论是不矛盾的。

◎ **大意** 人性本善，有些性情是不可改变的，这是为什么呢？回答说：说到人的本性，则都是善的；说到人的材质，则有下等昏愚而不可改变的。所谓的下愚之人有两种：自我戕害本性的人和自我放弃向善的人。人如果能以向善之心加强自我修养，就没有什么不可以改变的。即使昏庸愚顽到极点的人，也可以通过磨炼而有所进步。只有自暴者由于不诚信而拒绝改过向善，自弃者由于不想做而不求向善，即使圣人与他们共处，也不能感化他们向善，这就是孔子所说的最愚笨的人。然而天下自暴自弃者，并不都是昏庸愚顽之辈，往往有强梁暴恶、才力过人者，商辛就是这样的人。因其自绝于向善，圣人才称之为下愚。然而考察他们的最终结局，确实是愚蠢的。既然说是下愚，他们又能改变面目，这又是为什么呢？回答说：下愚者心中虽然与善道断绝，但他们内心仍畏惧威权而少犯罪过，这样就表现得与一般人一样了。因为他们有与人相同的一面，通过这一点就可以说明他们的愚恶不是本性之罪了。

1.15 在物为理，处①物为义。（《程氏易传·艮传》）

◎ **注释** ①〔处〕区分，治理，处理。

◎ **大意** 事物本身内在的法则称作理，人们处置事物符合其法则称作义。

1.16 动静无端①，阴阳无始。非知道者，孰能识之？②（《程氏经说·易说》）

◎ **注释** ①〔端〕开端，开始。②本条是对《周易·系辞上》"一阴一阳之谓道，继之者善也，成之者性也"的解说。

◎ **大意** "易"的一动一静没有开端，阴阳二气相交没有始源可见。不是通晓大道的人，谁能理解呢？

1.17 仁者，天下之正理，失正理则无序而不和。①（《程氏经说·论语解》）

◎ **注释** ①本条是对《论语·八佾》"人而不仁，如礼何？人而不仁，如乐何？"的解说。序，秩序。和，和谐。秩序与和谐也是相互依存的，无序就会失去和谐。

◎ **大意** 仁是天下的正理，失去这个正理，天下就会丧失秩序，无序则会不和谐。

1.18 明道先生①曰：天地生物，各无不足之理。常思天下君臣、父子、兄弟、夫妇，有多少不尽分②处！（《二程遗书》卷一《端伯传师说》）

◎ **注释** ①〔明道先生〕即程颢，字伯淳，学者称"明道先生"，河南洛阳人。十五六岁时与弟程颐从学于周敦颐，遂厌科举之习。出入佛老近十年，然后返求"六经"。其时王安石（1021—1086）执政，议更新法，程颢与王安石不和，出为判官。后知扶沟县（今属河南），士子来学。死后谥曰纯公，宋理宗时追封河南伯，从祀孔庙。②〔尽分〕尽其职分。

◎ **大意** 程颢说：天地化生万物，各种事物无一不禀受了足份的天理。我常想天下君臣、父子、兄弟、夫妇之间处事，有多少不能尽其职分的地方呀！

1.19 "忠信所以进德①"，"终日乾乾②"，君子当终日"对越在天③"也。盖"上天之载，无声无臭④"，其体则谓之易，其理则谓之道，其用则谓之神，其命于人则谓之性，率性则谓之道，修道则谓之教⑤。孟子去其中又发挥出浩然之气⑥，可谓尽矣。故说神"如在其上，如在其左右⑦"，大小大事，而只曰"诚之不可掩如此夫"。彻上彻下，不过如此。形而上为道，形而下为器⑧，须著如此说。器亦道，道亦器，但得道在，不系今与后，己与人。（《二程遗书》卷一《端伯传师说》）

◎ **注释** ①〔忠信所以进德〕语出《周易·乾卦·文言传》。从本心出发，无一不尽，是谓忠；遵循实际，不违其理，谓之信。进德，增进道德。②〔终日乾乾〕语出《周易·乾卦》九三爻辞。乾乾，勤勉努力。③〔对越在天〕语出《诗经·周颂·清庙》。对，配。越，于。④〔上天之载，无声无臭〕语出《诗经·大雅·文王》。上天之载，即上天之事。载，存在状态。⑤〔率性则谓之道，修道则谓之教〕语出《中庸》："天命之谓性，率性之谓道，修道之谓教。"率，遵循。教，教化。⑥〔浩然之气〕充塞天地的一种至大至刚的精神气概，出自《孟子·公孙丑上》。⑦〔如在其上，如在其左右〕是说神无所不在，出自《中庸》。⑧〔形而上为道，形而下为器〕语出《周易·系辞上》。道，无形无相，为形上本体。器，有形有相，为具体事物。

◎ **大意** 《周易》说"忠信可以增进德性"，又说君子应当"整日谨慎勤勉"，使自己的德行与上天之德相配。上天之事，虽然没有声响气味，但就其总体来说称作易，就其运行之理来说称作道，就其妙用来说称作神，就其赋予人来说称作性，顺着这本性去做称作道，修明此道称作教。孟子又在其中发挥出浩然之气的思想，可以说是完备了。因此说神明"就像在我的上边，就像在我的左右"，偌大的事，却只说"神至诚的德行不可掩藏以至于如此呀"。上而天地鬼神，下而人事万物，都不过如此。抽象而超越形体之上的事理、方法称作道，具体有形的东西称作器，理论上是这么说。器就是道，道也就是器，二者是不可分割的。只要有道在，便不拘今日还是以后，也不拘自身还是他人，都能无所不合。

1.20 医书言手足痿痹为不仁①，此言最善名状。仁者以天地万物为一体，莫非己也。认得为己，何所不至？若不"有诸己"，自不与己相干。如手足不仁，气已不贯，皆不属己。故博施济众②，乃圣之功用。仁至难言，故止曰："己欲立而立人，己欲

达而达人，能近取譬③，可谓仁之方也已。"欲令如是观仁，可以得仁之体。（《二程遗书》卷二《元丰己未吕与叔东见二先生语》）

◎ **注释** ①〔手足痿痹为不仁〕语出《黄帝内经·痹论篇》。痿痹，指瘫痪和麻木。②〔博施济众〕语出《论语·雍也》。③〔能近取譬〕比喻能推己及人，替他人着想。

◎ **大意** 医书说手足肌肉萎缩、麻痹为不仁，这是对不仁的最佳描述。仁者以天地万物为一体，没有一物不与自己同在。如果能体认到万物与自己为一体，那又有什么仁爱之事做不到呢？如果不与自己为一体，自然就与自己无关。就像手足肌肉萎缩、麻痹，气脉已不顺畅通贯，都不属于自己了。所以孔子说广施恩惠以济大众，乃是圣人仁德的功用。仁最难以描述，所以孔子只是说："自己想要立足，也要使别人能够立足；自己要行得通，也要使别人行得通。能够设身处地为他人着想，可以说是践行仁德的方法了。"如果能让人们如此认识仁，也就可以使人们了解仁的本体了。

1.21 "生之谓性①"，性即气，气即性，生之谓也。人生气禀，理有善恶，然不是性中元有此两物相对而生也。有自幼而善，有自幼而恶（本注：后稷②之克岐克嶷。子越椒③始生，人知其必灭若敖氏之类），是气禀有然也。善固性也，然恶亦不可不谓之性也。盖"生之谓性""人生而静④"以上不容说，才说性时便已不是性也。凡人说性，只是说"继之者善也⑤"，孟子言性善是也。夫所谓"继之者善也"者，犹水流而就下也。皆水也，有流而至海，终无所污，此何烦人力之为也。有流而未远，固已渐浊；有出而甚远，方有所浊。有浊之多者，有浊之少者。清浊虽不同，然不可以浊者不为水也。如此，则人不可以不加澄治之功。故用力敏勇则疾清，用力缓怠则迟清。及其清也，则却只是元初水也，不是将清来换却浊，亦不是取出浊来置在一隅也。水之清，则性善之谓也。故不是善与恶在性中为两物相对，各自出来。此理，天命也。顺而循之，则道也。循此而修之，各得其分，则教也⑥。自天命以至于教，我无加损焉，此舜有天下而不与焉⑦者也。（《二程遗书》卷一《端伯传师说》）

◎ **注释** ①〔生之谓性〕语出《孟子·告子上》。告子主张性无善无恶，与孟子的性善论不同。这里的"生之谓性"是对孟子性善论义理的阐发，与告子之说不同。②〔后稷〕尧帝时掌农业之官。《诗经·大雅·生民之什》说后稷始生，"诞实匍匐，克岐克嶷"，言其刚会在地上爬，就很聪明乖巧。岐、嶷是指山势高危之状，这里形容后稷人品超凡、品德高尚。③〔子越椒〕据《左传·宣公四年》，楚国子越椒生而有熊虎之状、豺狼之声，令尹子文说："如不杀掉他，必为其族若敖氏招来灭族之祸。"后来子越椒叛乱，若敖氏一族被灭。④〔人生而静〕语出《礼记·乐记》。⑤〔继之者善也〕语出《周易·系辞上》。继，禀受、承继。⑥〔各得其分，则教也〕语出《中庸》："天命之谓性，率性之谓道，修道之谓教。"分，职分。⑦〔舜有天下而不与焉〕语出《论语·泰伯》。不与，不掺入自己的意志，一切都顺从天理。

◎ **大意** "天生具有的资质叫作性"。性就是气禀，气禀就是性，这就是"生"（天生具有）的意思。人初生时禀受的气，从道理上说有善有恶，但不是人的本性中有善恶两个东西相对产生而存在的。有的人自幼就善，有的人自幼就恶（本注：就像后稷生下来就聪明懂理，子越椒生下来人们就知道他必定使若敖氏灭亡之类），这是气禀不同使然。善固然是人性，但是恶也不能不称作性。"生之谓性""人生而静"以前的事说不得，当说"生之谓性"，它已不是初生之时；当说"人生而静"，它已感于物而动，于是就不再是初生时、未动时之性了。但凡人说到性时，只是说"继承天的法则就是善"，孟子言人性善就是从这种意义上说的。《周易》说的"继承天的法则就是善"，就像孟子说的"人性之善，犹如流水趋向低下之处"一样。同样都是水，有的一直流到大海，到尽头也没有被污染，哪里还需要人力去澄清呢？有的流得还不远，就已经逐渐混浊了；有的流得很远，才有些混浊。有混浊得严重的，有混浊得较轻些的。清浊虽然不同，然而不可因其混浊不称其为水。如此，就不能不用人力加以澄清了。所以用力勤而勇猛的很快就变清，用力迟缓怠惰的就慢慢澄清。等到水变清了，却还是原来的水。不是拿清水来换浊水，也不是取出浊水放到一边。水之清，是性善的比喻。所以并不是善与恶在本性中为两个东西相对，各自表现出来。这个理，就是天命。顺应并遵循这个天命，就是道。遵循天命加以修治，以得到天命赋予各人那一份，便是教。《中庸》上说的从"天命"到"教化"的整个过程，我既不附加，也不减损，就像"舜虽然拥有天下却不加干预"一样。

1.22 观天地生物气象①（本注：周茂叔看）。（《二程遗书》卷六）

◎ **注释** ①〔天地生物气象〕语出《周易·系辞上》："天地之大德曰生。"观天地生化万物之气象，可体天地生生之德。

◎ **大意**　观察天地育养万物的气象〔本注：这里是说像周敦颐观"窗前草"那样（体悟天地生生之大德）〕。

1.23 万物之生意最可观，此"元者，善之长也①"，斯所谓仁也。（《二程遗书》卷十一《师训》）

◎ **注释**　①〔元者，善之长也〕语出《周易·乾卦·文言传》。元，大，在《易经》中，它被解释成一种生成天地万物的伟大动力。

◎ **大意**　世上万物的生机、生命的活力最耐人寻味，这就是《乾卦·文言》"元者，善之长也"（有初始之意的元居四善德之首）一句话的含义，也就如仁、义、礼、智四善之首的仁。

1.24 满腔子①是恻隐之心②（《二程遗书》卷三《谢显道记忆平日语》）。

◎ **注释**　①〔腔子〕身躯，当时洛阳俗语。②〔恻隐之心〕同情心，语出《孟子·公孙丑上》。恻是伤之切，隐是痛之深。

◎ **大意**　浑身上下充满了同情他人之心。

1.25 天地万物之理，无独必有对①，皆自然而然，非有安排②也。每中夜以思，不知手之舞之，足之蹈之也。（《二程遗书》卷十一《师训》）

◎ **注释**　①〔无独必有对〕没有单独的存在，只有相对立的存在，如阴阳、动静。②〔安排〕不任随自然，施加心思人力，加以人为干预。

◎ **大意**　天地万物中的理，没有一种是孤立的，都是相对应而存在的，都是自然而然，并非谁有意的安排。每每半夜想到这些，叫人不由激动得手舞足蹈。

1.26 中者，天下之大本，天地之间，亭亭当当①、直上直下之正理。出则不是，惟敬而无失②最尽。

（《二程遗书》卷十一《师训》）

◎ **注释** ①〔亭亭当当〕妥妥当当，不偏不倚。②〔敬而无失〕语出《论语·颜渊》。严肃认真而无过失。

◎ **大意** 中是天下的根本法则，是天地之间不偏不倚、通达上下的正理。人的喜怒哀乐之情一表现出来就不是中了。只有"谨慎约束自己的感情而不失去中道"，才是最大限度地接近"中"。

1.27 伊川先生曰：公则一，私则万殊。人心不同如面①，只是私心。（《二程遗书》卷十五《入关语录》）

◎ **注释** ①〔人心不同如面〕语出《左传·襄公三十一年》。

◎ **大意** 程颐说：公心都是一样的，私心则形形色色。人心不同各如其面，原因只是各自怀着私心。

1.28 凡物有本末，不可分本末为两段事。洒扫应对①是其然，必有所以然。（《二程遗书》卷十五《入关语录》）

◎ **注释** ①〔洒扫应对〕语出《论语·子张》，"子游曰：'子夏之门人小子，当洒扫应对进退则可矣。抑末也，本之则无，如之何？'"。按子游所说，"本"指学问根基，"末"指具体行事的末节；到程颐这里，"本"指洒扫应对的所以然之理,"末"则指洒扫应对之事。

◎ **大意** 一切事物都有本末,但不能把本末分成两回事。教育子弟要教会他们洒扫应对之类的事,这是应该如此,其后面一定还有为什么如此的道理。

1.29 杨子①拔一毛不为,墨子②又摩顶放踵为之③,此皆是不得中。至如子莫执中④,欲执此二者之中,不知怎么执得。识得则事事物物上,皆天然有个中在那上,不待人安排也,安排着则不中矣。(《二程遗书》卷十七)

◎ **注释** ①〔杨子〕杨朱,字子居,战国时期魏国人,主张"贵生""重己",一意保全自己的天性与生命,反对他人对自己的侵夺,也反对自己对他人侵夺,没有著作存世,观点散见于《庄子》《孟子》《韩非子》《吕氏春秋》等书。②〔墨子〕名翟,春秋时期鲁国人,一说宋国人。仕宋时为大夫,墨家学派创始人,主张兼爱、尚贤、尚同、天志、明鬼、非命、非攻、非乐、节用、节葬等。③〔摩顶放踵为之〕语出《孟子·尽心上》。摩顶放踵,头顶都秃了,脚后跟都磨破了,比喻不辞劳苦。④〔子莫执中〕出自《孟子·尽心上》。子莫,鲁国贤人。

◎ **大意** 杨朱拔一毛有利天下而不为,墨翟则磨秃头皮、走破脚后跟,只要有利于天下就去做,二者都没有把握中道。至于像子莫掌握中道,想在杨子与墨子二人之间掌握中道,不知怎样能掌握得了。应该认识到,世间一切事物,都天然有一个中道在那上面,不需要人为安排一个中道。如果人为安排,时推事移,那便不符合中道了。

1.30 问:时中①如何?曰:中字最难识,须是默识心通。且试言一厅则中央为中;一家则厅中非中，而堂为中；言一国，则堂非中，而国之中为中。推此类可见矣。如三过其门不入②，在禹、稷之世为中，若居陋巷③，则非中也。居陋巷，在颜子④之时为中，若三过其门不入，则非中也。（《二程遗书》卷十八《刘元承手编》）

◎ **注释**　①〔时中〕中不是固定不变的，要随时、地、势时变化而变化，合乎时宜。②〔三过其门不入〕据《孟子·滕文公上》，当尧之时，洪水横流，五谷不登。尧独忧之，举舜而弗治。舜使禹治水，禹疏九河，在外八年，三过其门而不入。后稷教民稼穑，五谷熟而人民育。③〔居陋巷〕语出《孟子·离娄下》："颜子当乱世，居于陋巷，一箪食，一瓢饮，人不堪其忧，颜子不改其乐，孔子贤之。"④〔颜子〕名回，字子渊，又称颜渊，春秋末期鲁国人，孔子弟子，以德行著称，深受孔子赏识。自汉代起，颜渊被列为"七十二贤之首"。明嘉靖九年（1530年）被封为"复圣"，曲阜有复圣庙。

◎ **大意**　有人问：如何才能做到时中（合乎时宜）呢？程颐回答说：中字最难理解，必须默默体会贯通于心。比方说在一个大厅里，厅的中央是中；在一家中，那么厅的中央就不是中，而堂为家的中；如果在一个国家中，堂就不是国家的中央，而国家的中心是中。据此类推，就可以理解时中了。如三过家门而不入，在禹、稷之世是中，如果隐身于陋巷，就不是中了。身居陋巷，在颜渊所处的时代可说是中，如果他忙于功业，三过家门而不入，就不是中了。

1.31 无妄之谓诚，不欺其次矣①。（本注：李邦直②云"不欺之谓诚"，便以不欺为诚。徐仲车③云"不息之谓诚"，《中庸》言"至诚无息"，非以无

息解诚也。或以问先生，先生曰云云。）（《二程遗书》卷六）

◎ **注释** ①〔无妄之谓诚，不欺其次矣〕朱熹说："无妄是自然之诚，不欺是着力去做底。"江永集注："无妄是我无妄，故诚；不欺者对物而言之。故次之。"②〔李邦直〕名清臣，字邦直。宋哲宗绍圣二年（1095年）为中书侍郎。详情见《宋史》卷三二八《李邦直传》。③〔徐仲车〕名积，因聋疾不仕，擅长天文，《宋名臣言行录》卷十四有其传。

◎ **大意** 自然无妄念就称作诚，不欺瞒尚在其次。（本注：李清臣说"不欺就称作诚"，于是就以不欺为诚。徐积说"不息之谓诚"，《中庸》中有"至诚无息"的话，但那不是用"无息"解释"至诚"。有人去问程颐，程颐说了上面这两句话。）

1.32 冲漠无朕①，万象森然已具，未应不是先，已应不是后。如百尺之木，自根本至枝叶皆是一贯，不可道上面一段事无形无兆，却待人旋安排引入来教入途辙②。既是途辙，却只是一个途辙③。（《二程遗书》卷十五《入关语录》）

◎ **注释** ①〔冲漠无朕〕形容宇宙无形无象。冲，虚。漠，通"寞"。朕，征兆。②〔途辙〕途，路途。辙，车辙。③〔既是途辙，却只是一个途辙〕此句语意难解，《朱子语类》卷九十五中，朱熹认为原文记录可能有误，"恐是记者欠了字，亦晓不得"。

◎ **大意** 在空寂无形的宇宙中，万事万物的理已经具备，未与物感应时的理称不上是先者，已感应的理也并非是后者。就像参天大树，从根到枝叶都相互贯通为一体。不能说世界万物产生以前，它既无形迹亦无征兆，却有赖于外在的人力为它安排一条路径，将之引导进来。既然是一条路径，那么也只是一条路径而已。

1.33 近取诸身①，百理皆具。屈伸往来之义，只于鼻息之间见之。屈伸往来只是理，不必将既屈之气复为方伸之气。生生之理，自然不息。如复卦言"七日来复②"，其间元不断续。阳已复生，物极必返③，其理须如此。有生便有死，有始便有终。（《二程遗书》卷十五《入关语录》）

◎ **注释** ①〔近取诸身〕语出《周易·系辞下》。古人认识世界，会以自己身体作为认识世界的开端。②〔七日来复〕语出《周易·复卦·象传》。复，往来。③〔物极必返〕语出《鹖冠子·环流》。返，同"反"。

◎ **大意** 认识事理如果取法于自身，就会发现人自身体现了所有的理。就气的屈伸往来说，只在人的呼吸中就能感受到。屈伸往来只是一个理，不必将既屈之气再变成伸张之气。天地生生不已之理，自然是永无止息的。如复卦卦辞所说"七日来复"，这七日之中气的屈伸原本没有间断。就《周易》的消息卦看，坤卦为纯阴，到复卦则阳气已经复生，这是物极必反，其中的道理应当如此。所以有生就有死，有始就有终。

1.34 明道先生曰：天地之间只有一个感与应而已，更有甚事？（《二程遗书》卷十五《入关语录》）

◎ **大意** 程颢说：天地之间，万事万物的关系可以概括为一个感和应的关系。除此之外，还有什么呢？

1.35 问仁，伊川先生曰：此在诸公自思之，将圣贤所言仁处类聚观之，体认出来。孟子曰"恻隐之心，仁也"，后人遂以爱为仁。爱自是情，仁自是性，岂可专以爱为仁？孟子言"恻隐之心，仁之端也"，既曰仁之端，则不可便谓之仁。退之①言"博爱之谓仁"，非也。仁者固博爱，然便以博爱为仁②则不可。（《二程遗书》卷十八《刘元承手编》）

◎ **注释** ①〔退之〕韩愈（768—824），字退之，唐河内河阳（今河南孟州）人，谥文，尊称"韩文公"，因为他自称"郡望昌黎"，所以又称"韩昌黎"。历任监察御史，中书舍人，刑部侍郎，元和十四年（819年）因谏迎佛骨，被贬至潮州（今属广东）。韩愈尽通经史百家，行文秀丽，后世宗之。他是汉至唐最杰出之儒者，也是唐代古文运动的倡导者，宋代苏轼称他"文起八代之衰"，明人推举他为"唐宋八大家"之首。《新唐书》卷一七六有传。②〔以博爱为仁〕语出《韩昌黎全集·原道》："博爱之谓仁，行而宜之之谓义，由是而之焉之谓道。"

◎ **大意** 有人问什么是仁，程颐回答说：这要诸位自己去思考，把圣贤谈到仁的话分类集结来看，体会出来。孟子说"同情他人之心，就是仁"，后人于是认为爱就是仁。爱属于情感，仁自是本性，怎么能简单地把爱当作仁呢？孟子说"同情之心，是仁的发端"，既然说是"仁的发端"，就不能直接称作仁。韩愈说"博爱叫作仁"，这是不对的。仁者固然博爱，但认为博爱就是仁，则不可。

1.36 问："仁与心何异？"曰："心譬如谷种，生之

性便是仁，阳气发处乃情也。"(《二程遗书》卷十八《刘元承手编》)

◎ **大意** 有人问：仁和心有什么不同？程颐回答说：打个比方，心就像一粒谷种，它所包含的生长的本性就是仁，这本性到阳气发动时就变成情了。

1.37 义训宜，礼训别，智训知，仁当何训？说者谓训觉①训人②，皆非也。当合孔孟言仁处，大概③研穷之，二三岁得之，未晚也。(《二程遗书》卷二十四《邹德久本》)

◎ **注释** ①〔训觉〕谢良佐以"识痛痒"为仁。谢良佐（1050—1103），北宋学者，字显道，蔡州上蔡（河南上蔡）人，人称"上蔡先生"或"谢上蔡"。元丰进士，历仕州县。宋徽宗时，因召对忤旨，废为民。受学于二程，与游酢、杨时、吕大临并称程门"四先生"。他创立了上蔡学派，是心学的奠基人，湖湘学派的鼻祖，在程朱理学的发展史上起到桥梁作用。②〔训人〕语出《中庸》："仁者，人也，亲亲为大；义者，宜也，尊贤为大。"③〔大概〕大略。

◎ **大意** 义解释为合宜，礼解释为区分，智解释为知晓，仁应当如何解释？有的人说解释为"识痛痒"，有的人解释为"人"，都不对。应该把孔子、孟子谈论仁的话收集起来，结合着看，从大处深入研究，两三年能得出结论，也不算晚。

1.38 性即理也。天下之理，原其所自①，未有不善。喜怒哀乐未发，何尝不善？发而中节，则无往而不善；发不中节，然后为不善。故凡言善恶，皆先善而后恶；言吉凶，皆先吉而后凶；言是非，皆先是而后非。（本注：《易传》曰：成而后有败，败非先成者也。得而后有失，非得何以有失也？②）

（《二程遗书》卷二十二上《伊川杂录》）

◎ **注释** ①〔原其所自〕推究其本原。原，考察、推究。②〔得而后有失，非得何以有失也〕原文出自《程氏易传》，《近思录集解》无此本注。

◎ **大意** 性也就是理。天下万物之理，从其根源而言，没有不善的。喜怒哀乐之情没有表现出来时，哪有什么不善的？表现出来如果都符合礼的规定，则表现在任何地方都没有不善的；如果表现出来不符合礼的规定，就不是善的。因此凡人说善恶，都是先说善后说恶；说吉凶，都是先说吉后说凶；说是非，都是先说是后说非。（本注，《易传》说：成就以后才会有失败，败不会在成的前边。得到以后才会有失去，没有得哪会有失？）

1.39 问："心有善恶否？"曰："在天为命，在义为理①，在人为性，主于身为心，其实一也。心本善，发于思虑则有善有不善。若既发，则可谓之情，不可谓之心。譬如水，只可谓之水。至如流而为派，或行于东，或行于西，却谓之流也。"（《二程遗书》卷十八《刘元承手编》）

◎ **注释** ①〔在义为理〕朱熹注云："'在义为理'疑是'在物为理'。"

◎ **大意** 有人问：心有善恶吗？程颐回答说：命、理、性、心这些概念，体现为天的本然称作命，体现为义的本然称作理，体现在人的身上称作性，就主宰人身说称作心，其实都是一回事。心原本是善的，表现为思虑，就有善有不善。如果已经表现出来，就只能称作情，而不能称作心。比如水，只能称作水。至于流淌出来的支流，或流向东，或流向西，也只能称作支流了。

1.40 性出于天，才出于气。气清则才清，气浊则才浊。才则有善有不善，性则无不善。①（《二程遗书》卷十九《杨遵道录》）

◎ **注释** ①关于才性关系，孟子认为，才与性一，性无不善，才也无不善。才指人的天赋，性为人的本性。宋代张载将性分为天地之性与气质之性。天地之性无不善。人禀气而生，气有清浊，所禀之气清则善，所禀之气浊则不善。张载又称气质之性为才。程颐认同这一说法，本条就是对这一说法的阐发。

◎ **大意** 人的本性出于天理，资质则得于气禀。所禀之气清则才清，所禀之气浊则才浊。资质有善有不善，天性则没有不善的。

1.41 性者自然完具，信只是有此者也。故四端不言信①。（《二程遗书》卷九《少日所闻诸师友说》）

◎ **注释** ①〔四端不言信〕语出《孟子·公孙丑上》。孟子以恻隐、羞恶、辞让、是非之心为仁义礼智之"四端"。与"五常"相较，孟子"四端"没有说到"信"。朱熹说："信是个真实无妄底道理，如仁、义、礼、智皆真实而无妄，故信字更不须说。"何谓真实无妄？朱熹说："如恻隐便真个恻隐，羞恶便真个羞恶，此便是信。"

◎ **大意** 人之本性，仁、义、礼、智都自然完备，而信的意思是确有这些，所以孟子谈四善端而没有说到信。

1.42 心，生道也①。有是心，斯具是形以生。恻隐之心，人之生道也。（《二程遗书》卷二十一下《附师说后》）

◎ **注释** ①〔心，生道也〕朱熹认为此四字"只恐有阙文。此四字说不尽"。生道，即天地生物之心。人禀受天地生物之心而生，人心便体现了天地生物之心。

◎ **大意** 天地之心，体现了生物之意。有了这个天地生物之心，人才具备了形体而得以生成。人的恻隐之心，就是人的生物之心。

1.43 横渠先生①曰：气坱然太虚②，升降飞扬，未尝止息。此虚实动静之机，阴阳刚柔之始。浮而上者阳之清，降而下者阴之浊。其感遇聚结，为风雨，为霜雪，万品之流形，山川之融结③。糟粕煨烬④，无非教也。（张载《正蒙·太和》）

◎ **注释** ①〔横渠先生〕即张载，字子厚（1020—1077），凤翔郿县（今陕西眉县）横渠镇人，世称"横渠先生"。他是二程兄弟的表叔，也是理学奠基人之一。少喜谈兵，年十八，上书范仲淹（989—1052）。范氏授以《中庸》，并说："儒者自有名教，何事于兵！"之后，张载求诸佛老，后反求之"六经"，曾经坐虎皮讲《周易》于京师，二程至与他论《周易》。第二天就撤座辍讲，告知大家学习二程的《周易》思想，不用再学习自己的。其学以《易》为宗，以《中庸》为体，以孔孟为法，谓太虚无形，气之本体，作《正蒙》《西铭》《横渠易说》。因为他讲学关中，所以其学又被称为"关学"。②〔气坱然太虚〕指气茫然无边，又无形无状。块然，茫茫无边的样子。太虚，气尚未形成事物时无形清虚的状态，是气的一种本来状态。张载提出"太虚即气""虚空即气"，认为"太虚"虽指广大的宇宙，但并非空无所有。气聚结则成为万物，气散开则化为太虚，人也是由气变化而成的，太虚为万物和人的本体。③〔融结〕融化与凝结。④〔糟粕煨烬〕糟粕是做酒之后剩下的渣滓，煨烬是燃烧之后余下的灰烬。

◎ **大意** 张载说：气茫然无边，又无形无状，在空中升降飞扬，从来不曾停止。当它升降飞扬时，也就开始了虚实、动静、阴阳、刚柔的分化。浮而上升的是阳气清气，降而下沉的是阴气浊气。气与气相感相遇而凝结，成为风雨，成为山川，万类品物流布而成形，融而为河流，结而为山丘。这些都不过是太和之气残留的痕迹，无非是天地借以向人们展示天地之理的。

1.44 游气①纷扰，合而成质者，生人物之万殊；其阴阳两端，循环不已②者，立天地之大义。

（张载《正蒙·太和》）

◎ **注释** ①〔游气〕游离之气，即太虚之气散出纷乱的气。②〔阴阳两端，循环不已〕如昼夜循环，日月运行，寒暑往来。

◎ **大意** 太虚游离之气纷纷扰扰，聚合而成为形质，生成了千差万别的人和物；阴阳二气循环不已，从而确立了天地生成万物的根本法则。

1.45 天体物不遗，犹仁体事而无不在也①。"礼仪三百，威仪三千②"，无一物而非仁也。"昊天曰明，及尔出王。昊天曰旦，及尔游衍③"，无一物之不体也。（张载《正蒙·天道》）

◎ **注释** ①〔天体物不遗，犹仁体事而无不在也〕语出《礼记·中庸》。

郑玄注："体，犹生也。可，犹所也。不有所遗，言万物无不以鬼神之气生也。"体事，朱熹解："谓事事是仁做出来。"②〔礼仪三百，威仪三千〕指礼仪准则非常多，语出《中庸》。③〔昊天曰明，及尔出王。昊天曰旦，及尔游衍〕语出《诗经·大雅·板》。昊天，上天。王，同往。旦，即明。游衍，游逛。

◎ **大意** 上天体察事物不会遗漏，如同仁无所不在地体现在事物之中。"大的礼节有三百，小的礼节有三千"，没有一个不是仁的体现。"上天明察，和你一同共来往。上天明鉴，和你一起同游逛。"没有一事不体现着仁心。

1.46 鬼神者，二气之良能①也。（张载《正蒙·太和》）

◎ **注释** ①〔良能〕语出《孟子·尽心上》。这里指阴阳二气屈伸往来，本于自然，不需要人为安排。

◎ **大意** 鬼神是阴阳二气天然具备的屈伸往来的良能。

1.47 物之初生，气日至而滋息①；物生既盈，气日反而游散。至之谓神，以其伸也；反之谓鬼，以其归也。②（张载《正蒙·动物》）

◎ **注释** ①〔滋息〕生息，生长。②此条朱熹解："造化之妙，不可得而见。然气之往来屈伸者，足以见之。微鬼神，则造化无迹矣。横渠'物之初生'一章，尤说得分晓。"

◎ **大意** 事物初生之时，所禀之气一天天积聚，它就一天天滋长生息；及至极盛时，气一天天离散而返归太虚。气前来称作神，因为它使事物伸展生长；气返回称作鬼，因为它回归太虚了。

1.48 性者，万物之一源，非有我之得私也①。惟大人②为能尽其道，是故立必俱立，知必周知，爱必兼爱，成不独成。彼自蔽塞而不知顺吾理者，则亦未如之何矣。（张载《正蒙·诚明》）

◎ **注释** ①〔性者，万物之一源，非有我之得私也〕朱熹解："所谓性者，人物所同得。非惟己有是，而人亦有是；非惟人有是，而物亦有是。"张载所说的性有天地之性与气质之性两种。这里所说的性是天地之性。②〔大人〕即圣人，德行高尚的人。

◎ **大意** 天地本原之性是万物之性的同一根源，不是一人所能独有的。只有圣人懂得万物与我同一的道理，视我与万物为一体。所以他要立身，一定让众人都能立身，他的智慧要遍及一切事物，他的爱一定是广泛地施于一切人与物，他的成就不是个人的独自成就。即使如此，对那些自己蔽塞了天性，不知道顺着天性发展的人，也是没有办法。

1.49 一故神①。譬之人身，四体皆一物，故触之而无不觉，不待心使至此而后觉也。此所谓"感而遂通②"，"不行而至，不疾而速③"也。（张载《横渠易说·系辞上》）

◎ **注释** ①〔一故神〕语出《正蒙·参两》。一，一元之气、太虚之气，是宇宙变化的本体。神，指作为宇宙本体的太虚之气变化莫测的神妙功用。②〔感而遂通〕语出《周易·系辞上》。③〔不行而至，不疾而速〕不必行走就能够到达，不必急赶就能够速达。语出《周易·系辞上》。

◎ **大意** 天地万物本为一体，所以才神奇。可以用人身作比，四肢都是一体，所以碰到任何一个地方都能感觉到，不用等到心想到那个地方后才感觉到。这就是《周易》上说的"感而遂通"，"不行而至，不疾而速"的意思啊。

1.50 心，统①性情者也。（张载《性理拾遗》）

◎ **注释** ①〔统〕统摄。

◎ **大意** 心统摄着未动的天性和已发的情感。

1.51 凡物莫不有是性①。由通蔽开塞，所以有人物之别②；由蔽有厚薄，故有知愚③之别。塞者牢不可开，厚者可以开，而开之也难，薄者开之也易，开则达于天道，与圣人一。（张载《性理拾遗》）

◎ **注释** ①〔性〕这里指天地之性。②〔人物之别〕天性通者、开者为人，天性蔽者、塞者为物。③〔知愚〕同"智愚"。

◎ **大意** 凡世间万物无不具有本性。由于性的通、蔽、开、塞不同，所以有了人与物的不同；由于障蔽的薄厚程度不同，所以有了聪明和愚笨的区别。那些天性完全闭塞者牢不可开，天性障蔽厚者打开较困难，天性障蔽薄者打开较容易。一旦冲破天性的蔽障，就能通达于天道，与圣人一样。

◎ **思考辨析题**

1. 如何理解理学所讲的"性"和"命"？
2. 请谈谈对"仁"和"仁之理"的理解。

卷二　为　学

本卷共111条，总论为学纲要，即如何通过学习加强自我修养，从而成为君子。儒家极为重视学习，认为"尊德性，道问学，明乎道体，知所指归"是通过学习成为君子的关键。北宋四子认为，"为学"的实质在于通过格物致知等一系列功夫进行自我修养，理解治学的宗旨所在，从而下学上达，实现对道体的体认，提升自己的道德修养。

2.1 濂溪先生曰：圣希①天，贤希圣，士希贤。伊尹②、颜渊，大贤也。伊尹耻其君不为尧舜，一夫不得其所，若挞于市③。颜渊"不迁怒，不贰过④"，"三月不违仁⑤"。志伊尹之所志，学颜子之所学，过则圣，及则贤，不及则亦不失于令名⑥。（周敦颐《通书·志学》）

◎ **注释**　①〔希〕仰慕，效法。②〔伊尹〕名挚，尹是官名。商朝开国的贤相，辅佐成汤攻灭夏桀，建立商朝。汤去世后，历佐外丙、仲壬二王。仲壬死后，辅佐汤之孙太甲继位。太甲无道，伊尹放逐之。三年后太甲悔过，才将其接回复位。死于沃丁时。③〔若挞于市〕语出《尚书·说命下》，"伊尹曰：'予弗克俾厥后惟尧舜，其心愧耻，若挞于市。'一夫不获，则曰：'时予之辜。'"意思是说，如果我不能使我的君王成为尧舜那样的圣君，我的内心就会感到羞愧，感觉就像在闹市被鞭挞一样。如果天下有一个人没有得到合适的安置，就会说："这是我的罪过。"④〔不迁怒，不贰过〕自己犯了错不迁怒于别人，也不再犯同样的错误。语出《论语·雍也》。⑤〔三月不违仁〕指内心能长时间不违背仁德。语出《论语·雍也》。⑥〔令名〕美好的名声。

◎ **大意**　周敦颐说：圣人效法上天，贤人效法圣人，士人效法贤人。伊尹、颜回，都是大贤人呀。伊尹以不能使自己的君主成为尧舜那样的圣君为耻；天下有一个人没有得到合适的安置，他就感到像在闹市被鞭挞一样耻辱。颜回不把怒气转移到别人身上，同一过错不会犯第二次，心能长时间不违背仁德。如果一个人把伊尹的志向作为自己的志向，学习颜回所学的东西，若超过他们就成为圣人，赶上他们就成了贤人，即使赶不上他们也能得到美名。

2.2 圣人之道，入乎耳，存乎心，蕴①之为德行，

行之为事业。彼以文辞而已者，陋矣。（周敦颐《通书·陋》）

◎ **注释** ①〔蕴〕积累，藏蓄。

◎ **大意** 圣人之道，听之以耳，记之在心，藏蓄于自身则成为德行，落到实处则成为事业。那些认为学习圣人之道仅仅是学习圣人之文辞而已的人，太浅陋了。

2.3 或问①："圣人之门，其徒三千，独称颜子为好学②。夫《诗》《书》六艺③，三千子非不习而通也，然则颜子所独好者何学也？"伊川先生曰："学以至圣人之道也。""圣人可学而至欤？"曰："然。""学之道如何？"曰："天地储精，得五行之秀者为人。其本也真而静，其未发也五性具焉，曰仁、义、礼、智、信。形既生矣，外物触其形而动其中矣。其中动而七情出焉，曰喜、怒、哀、乐、爱、恶、欲。情既炽而益荡，其性凿矣。是故觉者约其情使合于中，正其心，养其性；愚者则不知制之，纵其情而至于邪僻，梏其性而亡之④。然学之道，必先明诸心，知所养，然后力行以求至，所谓'自明而诚⑤'也。诚之之道⑥，在乎信道笃，信道笃则行之果，行之果则守之固。仁义忠信不离乎心，"造次必于是，颠沛必于是⁷"，出处语默必于是，久而弗失，则居之安。动容周旋中礼⁸，而邪僻之心无自生矣。故颜子所事，则曰：'非礼勿视，非礼勿听，非礼勿言，非礼勿动⁹。'仲尼称之，则曰：'得一善，则拳拳服膺而弗失之矣⁰。'又曰：'不迁怒，不贰过。有不善未尝不知，知之未尝复行也⑪。'此其好之、笃学之之道也。然圣人则不思而得，不勉而中⑫；颜子则必思而后得，必勉而后中。其与圣人相去一息，所未至者，守之也，非化之也。以其好学之心，假⑬之以年，则不日而化矣。后人不达，以谓圣本生知，非学可至，而为学之道遂失。不求诸己而求诸外，以博闻强记、巧文丽辞为工，荣华其言，鲜有至于道者。则今之学与颜子所好异矣。"（《二程文集》卷八《颜子所好何学论》）

◎ **注释** ①〔或问〕《颜子所好何学论》题下注云："先生始冠，游太学。胡安定以是试诸生。得此论，大惊异之，即请相见，遂以先生为学职。"由此可推知"或"是指胡瑗（世称安定先生），不过此非口试问答，而是论说，设为问答，也是文章体例之一。②〔独称颜子为好学〕语出《论语·雍也》。

③〔六艺〕一是指礼、乐、射、御、书、数六种技艺,二是指《诗》《书》《礼》《易》《乐》《春秋》六经。这里指前者。④〔梏其性而亡之〕原文"梏其性"下有"故曰性其情"五字,"而亡之"下有"故曰性其情"五字,朱熹一起删除。"性其情"之语,来自王弼(226—249)《周易注·乾卦》的"乾元用九"注。王氏受道家影响,以情为恶。朱熹删此两语,以其有情恶气味。原文共七百一十四字,朱子删二百五十五字,加十三字,共四百七十二字。除此处,全文与原文无别。梏,拘禁、束缚。⑤〔自明而诚〕语出《中庸》。明,光明、明白。诚,真实无妄。⑥〔诚之之道〕指使自己达到诚的方法,语出《中庸》。诚之,使之诚。⑦〔造次必于是,颠沛必于是〕语出《论语·里仁》。造次,仓促匆忙。颠沛,困顿挫折。⑧〔动容周旋中礼〕语出《孟子·尽心下》。动容,动作容貌。周旋,身体运转。⑨〔非礼勿视,非礼勿听,非礼勿言,非礼勿动〕语出《论语·颜渊》。⑩〔得一善,则拳拳服膺而弗失之矣〕语出《中庸》。拳拳服膺,牢牢放在心上。服,放置。膺,胸口。⑪〔知之未尝复行也〕语出《周易·系辞下》。⑫〔不勉而中〕语出《中庸》,指圣人不必勉强,言行自然符合中道。⑬〔假〕给予。

◎ **大意** 有人问:"孔子门下弟子三千,孔子唯独称赞颜回好学。想那《诗》《书》和六艺,三千弟子并非不曾学习并贯通,如此说来颜回特别喜好的又是什么学问呢?"程颐回答说:"颜回所喜好的是通过学习达到圣人境界的学问。"又问:"圣人境界也可以通过学习达到吗?"回答说:"是的。"又问:"怎样学习呢?"回答说:"天地间蕴藏着精华,禀赋了五行秀气的成为人。人的本性真实而安静,当未发时已具备了仁、义、礼、智、信的善性。当人的形体形成以后,外物刺激人的形体,从而触动人的心。内心触动,七情就产生了。所谓七情就是喜、怒、哀、乐、爱、恶、欲。情感越炽烈,人心越摇荡,人的本性就被凿伤了。所以觉悟的人约束自己的情感,使之合乎中,端正其心,存养其性。愚昧的人却不懂得约束它,放纵自己的情感,以致走向邪僻、束缚、丧失了纯善的本性。但为学的方法,一定要先做到内心明白,知道存养本心,然后努力实行以求达到目的,这就是前人所说的'自明而诚'呀。使自己达到诚的方法,在于笃信圣人之道。信道笃诚,实行时就果决;实行果决,守持就牢固。仁义、忠信不离开自己的本心,即使匆忙仓促中也一定牢记仁义忠信,颠沛流离中也不忘仁义忠信,出而用世,退而隐居,以及说话时、缄默时，时刻不忘仁义忠信。长久保持而不丢失，就可以使自己安稳地置身于仁义忠信之中。自己的举止容仪、行为动作全部符合礼的要求，那么邪僻之心就不会自己产生了。所以颜回要实践的，就是'非礼勿视，非礼勿听，非礼勿言，非礼勿动'。孔子称赞颜回，说他'学到了一种善行，就谨慎地奉持放到自己心上而不让它丢失'。又说他'不把怒气迁移到别人身上，同样的错误不犯两次''有了不好的行为没有认识不到的，认识到以后就不会再去做'，这就是他爱好圣人之道，并笃学的方法呀。然而圣人是无须思虑，心中自然明白；不用努力，言行自然符合中道。颜回则一定要经过思考才能有收获，一定要经过努力才能符合中道。他离成为圣人还有一息之差，他没能达到圣人境界的，是只谨守圣人之道，还未达到化成的地步。以他的好学之心，让他多活几年，则不日就能达到化成的境界。后人不明白，认为圣人本是生而知之的，不是通过学习所能做到的，为学之道于是就丧失了。今天人们学习不是为了求得自我修养的提高，而是为了寻求外在的成就，认为博闻强记、巧文丽辞是学问之工，把言辞修饰得繁富华丽，这样的人少有能达到圣人之道的。那么今日的学问，与颜回所追求的学问可以说是大相径庭了。"

2.4 横渠先生问于明道先生①曰：定性未能不动，犹累于外物，何如？明道先生曰：所谓定者，动亦定，静亦定，无将迎，无内外②。苟以外物为外，牵己而从之，是以己性为有内外也。且以性为随物于外，则当其在外时，何者为在内？是有意于绝外诱，而不知性之无内外也。既以内外为二本，则又乌可遽语定哉？夫天地之常，以其心普万物而无心；圣人之常，以其情顺万事而无情。故君子之学，莫若扩然而大公，物来而顺应。《易》曰：

"贞吉,悔亡。憧憧往来,朋从尔思③。"苟规规④于外诱之除,将见灭于东而生于西也。非惟日之不足,顾其端无穷,不可得而除也。人之情各有所蔽,故不能适道,大率患在于自私而用智。自私则不能以有为为应迹,用智则不能以明觉为自然。今以恶外物之心,而求照无物之地,是反鉴⑤而索照也。《易》曰:"艮其背,不获其身;行其庭,不见其人⑥。"《孟子》亦曰:"所恶于智者,为其凿也⑦。"与其非外而是内,不若内外之两忘也。两忘则澄然无事矣,无事则定,定则明,明则尚何应物之为累哉!圣人之喜,以物之当喜;圣人之怒,以物之当怒。是圣人之喜怒,不系于心而系于物也。是则圣人岂不应于物哉?乌得以从外者为非,而更求在内者为是也?今以自私用智之喜怒,而视圣人喜怒之正为如何哉?夫人之情,易发而难制者,惟怒为甚。第⑧能于怒时遽忘其怒,而观理之是非,亦可见外诱之不足恶,而于道亦思过半矣。(《二程文集》卷二《答横渠张子厚先生书》)

◎ **注释** ①〔横渠先生问于明道先生〕本条是改编程颢《答横渠张子厚先生书》一文而成,文字略有出入,删去了原文最后一节。理学家称此文为《定性书》。所谓定性即定心,使心不妄动。《朱子语录》:"问:此书难理会。曰:也不难。定性字说得诧异,此性字是个心字意。"定性,即达到物我两忘的境界,要求人做到物我不分,内外两忘,应顺万物而不动情,心不动于物而内欲不萌。②〔无将迎,无内外〕出自《庄子·应帝王》。将迎,送迎。无将迎,即任顺自然。无内外,即达到寂然不动,澄然无事,淡然无为的境界。③〔憧憧往来,朋从尔思〕心思不定地走来走去,就只有少数朋友会顺从你的思路。语出《周易·咸卦》九四爻辞。憧憧,往来之貌。④〔规规〕浅陋拘泥。⑤〔反鉴〕镜子的背面照物。反,反面。⑥〔艮其背,不获其身;行其庭,不见其人〕语出《周易·艮卦》卦辞。艮,静止。⑦〔为其凿也〕语出《孟子·离娄下》。凿,牵强、穿凿、不自然,即破坏事物的天然本性。⑧〔第〕但,只。

◎ **大意** 张载问程颢:要定性但还未能做到内心不动,因为内心仍然受到外物的影响,怎么办呢?程颢回答说:所谓定性,心动也是定,心静也是定,顺从自然,也没有了内心与外物的分别。如果将外物作为外,牵引着你的内心跟随着外物,这是你自己内心深处有了内外之分。况且如果认为你的心会随物在外,那么当它在外时,是什么在内呢?这是有意拒绝外物的诱惑,却不知道心性不分内外。既然把内外当作两个东西,那又怎么能说定性呢?天地之所以恒久,是因为天地之心遍及万物而无其私心;圣人之道之所以恒久,是因为圣人之情顺应万事而无一己之情。所以君子要通过学习朝着圣人的方向努力,最好胸怀宽广,大公无私,万物之来都能顺应。《周易》上说:"持守正道,不自乱,就吉祥,就没有了悔吝。如果心思不定地走来走去,就只有少数的朋辈会顺从你的思路。"如果一门心思地考虑如何消除外物的诱惑,你将会看到东边的诱惑刚消除,西边的诱惑又出现了。不仅没有那么多时间去消除,而且外物多得无穷无尽,诱惑也就无穷无尽,没有办法消除。人的性情都被这样那样蔽塞着,所以不能达到圣人之道,被蔽塞大多是由于自私和用智。自私就不能把自己的行为与外物相统一,用智就不能以明觉观照本体之自然。现在你是想用一颗厌恶外物的心与一个空无一物的世界相观照,这就像把镜子翻过去用不明的镜子背面去照。《周易》说:"人的背部静止不动了,全身就静止了。就像人的内心宁静了,进入忘我的状态,就会忘掉自我的存在。外界的一切刺激,都不会触动你的内心。即使走在庭院中,也不会看见那里的人。"《孟子》也说:"之所以讨厌智巧，是因为智巧破坏自然。"与其否定外物肯定内心，不如内外两忘。内外两忘就能做到澄然无事。澄然无事就能定，内心安定则光明，当内心光明时，应对外物还会受什么牵累呢？圣人欣悦，是因为遇到的事情应该喜悦；圣人愤怒，是因为遇到的事情应该愤怒。这就是说圣人的喜怒不取决于他的内心而取决于他遇到的事物。那么能说圣人之心不与外物相应吗？怎么能说心与外物相应为非，而寻找不接外物的内在之心才是对的呢？现在拿你自私用智的喜怒，与圣人正当的喜怒相比又怎么样呢？人的情感，最容易表现出来却难以抑制的，要数愤怒了。只要能在愤怒的时候立刻忘掉愤怒，而冷静地分析理的是非，也可以发现外物的诱惑不值得讨厌，这样对于圣人之道，大致也就把握得差不多了。

2.5 伊川先生《答朱长文①书》曰：圣贤之言，不得已也。盖有是言则是理明，无是言则天下之理有阙②焉。如彼耒耜③陶冶之器，一不制则生人之道有不足矣。圣贤之言虽欲已，得乎？然其包涵尽天下之理，亦甚约④也。后之人始执卷，则以文章为先。平生所为，动多于圣人。然有之无所补，无之靡所阙，乃无用之赘言⑤也。不止赘而已，既不得其要，则离真失正，反害于道必矣。来书所谓欲使后人见其不忘乎善，此乃世人之私心也。夫子"疾没世而名不称焉⑥"者，疾没身无善可称云尔，非谓疾无名也。名者可以厉中人⑦，君子所存，非所汲汲⑧。（《二程文集》卷九《答朱长文书》）

◎ **注释** ①〔朱长文〕字伯原，号乐圃，苏州吴县（今属江苏）人。年未冠举嘉祐四年（1059年）进士，元祐中召为太学博士，迁秘书省正字兼编修。②〔阙〕通"缺"，空缺。③〔耒耜〕农具的统称。④〔约〕简明。⑤〔赘言〕多余的话。⑥〔疾没世而名不称焉〕语出《论语·卫灵公》。称，称道。⑦〔厉中人〕厉，通"励"，激励。中人，出自《论语·雍也》。后世将之发展为性三品，将人性分为上、中、下。中人之性，可善可不善。⑧〔汲汲〕心情急切，热衷。

◎ **大意** 程颐在回复朱长文的信中说：古代圣贤的言论，是他们不得已才说出来的。有了圣人这些言论，道理才能昌明；没有这些言论，那么天下的道理就有欠缺。就像农具、生活器具一样，有一种没有制作出来，天下生民的需要就不能满足。圣贤之言，他不想说，就能不说吗？他们那些包涵天下道理的话，实际上说得也很简约。后人刚刚开始读书，首先考虑的就是文字辞章。平生写的文章，常常比圣人还多。但有了这些文章，于理无补益；少了这些文章，于理无损失。所以这些文章所写大都是些无用多余的话。有些还不仅是多余，既然不得要领，自然偏离真理、丧失正道，这必然会反过来阻碍圣人之道的推行。来信中说到多写文章是想让后人知道自己不忘善道，这也是世人的私心。孔子说"疾没世而名不称"，是说君子引以为恨的是到死而无善行被人称道，而不是说担心自己没有名声。名声可以用来激励中等的人向善，然而君子的志向，并不是急迫地去追求它。

2.6 内积忠信，所以进德也；择言笃志，所以居业①也。知至至之②，致知也。求知所至而后至之，知之在先，故可与几，所谓"始条理者，智之事也③"。知终终之，力行也。既知所终，则力进而终之，守之在后，故可与存义，所谓"终条理者，圣之事也④"。此学之始终也。（《程氏易传·乾传》）

◎ **注释** ①〔进德、居业〕出自《周易·乾卦·文言传》。进德，增进德行。居业，保有德业。②〔知至至之〕大意是知道事物所止何处，当及时去做。前"至"为名词，意思是至善之地；后"至"为动词。③〔始条理者，智之事也〕语出《孟子·万章下》。此处以奏乐作比，开头敲镈钟是节奏条理的开始，用玉磬结束是节奏条理的终结。条理的开始在于智，条理的终结在于圣。④〔终条理者，圣之事也〕语出《孟子·万章下》。

◎ **大意** 内心积聚忠信，是增进德行的方法；选择恰当的言辞，确立至诚的心志，是保有德业的根基。知道事物发展将到某种程度并力求达到，这就是致知。力求明了事物的当止之处而后努力达到，知在行前，可以说是把握了几微。这就是孟子说的"条理的开始在于智"的意思。知道该结束的时候就结束，这是努力实行后的结束。已经知道该怎样结束，就努力推进终结它。守持成果在后，所以可以存养义理，这就是孟子说的"条理的终结在于圣"的意思。这就是为学的开端和终结。

2.7 君子主敬以直其内，守义以方其外①。敬立而内直，义形而外方。义形于外，非在外也。敬义既立，其德盛矣，不期大而大矣。德不孤②也，无所用而不周③，无所施而不利，孰为疑乎？（《程氏易传·坤传》）

◎ **注释** ①〔主敬以直其内，守义以方其外〕出自《周易·坤卦·文言传》："君子敬以直内，义以方外。"直，端正。方，方正。②〔德不孤〕程颐以"不孤"解"大"，认为德之"大"尚需同时具备"敬""义"。原意说，按照方以内聚、人以群分的规律，有德的人肯定和有德的人居住在一起，不会孤身一人而居。③〔周〕适合、适用。

◎ **大意** 君子以恭敬的态度使内心正直，坚守道义以规范外在行为。诚敬的态度确立，内心就正直；义表现出来，外在行为就得体。义体现于外在行为中，并不是说义是外在的。敬和义一旦确立，人的德行就非常崇高了，不需要刻意去追求伟大，自然就伟大了。德行并不孤立，虽然看上去没什么用处却无不适用，看上去没有施行的地方却无所不利，还有什么可怀疑的呢？

2.8 动以天为无妄①，动以人欲则妄矣。《无妄》之义大矣哉！虽无邪心，苟不合正理，则妄也，乃邪心也。既已无妄，不宜有往②，往则妄也。故《无妄》之《象》曰："其匪正有眚，不利有攸往③。"（《程氏易传·无妄传》）

◎ **注释** ①〔动以天为无妄〕叶采及其他注家以"天"为"天理"。无妄，《易》卦名之一。其卦（☰☳）之外卦为乾，内卦为震，乾为天为刚为健，震为雷为刚为动。动健相辅，阳刚盛旺，大有作为。但须循正道而动，不可妄行，故卦名无妄。无妄即无曲邪谬乱之行。②〔往〕指私意之营为。③〔其匪正有眚，不利有攸往〕语出《周易·无妄卦·象传》。眚，指灾难。

◎ **大意** 依照天的法则行动就是真实无妄，受人欲的驱使而动就是妄为了。无妄卦的意旨深远广大！即使没有邪恶心，如果不合义理，也是妄念，也就是邪心。既然内心没有妄念，就不应该再前进作为，前进就是有妄念了。所以无妄卦的《象传》说："行为不正当，则有灾殃，有所往则不利。"

2.9 人之蕴蓄①，由学而大，在多闻前古圣贤之言与行。考迹以观其用，察言以求其心，识②而得之，以蓄成其德。（《程氏易传·大畜传》）

◎ **注释** ①〔人之蕴蓄〕大畜卦（☰☶）卦体乾下艮上，乾为天，艮为山，为止。所以畜为止畜，又为畜聚。取天在山中之象，则为蕴畜。此条是程颐对

《周易·大畜卦·象传》的解说。②〔识〕记，记住。

◎ **大意**　人品德学识的积蓄，是通过学习而逐渐丰富的。学习的方法，在于多了解古代圣贤的言论与行事。考察圣贤的行事，从而认识他们如此行事的功用；考察他们的言论，从而推求他们的用心；理解并内化，如此蓄聚涵养自己的德性。

2.10　《咸》之《象》曰："君子以虚受人。"①《传》②曰：中无私主，则无感不通。以量而容之，择合而受之，非圣人有感必通之道也。其九四曰："贞吉悔亡。憧憧往来，朋从尔思。"《传》曰：感者，人之动也，故《咸》皆就人身取象③。四当心位而不言咸其心，感乃心也。感之道无所不通，有所私系则害于感通，所谓④悔也。圣人感天下之心，如寒暑雨旸⑤，无不通、无不应者，亦贞而已矣。贞者，虚中无我⑥之谓也。若往来憧憧然，用其私心以感物，则思之所及者有能感而动，所不及者不能感也。以有系之私心，既主于一隅⑦一事，岂能廓然⑧无所不通乎？（《程氏易传·咸传》）

◎ **注释**　①〔《咸》之《象》曰："君子以虚受人。"〕咸卦（☱☶）卦体艮下兑上，象征泽在山上，山受泽中之水，所以君子应效法山之精神，"以虚受人"。《象》，即《象传》，亦称《象辞》。象有描写万物形象之意，分《大象》《小象》两种，说明卦的称为《大象》，说明六爻的称为《小象》，《象》属于《易传》（即《十翼》）之一。②〔《传》〕指《程氏易传》。③〔就人身取象〕指咸卦取象人身，即初为拇，二为腓，三为股，五为脢，上六为辅颊舌，四当心位。④〔所谓〕《易传》原文作"乃有"。⑤〔旸〕日出，天晴。⑥〔虚中无我〕虚中，虚怀若谷。无我，无私。⑦〔一隅〕一个方面。⑧〔廓然〕形容空旷寂静的样子，这里指推广一己为大公，使一心能包容万物。

◎ **大意** 咸卦的《象传》说："君子应以虚怀若谷的态度接受他人。"程颐的《易传》说：内心不由私念主宰，就能与所有人沟通。如果按照自己的气量接纳包容他人，只选择、接受与自己合得来的人，那就不是圣人有感必通之道了。咸卦九四爻辞说："虚中无私就吉利，无所悔恨。如果心神不定，则只有少数朋友会顺从你的意志。"程颐解释说：所谓感，就是人的行动，所以咸卦六爻全是以人身之形取象。第四爻处在心的位置上，不说感其心，因为感就是心的活动。感的道理就是无所不通，如果有私心杂念牵掣，就会妨害感通，就会带来悔恨。圣人之心感通天下人之心，就像大自然中寒暑雨晴，无不感通无不感应，之所以如此，无非是圣人能做到贞正。这里所谓的"贞"，就是虚怀若谷，公正无私。如果心神摇曳不定，用自己的私心去感知他人，那么思虑所及的人会作出回应，思虑不到的就不能感通。人如果受私心控制，偏执于一处一事，怎能廓然大公而无所不通呢？

2.11 君子之遇艰阻，必思自省于身，有失而致之乎？有所未善则改之，无歉于心则加勉，乃自修其德也。①（《程氏易传·蹇传》）

◎ **注释** ①此条是对《周易·蹇卦·象传》的解说。《象辞》说："山上有水，蹇，君子以反身修德。"山上有水，是就蹇卦卦象言。蹇卦（䷦）艮下坎上，艮为山，坎为水。山上有水，山高水险，意谓遭遇险阻。

◎ **大意** 君子遇到艰难险阻的时候，一定要想到反省自身，是由于自己有过失而招致了艰难吗？如果自己有做得不好的就改正，如果无愧于心就更加自勉，这就是君子自我修养品德的方法。

2.12 非明则动无所之，非动则明无所用。①

（《程氏易传·丰传》）

◎ **注释** ①此条摘自《程氏易传》解说丰卦初九爻辞的两句话，其下有"相资而成用"一句。《周易·丰卦·彖传》云："丰，大也，明以动故丰。"

◎ **大意** 不明白事理，行动就没有方向；不行动，明白事理也没有用。

2.13 习，重习也①。时复思绎②，浃洽③于中，则说④也。以善及人，而信从者众，故可乐也。虽乐于及人，"不见是而无闷⑤"，乃所谓君子。（《程氏经说·论语解》）

◎ **注释** ①〔习，重习也〕本条解说《论语·学而》中"学而时习之"。习，习行，践行。②〔思绎〕反复推究。绎，寻绎，理出头绪，引申为解析。③〔浃洽〕贯通。④〔说〕通"悦"。⑤〔不见是而无闷〕不被称道而不苦恼。语出《周易·乾卦·文言传》。

◎ **大意**
习，是反复践行。时时思考寻绎，将学到的东西融会贯通，心中喜悦之感就会油然而起。将自己的善行推及他人，信从的人越来越多，当然是一件值得高兴的事。虽然乐于以自己的善行推及他人，但得不到他人的赞同也毫无烦闷之感，这才是君子的境界。

2.14 "古之学者为己①"，欲得之于己也；"今之学者为人"，欲见知于人也。②（《程氏经说·论语解》）

◎ **注释** ①〔古之学者为己〕语出《论语·宪问》。②此条出处原注为《程氏经说》，检今本无此条，但见于朱熹《论语精义》卷七。

◎ **大意** "古代的学者学习是为了自身修养"，是想要通过学习，自己有所收获；"今天的学者学习是为了给别人看"，是想要获得别人的称赞而已。

2.15 伊川先生谓方道辅①曰：圣人之道，坦如大路，学者病不得其门耳。得其门，无远之不可到也。求入其门，不由于经乎？今之治经者亦众矣，然而买椟还珠②之蔽③，人人皆是。经所以载道也，诵其言辞，解其训诂，而不及道，乃无用之糟粕耳。觊足下由经以求道，勉之又勉，异日见卓尔有立于前，然后不知手之舞、足之蹈，不加勉而不能自止矣。（程颐《手帖》）

◎ **注释** ①〔方道辅〕名元寀，字道辅，莆田人，程颐门人。②〔买椟还珠〕语出《韩非子·外储说左上》。后比喻舍本逐末，取舍不当。此处指学者得经之言辞训诂而遗其道。③〔蔽〕别本作"弊"。

◎ **大意** 程颐对方元寀说：圣人之道，像康庄大道一样平坦宽广，读书人的困惑在于没有找到门径。如若找到门径，再深远的道理也能学到。要寻求入门，不通过经书行吗？现在读经治经的人很多，然而几乎人人都犯了舍本逐末的错误。经书承载圣人之道，只知道背诵经书的文辞，解释字句的含义，而没有体悟经书中"道"的真谛，就毫无价值可言。希望你能通过治经来寻求"道"，不断勉励自己，久而久之，你会发现圣人之道卓然展现在眼前，此时此刻，你肯定会高兴得手舞足蹈。这样，即使你不勉励自己，也不会停止向"道"靠拢的永恒追求。

2.16 明道先生曰：修辞立其诚①，不可不子细②理会。言能修省言辞，便是要立诚。若只是修饰言辞为心，只是为伪也。若修其言辞，正为立己之诚意，乃是体当自家"敬以直内，义以方外③"之实事。道之浩浩，何处下手？惟立诚才有可居之处。有可居之处，则可以修业也。终日乾乾，大小大④事，却只是"忠信所以进德"为实下手处，"修辞立其诚"为实修业处。（《二程遗书》卷一《端伯传师说》）

◎ **注释** ①〔修辞立其诚〕语出《周易·乾卦·文言传》。修辞，本义为修饰文辞，引申为写作文章。而二程认为，修辞之义是选择符合礼仪要求的言辞以有利于建立诚信，修进自己的德行。②〔子细〕即仔细。③〔敬以直内，义以方外〕敬慎使内心正直，以义规范外在的行为。语出《周易·坤卦·文言》，见卷二第七条注①。④〔大小大〕宋代俗语，重大。

◎ **大意** 程颢说："修辞立其诚"这句话，不可不仔细理解它的真正本意。这是说人要修省自己外在的言辞，必须要确立内在的诚意。如果一心只想怎样修饰自己的言辞以取悦于他人或企望他人的赞扬，那只是在作伪。如果修省自己的言辞，正是为了建立自己的诚意，使语言贴切真实地表达自己的心意，这正是体认"敬慎使内心正直，以义规范外在的行为"的实事。道浩大无边，求道应从何处下手呢？唯有从确立自己的诚意下手才能有坚实的根基。有了坚实的根基，就可以修炼自身德业。因此，君子每时每刻都要勤勉努力，无论做什么重大的事，其根本不外是："以忠信为本，增进仁德"，从这个方面下手去做；"修省自己的外在言辞，确立自己的内在诚意"，从这个方面修行功业。

2.17 伊川先生曰：志道①恳切，固是诚意，若迫切不中理，则反为不诚。盖实理②中自有缓急，不容如是之迫，观天地之化乃可知。（《二程遗书》卷二上《元丰己未吕与叔东见二先生语》）

◎ **注释** ①〔志道〕志于道。②〔实理〕实存之理。

◎ **大意** 程颐说：有志于学道并且态度诚恳切实，固然是诚意。如果求道之心迫切到不合理的地步，反倒成了不诚。因为理中自有缓急，不容人如此过分急迫，看看天地化生万物的循序渐进就可以明白了。

2.18 孟子才高，学之无可依据。学者当学颜子，入圣人为近，有用力处。又曰：学者要学得不错①，须是学颜子。②（本注：有准的。）（《二程遗书》卷二上《元丰己未吕与叔东见二先生语》）

◎ **注释** ①〔错〕错误地领会意思。②有人认为此条为程颐所说。

◎ **大意** 孟子才气高迈，普通人学孟子往往找不到下手的地方，难以依从，难以效仿；应该学颜回，效法颜回圣人之道就容易接近，有个实际用力的地方。又说：学圣人之道要学得不出差错，必须学颜回。（本注：有目标和准则。）

2.19 明道先生曰：且省外事，但明乎善，惟进诚心，其文章虽不中不远矣。所守不约，泛滥

无功。① (《二程遗书》卷二上《元丰己未吕与叔东见二先生语》)

◎ **注释** ①朱熹说:"这段是吕与叔自关中来,初见程子时说话。盖横渠学者多用心于礼文、制度之事,他学者用心不近里,故以此告之。"二程主静,认为"性静者可以为学"(《二程外书》卷一),静中内心自我观照、体认;又反对文章,认为"文章害道",写文章会妨害品德修养。这里所谓"外事",指写文章和学习礼文、制度之类。

◎ **大意** 程颢说:姑且减省外边繁杂的事务(写文章、学礼文等),只专心明达本然的善,增进内心的真诚,即使文章写得不尽完美,也差得不远了。如果内心守持不集中,学习就会宽泛杂乱而无功效。

2.20 学者识得仁体①,实有②诸己,只要义理栽培。如求经义,皆栽培之意。(《二程遗书》卷二上《元丰己未吕与叔东见二先生语》)

◎ **注释** ①〔仁体〕仁之全体,仁之本体。②〔实有〕朱熹解释说:"识得是知之,实有是得之。"

◎ **大意** 学者要懂得本体的"仁"无所不在、至公至纯、至大至精,同时明了自己就是"仁"的精神的体现,需要义理的培养和发掘。例如读经书探求其义理,就是培养与发掘。

2.21 昔受学于周茂叔,每令寻颜子、仲尼乐处,所乐何事①。(《二程遗书》卷二上《元丰己未吕与叔东见二先生语》)

◎ **注释** ①〔所乐何事〕孔子（仲尼）之乐在"饭疏食饮水，曲肱而枕之，乐亦在其中矣"（《论语·述而》），颜子之乐在"一箪食，一瓢饮。在陋巷，人不堪其忧，回也不改其乐"（《论语·雍也》）。

◎ **大意** 过去我们跟从老师周敦颐学习的时候，周先生每每要我们体悟孔子、颜回的乐处，以及他们所乐的是什么。

2.22 所见所期，不可不远且大，然行之亦须量力有渐。志大心劳，力小任重，恐终败事。

（《二程遗书》卷二上《元丰己未吕与叔东见二先生语》）

◎ **大意** 读书人的眼界和期望，不能不高远博大。然而实行时必须量力而行，循序渐进。如果志向太大而使心力交瘁，力量太小任务却太重，恐怕只能以失败告终。

2.23 朋友讲习①，更莫如"相观而善②"工夫多。

（《二程遗书》卷二上《元丰己未吕与叔东见二先生语》）

◎ **注释** ①〔朋友讲习〕语出《周易·兑卦》。②〔相观而善〕语出《礼记·学记》。

◎ **大意** 朋友在一起讲论研习，比不上相互砥砺、观摩、感化的收益大。

2.24 须是大其心使开阔，譬如为九层之台①，须大做脚②始③得。（《二程遗书》卷二上《元丰己未吕与叔东见二先生语》）

◎ **注释** ①〔九层之台〕语出《老子》。②〔大做脚〕指打下很坚实的地基。③〔始〕另本作"须"。

◎ **大意** 学者们需要扩充心胸，使其开阔起来，例如要建造高高的楼台，必须扩大、加深地基。

2.25 明道先生曰：自"舜发于畎亩之中"至"孙叔敖举于海"①，若要熟，也须从这里过②。

（《二程遗书》卷三《谢显道记忆平日语》）

◎ **注释** ①〔自"舜发于畎亩之中"至"孙叔敖举于海"〕语出《孟子·告子下》。孙叔敖，春秋时楚国期思邑（今河南淮宾东南）人，曾隐居于海边。楚庄王时，由前令尹虞丘推荐，被任命为令尹。②〔也须从这里过〕人须经历过贫困艰苦才会有坚强的意志。朱熹解："只是要事事经历。"

◎ **大意** 程颢说：从"舜在耕田种地中振兴起来"，一直到"孙叔敖被举于海"，古代的圣贤豪杰，大多是在这样艰难困苦的环境中磨炼出来的。因此，士人若要成熟坚强，也必须经过人生坎坷的考验。

2.26 参①也，竟以鲁得之。（《二程遗书》卷三《谢显道记忆平日语》）

◎ **注释** ①〔参〕即曾子，名参，孔子弟子，以孝名。《论语·先进》谓"参也鲁"。鲁，指资质鲁钝。

◎ **大意** 曾参最终以资质鲁钝而领悟正道。

2.27 明道先生以记诵博识为玩物丧志①。（本注：时以经语录作一册。郑毂②云："尝见显道先生云，'某从洛中学时，录古人善行，别作一册，明道先生见之，曰："是玩物丧志"。'盖言心中不宜容丝发事。"）（补注：胡安国云："谢先生初以记问为学，自负该博，对明道举史书成篇，不遗一字。明道曰：'贤却记得许多，可谓玩物丧志。'谢闻此语，汗流浃背，面发赤。及看明道读史，又却逐行看过，不蹉一字，谢甚不服。后来醒悟，却将此事作话头，接引博学之士。"③）（《二程遗书》卷三《谢显道记忆平日语》）

◎ **注释** ①〔玩物丧志〕语出《尚书·旅獒（áo）》。②〔郑毂〕字致远，建安（今属福建）人。③〔"胡安国云"句〕该段是朱熹补注，非上面"本注"，胡安国（1074—1138），字康侯，仕至宝文阁直学士，谥文定。

◎ **大意** 程颢把记诵博识看作是玩物丧志（本注：当时谢良佐把经书上的一些话抄录成一册。郑毂说："我曾见谢良佐先生，他说：'我跟从程先生学习时，把古人的善行抄录了一册，程先生见了，说："这是玩物丧志"。'意思是说，为学要静到心中不宜有丝发一样细小的外事。）（补注：胡安国说："谢良佐起初以记问作为学习的方法，自认为学问广博，在明道先生面前背诵了许多史篇，未漏背一字。明道先生说：'你只是记得许多东西，这是玩物丧志。'谢良佐听闻此话，汗流浃背，面红耳赤。当他看到明道读史书的方法，逐行看过，不漏一字，谢良佐甚是不服。后来醒悟了，就将此事作为例子，用来引导博学之士。"）

2.28 礼乐只在进反①之间，便得性情之正。（《二程遗书》卷三《拾遗》）

◎ **注释** ①〔进反〕进退。朱熹解："进者力行之谓，反者退敛之谓。"《礼记》："礼主于减，乐主于盈。"

◎ **大意** 礼乐是用来陶冶人的性情，礼与乐只在力进、退敛之间，如此便能培养人端正的性情。

2.29 父子君臣，天下之定理，无所逃于天地之间①。安得天分，不有私心，则行一不义，杀一不辜，有所不为②。有分毫私，便不是王者事。（《二程遗书》卷五）

◎ **注释** ①〔无所逃于天地之间〕语出《庄子·人间世》。②〔有所不为〕语出《孟子·公孙丑上》。

◎ **大意** 父父、子子、君君、臣臣作为人伦秩序，是天经地义的定理，任何人都无法逃脱这种秩序。人只要安于天理确定的名分，不怀私念，那么，即使行一不义，杀一无辜就可以得到天下，也不会这样做。倘若心中有丝毫私欲，就不是王者应该做的事。

2.30 论性不论气，不备；论气不论性，不明。二之则不是①。（《二程遗书》卷六）

◎ **注释** ①〔二之则不是〕《二程遗书》本无"二之则不是"五字，唯有注云："一本此下云：'二之则不是。'"朱熹解："论性不论气，则无以见生质之异；论气不论性，则无以见义理之同。"又说："本然之性，只是至善。然不以气质而论之，则不知其有昏明、开塞、刚柔、强弱，故有所不备。徒论气质之性而不自本原言之，则虽知有昏明、开塞、刚柔、强弱之不同，而不知至善之性未尝有异，故其论有所不明。须是合'性'与'气'观之然后尽。"

◎ **大意** 只说性而不说气，是不完备的；只说气而不说性，说不明白。把性与气割裂开来是不对的。

2.31 论学便要①明理，论治便须识体②。（《二程遗书》卷五）

◎ **注释** ①〔要〕又本作"须"。②〔体〕指治体，即治国、平天下之基本纲领，如本书第八卷所论。古人以治体与治法相对，正心、诚意、齐家、伦常大法、格君之非之类称作治体，礼法、刑政制度这些具体治国方法称作治法。治法则如本书第九卷所论。

◎ **大意** 讲论学问就应该明达义理，讨论治国就应该懂得为治之体。

2.32 曾点①、漆雕开②已见大意，故圣人与③之。（《二程遗书》卷六）

◎ **注释** ①〔曾点〕字皙，曾子之父，孔子弟子。②〔漆雕开〕姓漆雕，字子开，亦孔子弟子。③〔与〕赞许。

◎ **大意** 曾点和漆雕开都已经体悟到了圣人之道的大体之义，因此孔子对他们表示赞同。

2.33 根本须是先培壅①，然后可立趋向也。趋向既正，所造浅深则由勉与不勉也。（《二程遗书》卷六）

◎ **注释** ①〔培壅〕把土或肥料培在植物根上。朱熹解："涵养持敬，便是栽培。"

◎ **大意** 人必须先培植好根本，然后才可以确立方向。只要方向正确，那么造诣深浅、成就大小，就看努力与否了。

2.34 敬义①夹持直上，达天德②自此。（《二程遗书》卷五）

◎ **注释** ①〔敬义〕语出《周易·坤卦·文言传》。此处"敬""义"二字，也就是使内直，使外方，内外夹持，不使倾斜。②〔天德〕上天化育万物的恩泽。指最高的精神境界。

◎ **大意** 内敬、外义，内外夹持相辅，使人径直向上，由此而进则可上达天德。

2.35 懈意一生，便是自弃自暴①。（《二程遗书》卷六）

◎ **注释** ①〔自弃自暴〕语出《孟子·离娄上》："自暴者，不可与有言也；自弃者，不可与有为也。"自暴指以不诚信而拒绝向善，自弃指以不去做而弃绝向善。

◎ **大意** 懈怠的意念一产生，就是自暴自弃。

2.36 不学便老而衰①。（《二程遗书》卷七）

◎ **注释** ①〔不学便老而衰〕《程氏粹言》卷一云："学而不自得，则至老而益衰。"

◎ **大意** 人不学习就容易变老、衰退。

2.37 人之学不进，只是不勇。(《二程遗书》卷十四《亥九月过汝所闻》)

◎ **大意** 人的学问没有进步，只是志气不够勇猛。

2.38 学者为气所胜，习所夺，只可责志。(《二程遗书》卷十五《入关语录》)

◎ **大意** 学者受意气支配，被习惯改变，原因在于志向不明确、不坚定。

2.39 内重则可以胜外之轻，得深则可以见诱之小。(《二程遗书》卷六)

◎ **大意** 人如果把内在心性、道德修养看得重，就会看轻外在的功名利禄。人如果学问深厚，境界高远，就会觉得外在的诱惑比较小。

2.40 董仲舒①谓："正其义，不谋其利；明其道，不计其功②。"孙思邈③曰："胆欲大而心欲小，智欲圆而行欲方④。"可以为法矣。(《二程遗书》卷九《少日所闻诸师友说》)

◎ **注释** ①〔董仲舒〕西汉今文经学大师，广川郡（今河北景县）人。少时勤学，三年不窥园。汉武帝即位，董仲舒以贤良对策，提出"诸不在六艺之科、孔子之术者，皆绝其道，勿使并进"的主张，为汉武帝采纳，开此后两千余年以儒学为正统的先声，影响巨大。汉武帝元光元年（前134年），任江都王刘非国相。元朔四年（前125年），任胶西王国相，四年后辞官归家。此后，居家著书，朝廷每有大议，令使者及廷尉就其家问之。《汉书》卷五十六有传。②〔正其义，不谋其利；明其道，不计其功〕出自《汉书》卷五十六《董仲舒传》："正其谊，不谋其利；明其道，不计其功。"谊，通"义"。《春秋繁露》卷九《对胶西王越大夫不得为仁第三十二》所载则为："正其道，不谋其利；修其理，不急其功。"③〔孙思邈〕唐医学家，京兆华原（今陕西耀州）人，被誉为"药王"，其著作《千金要方》《千金翼方》是中国传统医学的重要经典。《旧唐书》及《新唐书》均为之作传。④〔智欲圆而行欲方〕语出《淮南子·主术训》。

◎ **大意** 董仲舒说："端正义理，不谋私利；修明圣人之道，不计较功效。"孙思邈说："胆子要大，心要细；智慧要圆通，行为要方正。"这两句话都可以作为行动的法则。

2.41 大抵学不言而自得①者，乃自得也。有安排布置②者，皆非自得也。（《二程遗书》卷十一《师训》）

◎ **注释** ①〔自得〕《孟子·离娄下》："君子深造之以道，欲其自得之也。"有二说，一为自然得之，朱熹采此说；一为自得之于己，张栻采此说。②〔安排布置〕指不任随自然而加以主观意愿，如设定目标、规划日程等。

◎ **大意** 关于读书学问，那些不说自己有所收获的人，是确有自得。而那些安排布置如何做的，都不是自得。

2.42 视听、思虑、动作，皆天也①，人但于其中要识得真与妄尔。（《二程遗书》卷十一《师训》）

◎ **注释** ①〔皆天也〕朱熹解："言视听、思虑、动作，皆是天理，其顺发出来，无非当然之理，即所谓'真'；其'妄'者，却是反乎天理者也。虽是妄,亦无非天理,只是发得不当地头……恰如善固是性也,恶亦不可不谓之性之意。"

◎ **大意** 一切视听、思虑、动作,都是天理的体现,人在其中须分清"真"与"妄"的区别:循"理"而视听思动者,是"真";反之,则是"妄"。

2.43 明道先生曰:学只要鞭辟近里①,著己而已。故"切问而近思"②,则"仁在其中矣"。"言忠信,行笃敬,虽蛮貊之邦行矣。言不忠信,行不笃敬,虽州里行乎哉?立则见其参于前也,在舆则见其倚于衡也,夫然后行③。"只此是学。质美者明得尽,查滓④便浑化,却与天地同体。其次惟庄敬持养,及其至,则一也。(《二程遗书》卷十一《师训》)

◎ **注释** ①〔鞭辟近里〕朱熹解:"此是洛中语,大约是要鞭督向里去。"鞭辟,督策。近里,深处。鞭辟近里,指一个人做学问要自我督促,深入精微处研究。②〔切问而近思〕语出《论语·子张》。程颢在这里对子夏的话加以发挥,认为"切问而近思"就是着力于自我内心的修省,则仁德也就在其中了。③〔言忠信,行笃敬……夫然后行〕语出《论语·卫灵公》。衡,车前横木。④〔查滓〕渣滓。朱熹解:"渣滓是私意人欲未消者。""质美者见得透彻,渣滓处都尽化了。若未到此,须当庄敬持养,旋旋磨去教尽。"

◎ **大意** 程颢说:学道只是要鞭策自己加强内心修养,对自己下功夫而已。所以说"恳切地发问,就当前的问题进行思考",那么"仁德就在其中了"。又说:"言语忠诚老实,行为忠厚严肃,即使到了边鄙异族之地,也能行得通；言语欺诈无信，行为刻薄轻浮，即使在家乡故里，能行得通吗？当你站立的时候，就好像看见'忠诚''老实''忠厚''严肃'这些字在面前，乘上车时又好像这些字刻在车前的横木上，时刻不忘，然后才能行得通。"只有这样才是学。那些资质好的人忠信笃敬做得彻底，胸中私欲都化尽了，廓然大公，与天地一体。资质鲁钝的人只有郑重严肃地守持修养，慢慢磨尽私欲，等到私欲灭尽的时候，就与资质好的人一样了。

2.44 "忠信所以进德"，"修辞立其诚，所以居业"①者，乾道也。"敬以直内，义以方外"②者，坤道也。（《二程遗书》卷十一《师训》）

◎ **注释** ①〔"忠信所以进德"，"修辞立其诚，所以居业"〕语出《周易·乾卦·文言传》，参见卷二第六条注①、第十六条注①。②〔敬以直内，义以方外〕语出《周易·坤卦·文言传》，参见卷二第七条注①。朱熹解："乾言圣人之学"，"坤言贤人之学"，"乾是做，坤是守"。

◎ **大意** "内心忠信是进修德行的方法"，"修省言辞以确立心志的诚实，是保有德业的根基"，这是乾的法则。"以恭敬谨慎的态度使内心正直，以正义的准则作为外在的行为规范"，这是坤的法则。

2.45 凡人才学便须知著力处，既学便须知得力处。（《二程遗书》卷十二《戊冬见伯淳先生洛中所闻》）

◎ **大意** 但凡人刚开始学习时，应该知道从何处下手、用力，学习了一段时间后应该知道得益于何处。

2.46 有人治园圃，役知力甚劳。先生曰：《蛊》之《象》："君子以振民育德①。"君子之事，惟有此二者，余无他焉。二者，为己②、为人之道也。（《二程遗书》卷十四《亥九月过汝所闻》）

◎ **注释** ①〔君子以振民育德〕语出《周易·蛊卦·象传》。②〔为己〕修养自身。

◎ **大意** 有人从事园圃种植，役使自己的心智和体力，很是劳累。程颢说：《周易·蛊卦·象传》说："君子振奋百姓，培养自己的德行。"君子的事业，只有这两方面，其余的没有什么可做。这两方面，一方面是为己之道——培养自己的德行，另一方面是为人之道——振奋百姓。

2.47 "博学而笃志，切问而近思①"，何以言"仁在其中矣"？学者要思得之。了此，便是彻上彻下之道。（《二程遗书》卷十四《亥九月过汝所闻》）

◎ **注释** ①〔博学而笃志，切问而近思〕语出《论语·子张》子夏语。朱熹解云："四者皆学问思辨之事耳，未及乎力行而为仁也。然从事于此，则心不外驰，而所存自熟，故曰：仁在其中矣。"又说："于四者中见得个仁底道理，便是彻上彻下之道。"

◎ **大意** 为什么说"广博地学习，坚守自己的志向；恳切地发问，就当前的问题思考"，"仁就包含在其中了"？学者要思考清楚这个问题。明白了这其中的意蕴，就懂得了形上形下圆融无碍的道理。

2.48 弘而不毅，则难立；毅而不弘，则无以居之①。（本注：《西铭》②，言弘之道。）（《二程遗书》卷十四《亥九月过汝所闻》）

◎ **注释** ①〔弘而不毅，则难立；毅而不弘，则无以居之〕语出《论语·泰伯》。弘毅，宽宏大量而又果敢坚毅。②〔《西铭》〕张载《正蒙·乾称》篇的首段，张载曾抄出贴在西窗上。后来自题作《订顽》，程颐改为《西铭》。本书第二卷第八十九条即是《西铭》全文。

◎ **大意** 宽宏大量而不果敢坚毅，就难以挺立；果敢坚毅而不宽宏大量，就无法持守。（本注：张载《西铭》讲的是人如何做到宽宏大量。）

2.49 伊川先生曰：古之学者，优柔厌饫①，有先后次序。今之学者，却只做一场话说，务高而已。常爱杜元凯②语："若江海之浸，膏泽之润，涣然冰释，怡然理顺，然后为得也。"今之学者，往往以游、夏③为小，不足学。然游、夏一言一事，却总是实。后之学者好高，如人游心于千里之外，然自身却只在此。（《二程遗书》卷十五《入关语录》）

◎ **注释** ①〔优柔厌饫〕宽舒、从容不迫。厌饫，饱食。②〔杜元凯〕杜预（222—284），字元凯，京兆杜陵（今陕西西安东南）人，西晋时期的镇南将军，因为平定吴国有功而被封为当阳侯，《晋书》卷三十四有传。他也是著名经学家，撰有《春秋左氏经传集解》《春秋释例》等。引文见《全晋文》卷四十三《春秋左传序》。③〔游、夏〕指子游与子夏，都是孔子弟子。子游，姓言，名偃，字子游；子夏，姓卜，名商，字子夏。《论语·先进》："文学：子游、子夏。"孔子赞二人为门人中"文学"（指文献之学）造诣最高的学生。

◎ **大意**　程颐说：古时候的读书人，从容实在，学习有先后次序。现在的读书人，只会高谈阔论，无非是徒有其表的好高骛远者而已。我常常喜欢杜预说的话："读书如同江海的浸渍，雨水的滋润，如冰雪涣然融化，道理融会贯通了，心中的怡然自得之感油然而起。"现在的读书人，往往小看子游和子夏，认为他们不足以效仿。然而子游、子夏说话做事，却是实实在在的。后来的读书人好高骛远，就像游心于千里之外，精神飘然遥寄，然而自己的身躯依然只停留在此处。

2.50 修养之所以引年①，国祚②之所以祈天永命③，常人之至于圣贤，皆工夫到这里，则自有此应。（《二程遗书》卷十五《入关语录》）

◎ **注释**　①〔引年〕延长寿命。②〔国祚〕国家的命运。③〔祈天永命〕语出《尚书·召诰》。

◎ **大意**　修身养性之所以能延年益寿，国运之所以能通过祈求上天保佑而长久保持，普通人通过修养而达到圣贤的境界，都是功夫下到了这一地步，自然就会有这样的效应。

2.51 忠恕①所以公平。造德则自忠恕，其致则公平。（《二程遗书》卷十五《入关语录》）

◎ **注释**　①〔忠恕〕朱熹注："尽己之谓忠，推己之谓恕。而已矣者，竭尽而无余之辞也。"忠即"己欲立而立人，己欲达而达人"（《论语·雍也》），恕即"己所不欲，勿施于人"（《论语·卫灵公》）。

◎ **大意** 恪守忠恕，能实现公平。培养、增进自己的德行必须从忠恕开始，而忠恕落实的地方，自然就有公平。

2.52 仁之道，要之只消道一公字。公只是仁之理，不可将公便唤做仁。公而以人体之，故为仁①。只为公则物我兼照，故仁，所以能恕，所以能爱。恕则仁之施，爱则仁之用也。（《二程遗书》卷十五《入关语录》）

◎ **注释** ①〔公而以人体之，故为仁〕朱熹解："公者所以体仁，犹言克己复礼为仁也。'仁者性之德而爱之本。因其性之有仁，是以其情能爱。''仁是爱底道理，公是仁底道理。公则仁，仁则爱。公却是仁发处，无公则仁行不得。'"

◎ **大意** 仁之道，概括而言只需说一个公字。公只是仁何以能表现出来的道理，不能直接把公称作仁。公从人身上体现出来，就做到了仁。本于公，就能达到物我同一、无所偏废的境界，所以能做到仁，就能明白人之所以能恕、能爱的道理。恕是仁的外在表现，爱是仁的功用。

2.53 今之为学者，如登山麓。方其迤逦①，莫不阔步，及到峻处便止。须是要刚决果敢以进。（《二程遗书》卷十七）

◎ **注释** ①〔迤逦〕曲折连绵。

◎ **大意** 今天的人求学，如同登山。在平缓的山路上，无不昂首阔步；等走到峻险的地方时，就畏难止步。要知道，只有刚决果敢继续前进，才能实现目标。

2.54 人谓要力行，亦只是浅近语。人既能知，见一切事皆所当为，不必待着意，才着意，便是有个私心。这一点意气，能得几时了①？（《二程遗书》卷十七）

◎ **注释** ①〔能得几时了〕茅星来《近思录集注》卷二从叶采本，去"了"用"子"，为"能得几时子"。朱熹解："不明道理，只是硬行。他只见圣贤所为，心下爱，硬依他行，这是私意。若见得道理时，皆是当恁地行。"

◎ **大意** 人们往往说学道要力行，这不过是浅显的话。人既然能明白事理，那么，一切应当做的事，自然会去做，就不必刻意安排。一旦刻意去做，便是有了私心。凭这一点意气去做，能够支撑到何时呢？

2.55 知之必好之①，好之必求之，求之必得之。古人此个学是终身事。果能颠沛造次必于是②，岂有不得道理？（《二程遗书》卷十七）

◎ **注释** ①〔知之必好之〕《论语·雍也》："子曰：'知之者不如好之者，好之者不如乐之者。'"②〔颠沛造次必于是〕语出《论语·里仁》。

◎ **大意** 对于学问、道德，懂得它的人必然喜好它，喜好它的人必然追求它，追求它的人一定可以有所收获。古人把这个学问看成是终身大事。如果能够在任何艰难曲折、颠沛流离的情况下都不忘追求道，岂有没有收获的道理！

2.56 古之学者一，今之学者三，异端①不与焉。一曰文章之学②，二曰训诂之学③，三曰儒者之

学。欲趋道，舍儒者之学不可。（《二程遗书》卷十八《刘元承手编》）

◎ **注释** ①〔异端〕这里指佛教与道教。②〔文章之学〕指研究语言修辞与文章作法之学。这里指"溺于文辞，徒以富丽为工，务以悦人"之文学。③〔训诂之学〕训释经传字句。这是指"牵于注释，寻章摘句，不观其大"之学。

◎ **大意** 古时候的人求学，只有一个目标——求道。现在的人求学，有三个目标，异端还不算在内。第一是文章之学，第二是训诂之学，第三是儒者之学。现在的人如果要追求道，绝不能舍弃儒者之学。

2.57 问①："作文害道否？"曰："害也。凡为文，不专意则不工。若专意，则志局于此，又安能与天地同其大也？《书》曰：'玩物丧志②。'为文亦玩物也。吕与叔③有诗云：'学如元凯④方成癖，文似相如⑤始类俳。独立孔门无一事，只输颜氏得心斋⑥。'古之学者惟务养情性，其他则不学。今为文者，专务章句，悦人耳目。既务悦人，非俳优而何？"曰："古者学为文否？"曰："人见'六经'，便以谓圣人亦作文，不知圣人亦摅发⑦胸中所蕴，自成文耳。所谓'有德者必有言⑧'也。"曰："游、夏称文学⑨，何也？"曰："游、夏亦何尝秉笔学为词章也？且如'观乎天文以察时变，观乎

人文以化成天下⑩',此岂词章之文也?"(《二程遗书》卷十八《刘元承手编》)

◎ **注释** ①〔问〕据茅星来《近思录集注》卷二,此处问者为刘安节。刘安节(1068—1116),字元承,永嘉县(今属浙江)人。北宋元祐(1086—1093)年间和弟刘安上联荐于乡,同入太学,后又联袂赴洛阳从程颐受业,两兄弟被列入"元丰永嘉九先生",安节称大刘先生,曾编《伊川语录四》。②〔玩物丧志〕见《尚书·旅獒》,意思是沉迷于喜爱的事物,会丧失意志。③〔吕与叔〕名大临(1040—1090),字与叔,初学于张载,后学于二程。元祐中为秘书省正字。与谢良佐、游酢、杨时为"程门四大弟子"。④〔元凯〕杜预(222—285)之字。杜预注《左传》,逾十万言,自称有"《左传》癖"。⑤〔相如〕指司马相如,字长卿,成都人,西汉辞赋家。相传《长门赋》为他所作,后世批评此文为俳谐之文。俳,指俳优,伶人。⑥〔颜氏得心斋〕语出《庄子·人间世》。谓孔子学生颜回不听之以耳或心,而听之以气,使心气虚灵不昧以待道,心之道就在于虚静,所以称为"心斋",在此指摒除杂念,使心境虚静纯一而体悟大道。⑦〔摅发〕同"抒发",发表。⑧〔有德者必有言〕语出《论语·宪问》。⑨〔游、夏称文学〕据《论语·先进》:"德行:颜渊、闵子骞、冉伯牛、仲弓。言语:宰我、子贡。政事:冉有、季路。文学:子游、子夏。"⑩〔观乎人文以化成天下〕语出《周易·贲卦·彖传》。人文,指人类的伦常秩序。

◎ **大意** 有人问程颐:"写文章是否有损于求道?"程颐回答说:"是的。大凡写文章,不专心就写不好;一旦专心,就必然使自己的志趣局限在写文章上,又怎么能心胸宽广,像天地一样包容万物呢?《尚书》说:'玩物丧志。'而舞文弄墨,无疑也属于'玩物'之列。吕大临有一首诗这样说:'学如元凯方成癖,文似相如始类俳。独立孔门无一事,只输颜氏得心斋。'古代的学者,专心追求修养自己的真性情,不学其他。现在的人写文章,只会寻章摘句,以华丽的辞藻取悦他人。既然以取悦他人为目的,那与伶人之类的人又有什么差别呢?"问:"古时候的人学作文吗?"程颐回答说:"人们看见了'六经',就认为圣人也作文,不知道圣人只是抒发胸中蕴蓄,自然成文罢了。这就是孔子所说的'有德行的人一定有美好的言辞'啊。又问："子游、子夏以文学著称，又怎么解释呢？"程颐回答说："子游、子夏什么时候曾经拿着笔学写文章呢？《周易·贲卦·彖传》说：'观察天文天象，就可以知道时序的变化；观察社会人文现象，就可以用教化成就天下的人。'这难道是文章之学吗？"

2.58 涵养须用敬，进学则在致知①。（《二程遗书》卷十八《刘元承手编》）

◎ **注释** ①〔涵养须用敬，进学则在致知〕"涵养"是说修养心性，"进学"是指进修学业。

◎ **大意** 涵养性情必须保持端庄敬肃，学问的进步在于格物致知。

2.59 莫说道将第一等让与别人，且做第二等。才如此说，便是自弃。虽与"不能居仁由义①"者差等不同，其自小一也。言学便以道为志，言人便以圣为志。（《二程遗书》卷十八《刘元承手编》）

◎ **注释** ①〔居仁由义〕语出《孟子·离娄上》。

◎ **大意** 不要把第一等人让给别人去做，自己做第二等人。只要这样说，就是自弃。虽然说这种话的人与那些不讲仁义的人有一定程度的差别，但都属于自己瞧不起自己。说到为学，就要以求道为志向；说到做人，就要以圣人为目标。

2.60 问："'必有事焉①'，当用敬否？"曰："敬是涵养一事，'必有事焉'，须用集义②。只知用敬，不知集义，却是都无事也。"又问："义莫是中

理否？"曰："中理在事，义在心。"（《二程遗书》卷十八《刘元承手编》）

◎ **注释** ①〔必有事焉〕语出《孟子·公孙丑上》。②〔集义〕犹言积善，指事事皆合于义。语出《孟子·公孙丑上》。孟子认为，浩然之气至大至刚，充塞天地，不待外求，纯由内心"集义所生"。

◎ **大意** 有人问："'一定要养气'的话，就要用敬来培养吗？"程颐说："敬是涵养性情方面的事。孟子说'一定要养气'，就是必须积累自己的善行，所做的事皆符合义，才能培养起浩大的精神。只知保持敬，不知道集义积善，那是没有用的。"又问："义难道不是都符合理吗？"程颐回答说："符合理体现在处事上，而义存在于人的心里。"

2.61 问："敬、义何别？"曰："敬只是持己之道，义便知有是有非。顺理而行，是为义也。若只守一个敬，不知集义，却是都无事也。且如欲为孝，不成只守著一个孝字。须是知所以为孝之道，所以侍奉当如何，温清①当如何，然后能尽孝道也。"（《二程遗书》卷十八《刘元承手编》）

◎ **注释** ①〔温清〕语出《礼记·曲礼上》。清，凉。

◎ **大意** 有人问：敬与义有什么区别？程颐说：敬只是自我修养的方法，义使人明白有是有非。顺着理去做，这就是义啊！若只守着一个敬字，不懂得集义，那就是什么事也没有做呀。比如想尽孝，不可能只守着一个孝字。应该是懂得如何尽孝的方法，比如侍奉在父母身边应该怎么做，应该如何使父母冬天温暖、夏季凉爽，然后才能尽孝道。

2.62 学者须是务实，不要近名方是。有意近名，则是伪也。大本已失，更学何事？为名与为利，清浊虽不同，然其利心则一也。（《二程遗书》卷十八《刘元承手编》）

◎ **大意** 学者应该务于实处，不要图虚名才是。执着于虚名，就是作伪。为学大本已经丧失，还能学什么呢？为名与为利，表面上看有清高与污浊之分，但利己之心是一样的。

2.63 "回也，其心三月不违仁。"只是无纤毫私意，有少私意便是不仁。（《二程遗书》卷二十二上《伊川杂录》）

◎ **大意** "颜回能够长时间不离开仁德。"颜回之所以能如此，只是因为他毫无私心杂念。有点私意，就是不仁。

2.64 "仁者先难而后获①"，有为而作，皆先获②也。古人惟知为仁而已，今人皆先获也。（《二程遗书》卷二十二上《伊川杂录》）

◎ **注释** ①〔先难而后获〕语出《论语·雍也》。②〔先获〕未行动之前，先考虑功效。朱熹解："先计其效而后为其事，则其事虽公，而意则私。"

◎ **大意** "仁者先付出劳动而后收获",有一定目的去做事,都是先考虑收获。古人只知道行仁,今人都是先考虑收获。

2.65 有求为圣人之志,然后可与共学;学而善思,然后可与适道;思而有所得,则可与立;立而化之,则可与权①。(《二程遗书》卷二十五《畅潜道录》)

◎ **注释** ①〔立而化之,则可与权〕语出《论语·子罕》。"权",即"权衡"之"权",称物而知其轻重。

◎ **大意** 一个人有了追求成为圣人的志向,就可以和他共同学习;学习中善于思考,就可以和他一起学得圣人之道;思考又能有收获,就可以与他成为志同道合的朋友;志同道合又能相互补益,就可以同他一起通权达变,使行为符合义的标准。

2.66 古之学者为己①,其终至于成物;今之学者为物,其终至于丧己。(《二程遗书》卷二十五《畅潜道录》)

◎ **注释** ①〔古之学者为己〕语出《论语·宪问》。

◎ **大意** 古代的学者求学是为了提升自己的道德修养,最终成就了万事万物,使万物各得其所;现在的人求学是为了追求外在之物,结果却丧失了自己的本心。

2.67 君子之学必日新①。日新者,日进也。不日新者必日退,未有不进而不退者。惟圣人之道无所进退,以其所造者极也。(《二程遗书》卷二十五《畅潜道录》)

◎ **注释** ①〔日新〕语出《大学》:"苟日新,日日新,又日新。"

◎ **大意** 君子的学问每天都在更新。换言之,就是每天都在进步。没有进步就必然退步,没有不进步却也不退步的。只有圣人之道没有进与退的分别,因为圣人之道达到了尽善尽美的境界。

2.68 明道先生曰:性静者可以为学。(《二程外书》卷一《朱公掞录拾遗》)

◎ **大意** 程颢说:禀性虚静的人可以学习圣人之道。

2.69 弘而不毅,则无规矩;毅而不弘,则隘陋。①(《二程外书》卷二《朱公掞问学拾遗》)

◎ **注释** ①此条可与卷二第四十八条参读。

◎ **大意** 人宏大而不坚毅就会流于放任,人坚毅而不宏大就必然显得狭隘浅陋。

2.70 知性善①以忠信为本②,此先立其大者③。(《二程外书》卷二《朱公掞问学拾遗》)

◎ **注释** ①〔性善〕语出《孟子·告子上》。②〔忠信为本〕语出《论语·学而》。③〔先立其大者〕语出《孟子·告子上》。

◎ **大意** 知道自己天性本来纯粹至善，由此确立以忠信为修德进学的根本，就是孟子所说的"先确立为人的根本"的意思。

2.71 伊川先生曰：人安重①则学坚固。（《二程外书》卷六《罗氏本拾遗》）

◎ **注释** ①〔安重〕安泰稳重。孔子说："君子不重则不威，学则不固。主忠信，无友不如己者。"（《论语·学而》）

◎ **大意** 程颐说：人如果安静庄重，那么所学到的东西就坚实稳固。

2.72 "博学之，审问之，慎思之，明辨之，笃行之①"，五者废其一，非学也。（《二程外书》卷六《罗氏本拾遗》）

◎ **注释** ①〔博学之，审问之，慎思之，明辨之，笃行之〕语出《中庸》。

◎ **大意** "广泛地学习，仔细地询问，慎重地思考，明白地辨别，实实在在地践行"，这五个方面缺少其中任何一个，都不是学习。

2.73 张思叔①请问，其论或太高，伊川不答，良久曰："累②高必自下。"（《二程外书》卷十一《时氏本拾遗》）

◎ **注释** ①〔张思叔〕即张绎（1071—1108），字思叔，年三十从学于程颐，初以文闻名，后来作文字甚少。未及仕，后程颐一年卒。详见《伊洛渊源录》卷十二、《宋元学案》卷三十,《宋史》卷四二八有传。②〔累〕积累。

◎ **大意** 张绎向程颐请教,有时他的发问议论太过高深抽象,程颐不回答。停好大一会儿才说:"要想堆积得很高一定得从下层开始。"

2.74 明道先生曰:人之为学,忌先立标准①。若循循不已,自有所至矣。(《二程外书》卷十二《传闻杂记》)

◎ **注释** ①〔标准〕指期望达到的目标。标,帜也;准,的也。朱熹解:"学者固当以圣人为标准,然岂可日日比并而较量之乎?""学者固当以圣人为师,然亦何须先立标准?才立标准,心里只计较思量几时得到圣人,便有个先获之心。"

◎ **大意** 程颢说:人求学,最忌讳的是先确立目标。如果循序渐进,永不停息,自然会达到一定的境界。

2.75 尹彦明①见伊川后,半年方得《大学》②《西铭》③看。(《二程外书》卷十二《传闻杂记》)

◎ **注释** ①〔尹彦明〕即尹焞(1071—1142),字彦明,赐号和靖处士,师侍程颐二十年。当侍讲,权礼部侍郎。所著有《孟子解》《和靖集》。②〔《大学》〕本为小戴辑《礼记》第四十二篇。北宋仁宗天圣八年(1030年)赐进士王拱宸(1012—1085)《大学》轴,这是最初的《大学》单行本。其后程颢、程颐、朱熹均更改经文,以后改本无数。朱熹将其整理成《大学章句》,分为经一章与传十章,补第五章格致之传,又以经一章为孔子之言而曾子述之,其传十章认为是曾子之意而门人记之。后又著《大学或问》,并于1190年刊《大学》《论语》《孟子》和《中庸》为"四书"。1313年,元朝廷令科举考试以"四书""五经"的程朱注为主。"四书"之学由此遍布天下,直至民国初年仍是基本教材。③〔《西铭》〕详见本卷第八十九条。

◎ **大意** 尹焞受业于程颐半年后，程颐才让他读《大学》和《西铭》。

2.76 有人说无心。伊川曰：无心便不是，只当云无私心。（《二程外书》卷十二《传闻杂记》）

◎ **大意** 有人说人应当做到无心。程颐说：说人应当无心不对，只能说人应当无私心。

2.77 谢显道①见伊川，伊川②曰："近日事如何？"对曰："天下何思何虑③？"伊川曰："是则是有此理，贤却发得太早在。"伊川直是会锻炼得人，说了又道："恰好著工夫也。"（《二程外书》卷十二《传闻杂记》）

◎ **注释** ①〔谢显道〕即谢良佐（1050—1103），字显道，河南上蔡人。程颐学生，学者称上蔡先生，著有《论语说》《上蔡语录》。②〔伊川〕一本作"伯淳"。③〔天下何思何虑〕语出《周易·系辞下》。

◎ **大意** 谢良佐拜见程颐。程颐问："近来学问做得怎样？"谢良佐回答说："天下事任其自然，有什么可以思考的呢？"程颐说："话说得很有道理，对于你来说，却是说得太早了一点。"程颐实实在在会培育锻炼人，说了前面的话，又说："你现在需下功夫，而非无思无虑。"

2.78 谢显道云："昔伯淳教诲，只管着他言语。"伯淳曰："与贤说话，却似扶醉汉，救得一边，倒了一边。只怕人执着①一边。"（《二程外书》卷十二）

◎ **注释** ①〔着〕《上蔡语录》中作"看"。朱熹解:"上蔡因发于明道'玩物丧志'一言,故其所论每每过高,如'浴沂御风''何思何虑'之类,皆是堕于一偏。如扶醉汉,直是如此。"按程颢主张为学"且省外事",只在敬心诚意上下功夫,认为记诵博识,学习礼文、制度等都是"玩物丧志"。程颐又说谢良佐欠了为学功夫。所以说谢良佐难免"堕于一偏"。

◎ **大意** 谢良佐说:"过去听先生的教诲,我只管领悟他的话。"程颢说:"和你说话,就像扶醉汉一样,从这一边扶起,又倒向那一边,人就怕偏执一端。"

2.79 横渠先生曰:"精义入神①",事豫吾内,求利吾外也;"利用安身②",素利③吾外,致养吾内也;"穷神知化④",乃养盛自至,非思勉之能强。故崇德而外,君子未或致知也。(张载《正蒙·神化》)

◎ **注释** ①〔精义入神〕语出《周易·系辞下》。精义,精通事物之理。入神,进入神妙境地。②〔利用安身〕顺于致用,以安其身。③〔素利〕犹言凡事从容恬适。④〔穷神知化〕穷究事物的神妙变化。知化,认识事物的变化。

◎ **大意** 张载说:"精研义理达到纯熟高妙的境界",事情未出现时早已熟知这事的道理,如此处理事务就有利。"善于利用事物之用,以其义理安身",这样为人处世就会从容恬淡,内在的德行也会得到涵养。"穷究事物的奥秘,认识事物的变化法则",那是内外涵养达到极致时的自然结果,不是想努力就能勉强得来的。所以,除了提高自己的德行外,君子不去获取别的知识。

2.80 形而后有气质之性①，善反之②则天地之性存焉。故气质之性，君子有弗性者焉。（张载《正蒙·诚明》）

◎ **注释** ①〔气质之性〕见卷一第四十八条注①、卷二第三十条注①。②〔反之〕恢复其本然之性。《孟子·尽心下》："尧舜，性者也；汤武，反之也。"朱熹《孟子集注》："反之者，修为以复其性而至于圣人也。"

◎ **大意** 人有形体后，就有了气质之性。善于恢复先天的本性，那么天地之性就能保存在那里。所以气质之性，君子是不把它当作自己的本性的。

2.81 德不胜气，性命于气；德胜其气，性命于德。穷理尽性①，则性天德，命天理。气之不可变者，独死生修夭而已。（张载《正蒙·诚明》）

◎ **注释** ①〔穷理尽性〕语出《周易·说卦》。穷理，穷究事物的道理。尽性，充分发挥自己以及他人和物的本性。

◎ **大意** 德性不能战胜气质，性命都受气质左右；德性战胜气质，性命都顺从其德性。人能穷尽事理充分发挥本性，那么他禀受的就是天德，上天赋予他的是天理。人所禀之气不能改变的，只有死生寿夭而已。

2.82 莫非天也，阳明胜则德性用，阴浊胜则物欲行。"领恶而全好①"者，其必由学乎？（张载《正蒙·诚明》）

◎ **注释** ①〔领恶而全好〕语出《礼记·仲尼燕居》。领，治理。好，善，意为治理恶习而保全善行。

◎ **大意** 人品行的善恶无不出于上天。阳明之气胜，那么好的德性就表现出来；阴浊之气胜，那就物欲、私欲肆行。要治理恶习而保全善行，一定得通过学习吧？

2.83 大其心则能体天下之物①，物有未体，则心为有外。世人之心，止于见闻之狭。圣人尽性，不以见闻梏其心，其视天下无一物非我。孟子谓尽心则知性知天②，以此。天大无外，故有外之心，不足以合天心。（张载《正蒙·大心》）

◎ **注释** ①〔体天下之物〕语本《礼记·中庸》。体物即体认物理。②〔尽心则知性知天〕语出《孟子·尽心上》。

◎ **大意** 心胸开阔，就能够体认天下万物之理；有一物之理未能体认，则心与物有隔，未能包容天地。世俗人的心胸狭隘，被他的见闻局限。圣人则能充分发扬自己的本性，不被耳目见闻束缚，他们看待天下，没有一种事物不与自己同体。孟子说的尽心就能知性、知天，原因就在此。天无比广大，没有任何东西在天之外。因此，凡有外物之心，都不足以与天心合一。

2.84 仲尼绝四①，自始学至成德，竭两端之教②也。"意"，有思也；"必"，有待也；"固"，不化也；"我"，有方也。四者有一焉，则与天地为不相似③矣。（张载《正蒙·中正》）

◎ **注释** ①〔绝四〕语出《论语·子罕》:"子绝四:毋意,毋必,毋固,毋我。"绝四,即不悬空揣测,不绝对肯定,不拘泥固执,不自以为是。《二程遗书》卷十一则云:"'意'者任意,'必'者必行,'固'者固执,'我'者私己。"②〔竭两端之教〕语出《论语·子罕》。两端,即首尾两端。③〔与天地为不相似〕语出《周易·系辞上》。

◎ **大意** 孔子杜绝了四种毛病,从开始学习一直到德性养成,始终都如此。他杜绝的毛病是:"意",未学而先思,就先有私意;"必",绝对地肯定,就有所待;"固",拘泥固执,就不能融会贯通;"我",限于一处,就有局限。这四种毛病有一种,就不能与天地合一。

2.85 shàng dá fǎn tiān lǐ, xià dá xùn rén yù zhě yú!
上达反天理①,下达徇②人欲者欤!(张载《正蒙·诚明》)

◎ **注释** ①〔上达反天理〕前人以为"下学"乃下学人事,"上达"是上达天命。②〔徇〕顺从。

◎ **大意** 上达是复归天理,下达是顺从人欲!

2.86 zhī chóng tiān yě xíng ér shàng yě. tōng zhòu yè ér zhī,
知崇,天也,形而上也①。通昼夜而知②,
qí zhī chóng yǐ. zhī jí zhī ér bù yǐ lǐ xìng zhī fēi jǐ yǒu yě.
其知崇矣。知及之,而不以礼性之,非己有也。
gù zhī lǐ chéng xìng ér dào yì chū rú tiān dì wèi ér yì xíng
故知礼成性而道义出,如天地位而易行③。

(张载《正蒙·至当》)

◎ **注释** ①〔形而上也〕语出《周易·系辞上》。②〔通昼夜而知〕语出《周易·系辞上》。③〔天地位而易行〕语出《周易·系辞上》。

◎ **大意** 《周易》说圣人认知高明,上比于天,可以认识超乎形体之上的道。通晓幽明、死生、阴阳、动静变化的规律,懂得其中的奥妙,认知太崇高了。一个人如果获得了高明的智慧,却不能用谦卑的礼文来守持自己的本性,那这智慧还不是他所有的。因此，人能了解礼，并根据礼的规范行动从而成就自己的善性，道义就会体现出来；其道理如同天地确立了各自的位置，易理就能贯通于天地之间一样。

2.87 困之进人也，为德辨①，为感速。孟子谓"人有德慧术智者，常存乎疢疾②"，以此。（张载《正蒙·三十》）

◎ **注释** ①〔德辨〕语出《周易·系辞下》。辨，明辨。②〔常存乎疢疾〕语出《孟子·尽心上》。疢疾，灾祸。

◎ **大意** 困厄可以使人进取，因为困厄最能鉴别、考验人的德行修养，从而激发人奋勇向上。孟子所说"人的德行、智慧、本领、知识常常是通过灾患磨炼出来的"，正是这个道理。

2.88 言有教，动有法。昼有为，宵有得。息①有养，瞬有存。（张载《正蒙·有德》）

◎ **注释** ①〔息〕一息，瞬息。

◎ **大意** 说话必须遵循师长的教诲，行动必须遵守法度。白天必须勤勉有所作为，夜晚必须反省有所收获。一息一瞬之间，都要自觉存养性情。

2.89 横渠先生作《订顽》曰：乾称父，坤称母①。予兹藐焉，乃混然中处②。故天地之塞，吾其体；天地之帅，吾其性。民吾同胞，物吾与③也。大君④者，吾父母宗子⑤；其大臣，宗子之家相也。

尊高年，所以长其长；慈孤弱，所以幼其幼⑥。圣，其合德；贤，其秀也。凡天下疲癃⑦残疾、茕独鳏寡，皆吾兄弟之颠连而无告者也。于时保之，子之翼也；乐且不忧，纯乎孝者也。违曰悖德，害仁曰贼，济恶者不才，其践形惟肖者也。知化则善述其事，穷神则善继其志⑧。不愧屋漏⑨为无忝，存心养性为匪懈。恶旨酒⑩，崇伯子之顾养；育英才，颖封人之锡类⑪。不弛劳而底豫⑫，舜其功也；无所逃而待烹⑬，申生其恭也。体其受而归全者⑭，参乎！勇于从而顺令者⑮，伯奇也。富贵福泽，将厚吾之生也；贫贱忧戚，庸玉汝于成也。存，吾顺事；没，吾宁也。（本注：明道先生曰：《订顽》之言，极醇无杂，秦汉以来学者所未到。又曰：《订顽》一篇，意极完备，乃仁之体也。学者其体此意，令有诸己，其地位已高。到此地位，自别有见处，不可穷高极远，恐于道无补也。又曰：《订顽》立心，便达得天德。又曰：游酢得《西铭》读之，即涣然不逆于心。曰："此中庸之理也，能求于言语之外者也。"杨中立问曰："《西铭》言体而不及用,恐其流遂至于兼爱,何如?"伊川先生曰:"横渠立言诚有过者,乃在《正蒙》。《西铭》之书,推理以存义,扩前圣所未发,与孟子性善、养气之论同功,岂墨氏之比哉!《西铭》明理一而分殊,墨氏则二本而无分。分殊之蔽,私胜而失仁;无分之罪,兼爱而无义。分立而推理一,以止私胜之流,仁之方也。无别而迷兼爱,以至于无父之极,义之贼也。子比而同之,过矣。且彼欲使人推而行之,本为用也,反谓不及,不亦异乎?)

又作《砭愚》曰:戏言出于思也,戏动作于谋也。发于声,见乎四支,谓非己心,不明也。欲人无己疑,不能也。过言非心也,过动非诚也。失于声,缪迷其四体,谓己当然,自诬也。欲他人己从,诬人也。或者谓出于心者,归咎为己戏;失于思者,自诬为己诚。不知戒其出汝者,归咎其不出汝者。长傲且遂非,不知孰甚焉?(本注:横渠学堂双牖,右书《订顽》,左书《砭愚》。伊川曰:"是起争端。"改《订顽》为《西铭》,《砭愚》曰《东铭》。)(张载《正蒙·乾称》)

◎ **注释** ①〔乾称父，坤称母〕语出《周易·说卦传》。②〔混然中处〕谓与天地相合而位于天地之中。③〔与〕同类，同伴。④〔大君〕指天子。⑤〔父母宗子〕父母，指天地。宗子，古代宗法制度，嫡长子为族人兄弟所共宗（共尊），故称"宗子"。⑥〔所以幼其幼〕语出《孟子·梁惠王上》。幼其幼，爱护幼小的人。⑦〔疲癃〕衰老多病。⑧〔善继其志〕语出《中庸》。⑨〔不愧屋漏〕语出《诗经·大雅·抑》，意为心地光明，不在暗中做坏事，起坏念头。屋漏，屋西北角人所不见处。⑩〔恶旨酒〕语出《孟子·离娄下》。旨酒，美酒。⑪〔锡类〕据《左传·隐公元年》载，颖考叔为封人，纯爱其母，施及郑庄公。《左传》引《诗经·大雅·既醉》云："孝子不匮，永锡尔类。"锡类，把恩德赐给朋类。⑫〔不弛劳而底豫〕语出《孟子·离娄下》。不弛劳，不松懈地劳累。底，致。豫，乐。舜尽事亲之道使瞽叟快乐，从而使天下化之。⑬〔无所逃而待烹〕指申生顺从晋献公之意，自缢死。时重耳劝申生出逃，申生说："君谓我欲弑君也，天下岂有无父之国哉？"事见《左传·僖公五年》与《礼记·檀弓上》。无所逃，即无所逃于天地之间，该死时就要像申生恭顺天命。待烹，等待杀戮。⑭〔体其受而归全〕《礼记·祭义》："父母全而生之，子全而归之。"又见《孝经》第一章，孔子云："身体发肤受之父母，不敢毁伤，孝之始也。"《论语·泰伯》，"曾子有疾，召门弟子曰：'启予足，启予手！'"⑮〔勇于从而顺令者〕周大夫尹吉甫的儿子伯奇，是位孝子，为后母所间，被放逐。《汉书》卷七十九赞曰："故伯奇放流。"颜师古（581—645）注云，"《说苑》云：'王国子前母子伯奇，后母子伯封，兄弟相重。后母欲令其子立为太子，乃谮伯奇，而王信之，乃放伯奇也。'"放伯奇事又见《孔子家语》卷九《七十二弟子解第三十八上》。但颜师古所述《说苑》语，不见于今本《说苑》。

◎ **大意** 张载作《订顽》说：象征天的乾相当于父，象征地的坤相当于母。我们多么邈小，与天地相合而立身于天地之间。所以充塞天地的气构成我的身体，天地的气构成我的本性。生民是我的同胞，生物是我的同伴。君主是天地父母的宗子，大臣是宗子的总管。尊重年老的人，那是尊重我们的长辈；关爱孤苦弱小的人，那是爱护幼小的人。圣人，与天地的大德合一；贤人，是禀赋了天地灵气的人。天下一切衰老残疾、茕独鳏寡的人，都是我困苦不堪、无可依靠的兄弟。畏惧上天以自保的，是亲敬天地这个父母的人；乐于天命而不忧愁的，是上天纯孝的儿子。违背父母之命，即是背离道德原则；戕害仁道的人，就是贼人；助长邪恶的人，是不才之子。只有天地父母之子，才能够把仁义的本质落实在人伦实践之中。知道万物变化的人就能成就上天的事业，穷究万物的奥秘就能承继上天的意志。心地光明，毫无邪念，就无愧于有生养之恩的父母；守护本心，养育本性，就是不懈地追求与天道合一。禹厌恶美酒，是为了护养天赋的本性；培育英才，就好像颖考叔把孝行带给了他的同类。舜竭尽全力让父亲感到快乐，是舜的功绩所在；申生宁愿自杀而不愿逃走，这是申生的无比恭顺。能够把得之于父母的身体完满地守护，是曾参；能够不顾险难，勇于顺从父亲之命者，是伯奇。富贵福泽，是天地对我的厚待，驱使我更加努力向善；贫贱忧戚，是天地对我的考验，促使我奋发进取，成就人格。我活着，顺乎天而行事；我死了，无愧于天地而心安理得。（本注：程颢说："张载《订顽》的内容，极为纯正，没有丝毫杂质。秦汉以来，还没有哪一位学者达到他这样的高度。"程颢又说："《订顽》这篇文章，意义非常完备，是仁的根本。学者们要体会其中之意，将其思想内化为自己的德性，那思想境界就已经很高了。到这个境界，自然就有不同见解，不要一味好高骛远，那样恐怕对学道没有什么帮助。"又说："以《订顽》确定精神追求的方向，就可以上达天道。"又说："游酢读了《西铭》之后，便有涣然冰释之感。他说：'《西铭》讲的是中庸之理，能在言语之外领会其深意。'"杨时问道："《西铭》讲仁之本体不讲仁的实行，这恐怕会流于墨家的兼爱，先生认为如何呢？"程颐回答说："张载的言论，确实有过于高远的，那是在《正蒙》中。而《西铭》这书，推究理而保存义，阐扬前代圣人所未说明的道理，和孟子发明性善、养气之说一样有大功于圣学，这哪是墨家之说所能比的呢？《西铭》阐明理一分殊之理，墨家却是两个根源而无区分！如果只强调物各自分殊之理而不明了总天地万物的一理，那容易导致私情胜而失去仁爱；而爱无分别的罪过，则成了同样的爱，没有义与不义的区别。确立了分殊而上推理，以防止私情过胜的流弊，这是求仁的方法。没有差别地迷失于兼爱，以至于走向目无父的极端，那是害义。你把两者相比认为它们相同，这就错了。况且张载是想使人们推广实行，本来就是为了用，你反说他没有说到应用，这不是很奇怪吗？"）

张载又作《砭愚》说：戏谑的言语反映了内心的思考，戏谑的动作反映了心中的谋划。你发出来的声音，做出来的动作，要说不是出于你的本心，这说不清楚。想要人家不怀疑你是成心如此，是不可能的。过失的言论不符合本心的要求，过失的行为不符合诚朴的标准。由于失声而说出来，由于错误迷失了手脚而做出来了，却视为理所当然，那是欺诬自己；想要别人信从自己，是欺诬他人。有时将出于自心的错误，归咎为自己在开玩笑；把缺乏考虑的失误，又自诬为出于自己的本心。不知道慎戒那些出于你本心的言行，却把失误归咎为不是出于你本心的开玩笑。因此，助长人的傲气，促成人的过错，不知道有什么比这更严重的了！（本注：张载学堂的两面窗户，右窗写了《订顽》，左窗写了《砭愚》。程颐说："这容易引起争端。"于是把《订顽》改名《西铭》，把《砭愚》改名《东铭》。）

2.90 将修己，必先厚重以自持①。厚重知学，德乃进而不固矣。忠信进德，惟尚友②而急贤。欲胜己者亲，无如改过之不吝。（张载《正蒙·乾称》）

◎ **注释** ①〔将修己，必先厚重以自持〕修己，修养自身。厚重，敦厚持重。自持，自我约束。②〔尚友〕"尚"通"上"，谓上溯历史，与古人做朋友。《孟子·万章下》："以友天下之善士为未足，又尚论古之人；颂其诗，读其书，不知其人，可乎？是以论其世也，是尚友也。"此处指向高于己者学习。

◎ **大意** 要修养自己的品德，一定要先笃厚庄重、自持有度。性格厚重又知道如何去学，德行就会提高而不固陋了。内积忠信以进修德业，途径只有推重朋友，迫切地与贤人交游。要想与那些德行胜过自己的人成为朋友，最重要的是毫不吝惜地改掉自己身上的错误。

2.91 横渠先生谓范巽之①曰：吾辈不及古人，病源何在？巽之请问。先生曰：此非难悟。设此

语者，盖欲学者存意之不忘，庶游心浸熟，有一日脱然②如大寐之得醒耳。（张载《近思录拾遗·文集》）

◎ **注释** ①〔范巽之〕名育，字巽之，邠（bīn）州（在今陕西西部）人，张载学生，历任知县、知府，后升为户部侍郎。②〔脱然〕超然不受牵累的样子。

◎ **大意** 张载对范育说：我们这些人赶不上古人，原因在哪里？范育不知，请老师指教。张载说：这并不难理解。我之所以如此设问，是希望读书人时时想到我们不如古人及其不如古人的原因，把这一点牢记在心，多游心于圣学至浸灌纯熟，终有一天彻悟圣人之道，就像大梦初醒一样。

2.92 未知立心，恶思多之致疑；既知所立，恶讲治之不精。讲治之思，莫非术内，虽勤而何厌？所以急于可欲者，求立吾心于不疑之地，然后若决江河以利吾往。"逊此志，务时敏，厥修乃来①。"故虽仲尼之才之美，然且敏以求之②。今持不逮③之资，而欲徐徐以听其自适，非所闻也。

（张载《近思录拾遗·文集》）

◎ **注释** ①〔逊此志，务时敏，厥修乃来〕语出《尚书·说命下》。逊，谦虚。务，必须。时敏，无时而不敏。②〔敏以求之〕语出《论语·述而》。③〔逮〕到，及。

◎ **大意** 读书人没有确立自己的志向时，反对胡思乱想而导致疑惑；确立了自己的志向后，反对讲习治学浅略不精。治学时的思考与前边说的胡思乱想不同，这时的思考都在圣贤道理之内，讲习、治学、思考，都是学术分内的事情，即使勤于思考又有什么满足的呢？所以急于追求道术的人，先得确立志向不至于疑惑，然后就可以像江河一样奔流无阻。"使你的心志谦逊，务要时时勤敏，你要修的道就会到来。"所以即使拥有像孔子一样美好的才华，仍要孜孜不倦地追求。今天我们的先天资质赶不上孔子，却想慢慢去学而任凭它自己走向成德，如此治学我是没有听说过的。

2.93 明善为本①，固执之乃立，扩充之则大，易视②之则小，在人能弘之而已。（张载《性理拾遗》）

◎ **注释** ①〔明善为本〕语出《礼记·中庸》。郑玄注："言知善之为善，乃能行诚。""诚之者，择善而固执之。"此言人的修养，明善是根本。②〔易视〕轻视。

◎ **大意** 明白善是修身的根本，然后坚定地恪守它，人就能挺立于人世间。扩充你的善性，人就能无比光辉伟大；轻视善性，人就变得渺小狭隘。善，在于人去弘扬而已。

2.94 今且只将"尊德性而道问学①"为心，日自求于问学者有所背否，于德性有所懈否。此义亦是博文约礼②，下学上达③。以此警策一年，安得不长？每日须求多少为益。知所亡，改得少不善，此德性上之益；读书求义理，编书须理会有所归著，勿徒写过，又多识前言往行④，此问学

上益也。勿使有俄顷闲度，逐日似此，三年，庶几有进。（张载《近思录拾遗·文集》）

◎ **注释** ①〔尊德性而道问学〕语出《中庸》。②〔博文约礼〕语出《论语·颜渊》。用文献来丰富我的知识，用礼节来约束我的行为。③〔下学上达〕语出《论语·宪问》。④〔多识前言往行〕语出《周易·大畜·象传》。前言往行，指前代圣贤有益的言论和高尚的行为。

◎ **大意** 现在且只把《中庸》中的"尊崇德性、追求学问"作为你的抱负，每天检查自己是否背离了"道问学"，在"尊德性"上是否有所懈怠？这也就是孔子所说的博文约礼，下学上达。用这样的方式鞭策自己一年，怎么会不长进呢？每天必须在道德修养上或多或少有所收益。知道了原来不知道的东西，改掉了一些错误，这是德性上的增益。读书是为了追求义理，编书必须要有目的归趣，不要只是白白地写过，还要多多了解前人往贤的嘉言懿行，这是学问上的收益。莫使片刻的时光白白度过，天天如此坚持，三年就能有进步。

2.95 为天地立心，为生民立道①，为去圣②继绝学，为万世开太平。（张载《横渠语录》卷中）

◎ **注释** ①〔为生民立道〕《张子全书》卷十四把"道"作"命"。②〔去圣〕今多作"往圣"。

◎ **大意** 为学应该树立为天地立心的胸怀，为百姓指明一条共同遵行的大道，继承、接续圣人的不传之学，为天下后世开辟永久太平的基业。

2.96 载所以使学者先学礼者，只为学礼，则便除去了世俗一副当①习熟②缠绕。譬之延蔓之物，解缠绕即上去。苟能除去了一副当世习，便

自然脱洒也。又学礼，则可以守得定。（张载《横渠语录》卷下附《语录抄》）

◎ **注释** ①〔一副当〕"一副当"为关中方言，大意为"一整套"。②〔习熟〕指世俗的繁文缛节。

◎ **大意** 我之所以要学者先学礼，无非是因为学礼可以排除世俗一整套繁文缛节的纠缠纷扰。譬如蔓延生长的植物，解除了枝蔓的缠绕，就容易向上生长。因此，读书人如果能够排除世俗的束缚，心胸自然就超脱洒落。又学了礼，人的行为有了依据，善性就能有所守持。

2.97 须放心宽快公平以求之，乃可见道。况德性自广大。《易》曰："穷神知化，德之盛也①。"岂浅心可得？（张载《横渠易说·系辞下》）

◎ **注释** ①〔穷神知化，德之盛也〕语出《周易·系辞下》。穷神知化，穷究事物的神妙之处，了解事物的变化。

◎ **大意** 求道，必须心胸宽广，宽和、舒畅、公平，才可以体悟道，何况天地之德性本来就宽广宏大。《周易·系辞下》说："穷究事物的神妙，认识事物的变化，是最伟大的德性。"道岂是浅狭之心可以认识的！

2.98 人多以老成①则不肯下问②，故终身不知。又为人以道义先觉处之，不可复谓有所不知，故亦不肯下问。从不肯问，遂生百端，欺妄人我，宁终身不知。（张载《近思录拾遗·论语说》）

◎ **注释** ①〔老成〕老练成熟，阅历多而练达世事。②〔不肯下问〕《论语·公冶长》："敏而好学，不耻下问。"此条就此而发。

◎ **大意** 人大多以为自己老练成熟而不肯向晚辈后学请教询问，所以有些东西一辈子也没有弄明白。或者总以道义自居，先觉自许，自以为无所不知，因此不肯下问。从这个不肯问，就生出各种事端欺妄他人，自己宁可一辈子不懂。

2.99 多闻不足以尽天下之故。苟以多闻而待天下之变，则道足以酬其所尝知。若劫之不测，则遂穷矣。①（张载《孟子说》）

◎ **注释** ①此条原注出自《孟子说》，此书已佚。叶采解："心通乎道则能尽夫事理之所以然，故应变而不穷。不通乎道而徒事乎记问，则见闻有限而事变无涯，卒然临之以所未尝知者，则穷矣。"

◎ **大意** 知识再丰富也不能够穷尽天下的变故。如果一个人要凭他丰富的知识来应付天下之变，那么他可以应付那些他所懂得的事。但若处在事变无穷的境地，他就无能为力了。

2.100 为学大益，在自求变化气质①。不尔，皆为人之弊，卒无所发明，不得见圣人之奥。（张载《经学理窟·义理》）

◎ **注释** ①〔为学大益，在自求变化气质〕张载认为人有天地之性和气质之性。人禀气而生，气有清浊，则人有善有不善，但人的气质可以通过后天的学习来改变。此条又见《经学理窟·义理》，其下云："故学者先须变化气质，变化气质与虚心相表里。"

◎ **大意** 为学的最大收获，就在于变化气质。不如此，都是为人之学的弊病，学到底也不能有所醒悟，体会不到圣人的奥妙。

2.101 文要密察，心要洪放①。（张载《经学理窟·礼乐》）

◎ **注释** ①〔文要密察，心要洪放〕《礼记·中庸》："文理密察，足以有别也。"文是指天地万物的纹路脉络，也指礼仪和文章，理是内在的条理顺正。叶采解："文不密察则见理粗疏，心不洪放则所存狭滞。"张载《经学理窟·礼乐》云："学者行礼时，人不过以为迂。彼以为迂，在我乃是径捷，此则从吾所好。文则要密察，心则要洪放，如天地自然，从容中礼者盛德之至也。"又《经学理窟·学大原下》云："惟得是心弘放得如天地简易，简易然后能应物皆平正。"洪放，宏远旷达。

◎ **大意** 对天地万物的纹路条理（如礼仪、文章）要细密详察，心胸则要宽广豪迈。

2.102 不知疑者，只是不便实作。既实作，则须有疑。必有不行处，是疑也。（张载《经学理窟·气质》）

◎ **大意** 学了而没有疑问，只是因为没有将其落到实处。只要下了实行的功夫，就必然有疑问。必有行不通的地方，这就是疑问。

2.103 心大则百物皆通，心小则百物皆病。（张载《经学理窟·气质》）

◎ **大意** 心胸开阔宏大，则一切事理无不通达；心胸狭隘浅陋，则事事皆不畅。

2.104 人虽有功，不及于学，心亦不宜忘。心

苟不忘，则虽接人事，即是实行，莫非道也。心若忘之，则终身由之，只是俗事。（张载《经学理窟·义理》）

◎ **大意**　人虽然有事功之劳，而无暇顾及学问，但心不应该忘记为学。如果心能念念不忘，那么，即便是待人待物，也是学道体道，道无处不在。如果忘却了为学之事，逐事纷驰，毫无操守，那就只能终身沉溺于俗事之中了。

2.105　合内外，平物我，此见道之大端①。（张载《经学理窟·义理》）

◎ **注释**　①〔大端〕主要部分，重要的端绪。

◎ **大意**　消除内心与外物的界限，平等对待物我，这就见到了道大的方面。

2.106　既学而先有以功业为意者，于学便相害。既有意，必穿凿创意，作起事端也。德未成而先以功业为事，是代大匠斫①，希不伤手也。（张载《经学理窟·学大原上》）

◎ **注释**　①〔代大匠斫〕语出《老子》。斫，运斧砍削。

◎ **大意**　学道以创立功业为目的，有害于学。既然已经先有意图，就必然穿凿附会、自以为是，从而滋生纷扰。德性还未养成就想建功立业，就好像不知道怎样使用斧头却要代替匠人砍伐树木，这样的人，很少有不伤到自己手的。

2.107　窃尝病孔、孟既没，诸儒①嚣然，不知反约②穷源，勇于苟作，持不逮之资，而急知后世。明者一览，如见肺肝然，多见其不知量也。方且创艾③其弊，默养吾诚，顾所患日力不足，而未果他为也。（张载《横渠文集佚存·与赵大观书》）

◎ **注释** ①〔诸儒〕指汉唐以下儒者。②〔反约〕即"返约"，返回根本。③〔创艾〕惩治。

◎ **大意** 我常常忧虑孔、孟死后，圣人之道隐而不彰，不满后儒各执己见，异论纷纷。他们不知道反省自己，不去探究圣人的根本精神，却肆无忌惮地、随意轻率地著书立说。他们的德行、才智不过尔尔，却汲汲于博名后世。明眼人一看，就一目了然，这些人多半不自量力，缺少自知之明。我要以此为戒，默默地护养我心中的诚。我所忧虑的是时间有限，能力不够，而别的事还未做成。

2.108 学未至而好语变①者，必知终有患。盖变不可轻议，若骤然语变，则知操术已不正。（张载《经学理窟·义理》）

◎ **注释** ①〔变〕权变，权宜。

◎ **大意** 学道未达到至精至纯而喜好论说权宜变通的人，最终必然会带来灾患。学道不能轻易谈论权变，如果急于论说权变，那么操守就已偏离了正道。

2.109 凡事蔽，盖不见底，只是不求益。有人不肯言其道义所得所至，不得见底，又非"于吾言

无所不说①"。（张载《经学理窟·义理》）

◎ 注释　①〔于吾言无所不说〕语出《论语·先进》。说，悦。

◎ 大意　凡事遮蔽掩盖，唯恐他人知道，这只是不求进取。对于道义，有人只字不提，既不让别人知道他学道有什么收获，达到了什么地步，叫人看不出深浅，又不像颜回那样好学，并不像孔子所说的"对我的教诲无不心悦诚服"。

2.110　耳目役于外，揽外事者，其实是自堕，不肯自治，只言短长，不能反躬①者也。（张载《经学理窟·义理》）

◎ 注释　①〔不能反躬〕语出《礼记·乐记》。反躬也作反身，指反求诸己，意为内省自心以求自正。

◎ 大意　人的耳目受外界事物支配，兜揽外事，其实是自弃，不肯修养自身，只知说长道短，是不能内省自正的人。

2.111　学者大不宜志小①气轻②。志小则易足，易足则无由进；气轻则以未知为已知，未学为已学。（张载《经学理窟·学大原下》）

◎ 注释　①〔志小〕志向短小。②〔气轻〕气性轻浮。

◎ 大意　学者极不应该志向短小、气性轻浮。志向小就容易满足，容易满足就无法上进；气性轻浮就会不懂装懂，把没学过的当成学过的。

◎ 思考辨析题

1. 理学所推崇的为学目标是什么？
2. 请谈谈对"为己之学"的理解。
3. 古人论学，多涉及知识与道德，这能给现代学人怎样的启示？

卷三　致　知

此卷共78条，讨论格物致知，强调格物致知是为学的基础功夫。自首条至二十二条，总论格物致知的方法，认为读书是格物致知最重要的途径；二十三条至三十三条总论读书的方法；三十四条后，分论读书的方法，以各种典籍为次序，具体论述研读儒家诸经的方法。由此为后世学者提供一个通过读书而致知的路径。

3.1 伊川先生《答朱长文①书》曰：心通乎道，然后能辨是非，如持权衡以较轻重，孟子所谓"知言②"是也。心不通于道，而较古人之是非，犹不持权衡而酌轻重，竭其目力，劳其心智，虽使时中，亦古人所谓"亿则屡中③"，君子不贵也。（《二程文集》卷九《答朱长文书》）

◎ **注释** ①〔朱长文〕见卷二第五条注①。此条摘录程颐《答朱长文书》中的一段，朱长文书信中指出："上能探古先之陈迹，综群言之是非，欲其心通默识，固未能也。"所以程颐在回信中以通与不通之得失告之。②〔知言〕语出《孟子·公孙丑上》。知言，赵岐注谓："我闻人言，能知其情所趋。"朱熹《孟子集注》则云："知言者，尽心知性，于凡天下之言，无不有以究极其理，而识其是非得失之所以然也。"③〔亿则屡中〕语出《论语·先进》。亿，同"臆"，猜测。

◎ **大意** 程颐《答朱长文书》说：心必须首先与道相通，然后才能辨别是非，犹如必须用秤来称东西，才能比较出轻重，这就是孟子所说的"知言"。心不能与道沟通，却要辨别、判定古人的是非，犹如不用秤来称东西，却要衡量轻重，只能徒然耗费眼力和心智，虽然有时也能猜对，也不过是古人说的"每每均能猜中"，君子对此是不以为然的。

3.2 伊川先生答门人曰：孔、孟之门，岂皆贤哲？固多众人。以众人观圣贤，弗识者多矣，惟其不敢信己而信其师，是故求而后得。今诸君于颐言谗不合，则置不复思，所以终异也。不可

便放下，更且思之，致知之方也。（《二程文集》卷九《答门人书》）

◎ **大意** 程颐回答学生的疑问时说：孔子、孟子的门徒，岂能都是贤哲之士？他们自然多是普通人。用普通人的眼光来看待圣贤，不能认识的地方多了。正因其不盲目地自以为是，遵循老师的教诲，苦心探求，才能有所收获。现在诸位对于我说的话，一旦与你们的看法不吻合，就置之不理，不再思考探究，最终还是不同。现在诸位千万不可把老师的话放在一边，而是应该反复思考探究，这是获取知识的方法呀。

3.3 伊川先生答横渠先生曰：所论大概①，有苦心极力之象，而无宽裕温厚②之气，非明睿所照③，而考索至此，故意屡偏而言多窒，小出入时有之。（本注：明所照者，如目所睹，纤微尽识之矣。考索至者，如揣料于物，约见仿佛尔，能无差乎？）更愿完养思虑，涵泳义理，他日自当条畅。（《二程文集》卷九《答横渠先生书》）

◎ **注释** ①〔大概〕概略，概要。②〔厚〕又本作"和"。③〔明睿所照〕聪明睿智的体察，指纤微毫发尽在观照之中。

◎ **大意** 程颐回复张载的信中说：来信所论大概，有苦心极力追求学问的气象，却缺乏宽裕、平和的气度。您的文章，不是聪明睿智的体察，而是来自考究摸索，所以意思多有偏失，言辞多有窒碍，小小的差错不时出现。（本注：聪明睿智之明察，就像用眼睛去看，纤微之处全都看明白了。考究摸索而至，就像揣测事物，大致见个仿佛罢了，能没有差错吗？）我衷心希望你能全面涵养思虑，深入体认义理，以后自然会达到畅通的境界。

3.4 欲知得与不得，于心气上验之。思虑有得，中心悦豫①，沛然有裕者，实得也。思虑有得，心气劳耗者，实未得也，强揣度耳。尝有人言：比②因学道，思虑心虚。曰：人之血气固有虚实，疾病之来，圣贤所不免，然未闻自古圣贤因学而致心疾者。（《二程遗书》卷二上《元丰己未吕与叔东见二先生语》）

◎ **注释**　①〔悦豫〕喜悦。②〔比〕近来。

◎ **大意**　要想知道求学是否有收获，可从人的精神气质加以验证。思考有所收获时，一个人内心安适喜悦，心力气血充沛丰裕，这说明确实有所得。当思考有所收获时，精神憔悴萎靡，心气耗竭，这说明没有真正的收获，无非是勉强揣度而已。曾有人说：他近来因为学道而思虑过度，导致心力虚弱。我说：人的血气自然有虚有实，人会生病，即使是圣贤也不可避免。但是，从未听说过古今圣贤因为学道而导致心疾的。

3.5 今日杂信鬼怪异说者，只是不先烛理①。若于事上一一理会，则有甚尽期？须只于学上理会。（《二程遗书》卷二下《附东见录后》）

◎ **注释**　①〔烛理〕明理。

◎ **大意**　现在有一些人迷信各种鬼怪神异之说，其根本原因在于没有先明白事理。如果在鬼怪异说上一一理会、凭空臆度，什么时候能穷尽？应该从明理之学入手，从本源上体认、探究。

3.6 学原①于思。(《二程遗书》卷六)

◎ **注释** ①〔原〕同"源"。

◎ **大意** 学问源自思考。

3.7 所谓"日月至焉①"与"久而不息②"者,所见规模虽略相似,其意味气象迥别,须潜心默识③,玩索久之,庶几自得。学者不学圣人则已,欲学之,须熟玩味圣人之气象,不可只于名上理会,如此只是讲论文字。(《二程遗书》卷十五《入关语录》)

◎ **注释** ①〔日月至焉〕语出《论语·雍也》。日月至,意谓在短期内求仁求道所达到的水平。②〔久而不息〕语出《礼记·中庸》。③〔识〕记住。

◎ **大意** 一个在短时期内追求仁道的人,与一个长期不懈追求仁道的人,两者虽然外在表现大致相似,但内在精神、情操和气象则相去甚远。圣人之道需要潜心体认,久久玩索,或许才能融会贯通、有所收获。学者不学做圣人则已,要学就应该反复玩味圣人的气度精神,不能只从概念、语言上去认识圣人,因为那样只不过是讲论文字罢了。

3.8 问:"忠信进德之事,固可勉强,然致知甚难。"伊川先生曰:"学者固当勉强,然须是知了方行得。若不知,只是觑①却尧,学他行事,无尧许多聪明睿智,怎生得如他动容周旋中礼?

如子所言，是笃信而固守之，非固有之也。未致知，便欲诚意，是躐等②也。勉强行者，安能持久？除非烛理明，自然乐循理。性本善，循理而行，是顺理事，本亦不难，但为人不知，旋安排著，便道难也。知有多少般数③，煞有深浅，学者须是真知，才知得是，便泰然行将去也。某年二十时，解释经义与今无异。然思今日，觉得意味与少时自别。"（《二程遗书》卷十八《刘元承手编》）

◎ **注释** ①〔觑〕看。②〔躐等〕不循次序，逾越等级。《礼记·学记》："学不躐等也。"③〔般数〕样数。

◎ **大意** 有人问：恪守忠信、进修德业，固然可以努力去做，要做到明白其中道理却很难。程颐回答说：学者固然应当努力实行，但需要是先明了道理而后才能去行动。如果不懂其中道理，只是看见尧，就学尧那样行事，没有尧那样的聪明睿智，怎么能像尧一样举止容仪、行为动作全都符合礼呢？像你刚才说的那样，那是实实在在地相信并且牢固地守持着某一善行，这善行却不是他本身原来就有的。没有做到获取知识、明白事理，就想做到真实无妄、诚实无欺，那是越级而进。超越能力勉强实行，怎么能持久呢？除非你洞彻事理明白无碍，才会自然而然地乐于按照圣人之道去行。人性本善，顺理而行，这也是顺理成章的事，本来也不难。只怕为人不明理，就安排一个理去顺着做，那就难了。你知道要行的事有多少种，怎么能一一安排好？这里很有个深浅。学者要真正地理解事理。一旦正确地理解了道理，就能泰然去实行了。我二十岁时，解释经义，与今日没有什么不同。但想想今天，觉得个中的意味自然与年轻时不同。

3.9 凡一物上有一理，须是穷致其理。穷理亦多端：或读书讲明义理，或论古今人物别其是非，或应接事物而处其当。皆穷理也。或问：格物①须物物格之，还只格一物而万理皆知？曰：怎得便会贯通？若只格一物便通众理，虽颜子亦不敢如此道。须是今日格一件，明日又格一件，积习既多，然后脱然自有贯通处。又曰：所务于穷理者，非道尽穷了天下万物之理，又不道是穷得一理便到。只要积累多后，自然见去。

（《二程遗书》卷十八《刘元承手编》）

◎ **注释** ①〔格物〕源于《礼记·大学》，指推究事物的道理。程颐说："格犹穷也，物犹理也，犹曰穷其理而已也。"（《二程遗书》卷二十五）他提出"格物穷理"说，认为"格物穷理，非是要尽穷天下之物，但于一事上穷尽，其他可以类推"，"所以能穷者，只为万物皆是一理"。（《二程遗书》卷十五）程颐曾称道张载《西铭》"明理一而分殊"，并说"万物皆是一理"，"一物之理即万物之理"（《二程遗书》卷二），朱熹由此发展出"理一分殊"说。

◎ **大意** 大凡一物有一个理，需要深入探究认识其理。认识理的途径有多种：或者读书讲明义理，或者评论古今人物而判别其是非，或应接事物而能处理得当。这都可穷尽事理。有人问：推究事物之理，需要一物一物、一事一事地推求呢，还是只推求一事一物就能做到万理皆知呢？程颐回答说：只推究一件事物怎么可能融会贯通呢？如若只认识一事物就可以遍通事物之理，颜回也不敢这样说。必须今天推求一事物，明天又推求一事物，只有在对事物不断探索、长期积累的基础上，才可能达到融会贯通。又说：所谓探究事物之理，并不是说要究尽天下万事万物之理，也不是说只要认识了一物之理就可以明白万物之理，而是说，只要积累得多，自然就会达到豁然贯通的澄明境界。

3.10 "思曰睿①"，思虑久后，睿自然生。若于一事上思未得，且别换一事思之，不可专守着这一事。盖人之知识于这里蔽着，虽强思亦不通也。

（《二程遗书》卷十八《刘元承手编》）

◎ **注释** ①〔思曰睿〕语出《尚书·洪范》。睿，通达。

◎ **大意** "思考就能通达"，思考时间久了，自然就能通达。如果在一件事上思考不出结果，就暂且把这件事放下，转而思考另外的事，不可总只守一件事。因为人的知识在某个地方被遮住了，即使勉强尽力思考，也想不通。

3.11 问："人有志于学，然知识蔽固，力量不至，则如之何？"曰："只是致知。若智识明，则力量自进。"（《二程遗书》卷十八《刘元承手编》）

◎ **大意** 有人问："人有志于学，但知识敝塞固陋，力量不足，该怎么办？"程颐回答："只在于致知。如果通过致知而智明识达了，那么力量自然就会提升。"

3.12 问："观物察己，还因见物反求诸身否？"曰："不必如此说。物我一理，才明彼即晓此，此合内外之道也。"又问："致知先求之四端①如何？"曰："求之情性，固是切于身。然一草一木皆有理，须是察。"又曰："自一身之中，以至万物之理，但理会得多，相次②自然豁然有觉处。"（《二程遗书》卷十八《刘元承手编》）

◎ **注释** ①〔四端〕语出《孟子·公孙丑上》。端，端绪、萌芽。四端与生俱来，扩充之则为"仁、义、礼、智"四善性。②〔相次〕又本作"胸次"。

◎ **大意** 有人问："远观外物、近察自身，还是用在外物上推究的理来在自身上验证吗？"程颐说："不用这么说，物之理和我之理都是同一理，刚刚明白了那个，也就通晓了这个，这就是合内心与外物为一的道理。"又问："致知从探求仁、义、礼、智四善端开始怎么样？"程颐回答说："从人的性情上去探求，固然是切于自身了。但一草一木都包含着理，也应该去考察。又说：自人一身中之理，以至于万物之理，只要领会得多了，依照次第理会，自然就有豁然彻悟之时。"

3.13 "思曰睿"，"睿作圣"。致思如掘井，初有浑水，久后稍引动得清者出来。人思虑始皆溷浊，久自明快。（《二程遗书》卷十八《刘元承手编》）

◎ **大意** "思考就能通达于理"，"事物之理无不通就成为圣人"。思考就像掘井，开始有浑水，久后稍稍引得清水出来。人开始思考时都混浊不清，思考时间久了自然明快。

3.14 问：如何是近思①？曰：以类而推。（《二程遗书》卷二十二上《伊川杂录》）

◎ **注释** ①〔近思〕思考当前的、身边的事，即切身之事。语出《论语·子张》："子夏曰：'博学而笃志，切问而近思。仁在其中矣。'"

◎ **大意** 有人问："怎么样才是近思呢？"程颐回答说："认识了当前的事物而后推求开去。"

3.15 学者先要会①疑。（《二程外书》卷十一《时氏本拾遗》）

◎ **注释** ①〔会〕一般解作"能"，也有解作"领悟"的。

◎ **大意** 学者先要能发现疑问。

3.16 横渠先生答范巽之①曰：所访物怪神奸，此非难语，顾语未必信耳。孟子所论知性、知天②，学至于知天，则物所从出当源源自见。知所从出，则物之当有当无，莫不心谕，亦不待语而后知。诸公所论，但守之不失，不为异端所劫，进进不已，则物怪不须辨，异端不必攻，不逾期年，吾道胜矣。若欲委之无穷，付之以不可知，则学为疑挠，智为物昏，交来无间，卒无以自存，而溺于怪妄必矣。（张载《横渠文集佚存·答范巽之书》）

◎ **注释** ①〔范巽之〕见卷二第九十一条注①。②〔知性知天〕语出《孟子·尽心上》。

◎ **大意** 张载给范育的回信说:来信所询问的物怪神奸之类的事,都不是什么难以说明的问题,只不过人们未必肯信。正如孟子所论,人尽心就可以明白自己的本性,从而可以了解上天。学道达到了知天的地步,那么事物是如何产生的,都会渐渐被认识到。知道了事物是如何产生的,那么事物当不当有,无不明白于心,不需要等说明了才知道。诸位所谈论的理,只要持守先圣有关鬼神之事的基本认识而不失掉,不为异端所迷惑,不断推进,那么物怪不需要再争辩,异端也没有必要去攻讦,不到一年,我们的学说就能获胜!如果以不可穷究而弃之一边,或者干脆推之为不可知,那么为学就会被疑问困扰,心智被外物昏蔽,疑惑与外物交杂而来,没有间断,最终必然无法自守而陷溺于怪妄。

3.17 子贡①谓:"夫子之言性与天道,不可得而闻②。"既言"夫子之言",则是居常语之矣。圣门学者以仁为己任③,不以苟知为得,必以了悟为闻,因有是说。(张载《横渠语录》卷上)

◎ **注释** ①〔子贡〕姓端木,名赐,孔子学生,春秋时卫国人。曾先后相鲁、卫两国,游说齐、吴等国,促使吴伐齐救鲁。善经商,家累千金。孔子死,曾庐墓六年。②〔不可得而闻〕语出《论语·公冶长》。③〔以仁为己任〕语出《论语·泰伯》。

◎ **大意** 子贡说:"夫子关于人性与天道的言论,我们不得而闻。"既然子贡说这是孔子的言论,那它就是孔子平时说过的话。圣人门下的学生,以实行仁德为己任,不把随便听到的东西当作收获,对于听到的东西一定要彻底了解领悟,因此才有这一说法。

3.18 义理①之学,亦须深沉②方有造,非浅易轻浮之可得也。(张载《经学理窟·义理》)

◎ **注释** ①〔义理〕"义理"一词，首见于《礼记·礼器》："先王之立礼也，有本有文。忠信，礼之本也；义理，礼之文也。"后来用来指讲求儒家经义的学问。②〔沉〕又本作"玩"。

◎ **大意** 义理之学，也需要深入潜心研究才能有所造诣，不是浅尝辄止、轻率浮泛就能有所得的。

3.19 学不能推究事理，只是心粗①。至如颜子未至于圣人处，犹是心粗。（张载《经学理窟·义理》）

◎ **注释** ①〔心粗〕朱熹解："颜子比之众人纯粹，比之孔子便粗。如'有不善未尝不知，知之未尝复行之'，是他细腻如此。然犹有此不善处，便是心粗。"

◎ **大意** 求学不能够推究事物之理，只是由于心粗。贤明如颜回者，依然有未达到圣人之处，也是由于心粗。

3.20 博学于文者，只要得"习坎心亨①"。盖人经历险阻艰难，然后其心亨通。（张载《横渠文集》）

◎ **注释** ①〔习坎心亨〕语出《周易·坎卦·象传》。习，重。习坎，重重的险阻。亨，通。心亨，心中贯通。

◎ **大意** 广泛地学习古代文献的人，只要再经历艰险，心中便会豁然贯通。因为人经受住艰难险阻的考验，心胸才能通达。

3.21 义理有疑，则濯去旧见①，以来新意。心中有所开，即便札记，不思则还塞之矣。更须得朋

友之助,一日间朋友论著,则一日间意思差别。须日日如此讲论,久则自觉进也。(张载《经学理窟·学大原下》)

◎ 注释 ①〔濯去旧见〕濯是"洗"的意思。濯去旧见是指清除先入之见。

◎ 大意 如果在义理上出现疑问,就应该排除先入之见,好使新意产生。心中有所开悟,随手记录下来,而不继续思考,思路就会蔽塞。有疑问时,更需要得到朋友的帮助,朋友们在一起讲习讨论,一天自有一天之功,自有一天的收获。只要天天坚持讲习,久而久之,就自然能感觉到有进步了。

3.22 凡致思①到说不得处,始复审思明辨,乃为善学也。若告子②则到说不得处遂已,更不复求。

(张载《横渠孟子说》)

◎ 注释 ①〔致思〕集中精力就某一问题深入思考。②〔告子〕战国时期人。《孟子·公孙丑上》引告子曰:"不得于言,勿求于心。不得于心,勿求于气。"孟子批评其不知言,认为"不得于心,勿求于气,可;不得于言,勿求于心,不可"。

◎ 大意 凡是思考问题遇到弄不明白的地方,就要重新审慎地思考、明白地辨别,这样才是善于学习。告子则到了弄不明白的地方就放下,再也不去理会,这是不善于学习。

3.23 伊川先生曰:凡看文字,先须晓其文义,然后可求其意。未有文义不晓而见意①者也。

(《二程遗书》卷二十二上《伊川杂录》)

◎ **注释** ①〔见意〕理解文本寓意。

◎ **大意** 程颐说：凡阅读文字，先要通晓文字意思，然后才能探求文章的思想。没有不懂文字意思而能理解文章思想的。

3.24 学者要自得①。"六经"浩渺，乍来难尽晓。且见得路径后，各自立得一个门庭，归而求之可矣。（《二程遗书》卷二十二上《伊川杂录》）

◎ **注释** ①〔自得〕自得于心，指自我体味，自我感悟。

◎ **大意** 学者为学要自得其心。"六经"文字浩瀚无边，初学难以全都弄懂。当了解了治学的路径、方法，各自确立起读书的目标和方法后，再回来探求就可以了。

3.25 凡解文字，但易①其心，自见理。理只是人理，甚分明，如一条平坦底道路。《诗》曰："周道如砥，其直如矢②"，此之谓也。或曰：圣人之言，恐不可以浅近看他。曰：圣人之言，自有近处，自有深远处。如近处怎生强要凿教深远得？扬子③曰："圣人之言远如天，贤人之言近如地。④"颐与改之曰："圣人之言，其远如天，其近如地。"（《二程遗书》卷十八《刘元承手编》）

◎ **注释** ①〔易〕平和，平易。②〔周道如砥，其直如矢〕语出《诗经·小雅·大东》。砥，磨刀石。③〔扬子〕即扬雄（前53—18），一作杨雄。字子云，今四川成都人。西汉时哲学家、文学家，著作有《太玄》《法言》《方言》等。《汉书》卷八十七有其传。④〔圣人之言远如天，贤人之言近如地〕语出《法言》卷八。

◎ **大意** 凡是理解文字的含义，只要保持平常心，自然就能发现其中蕴含的义理。所谓理只是人心中之理，很是分明，如同一条平坦的道路。《诗经》上说："大路平坦如同磨刀石，像箭杆一样直"，说的正是这个意思。有人说：圣人的言语，恐怕不能用浅近的眼光看。程颐回答说：圣人的话，自有浅近的地方，自有深远的地方。如果是浅近的地方，怎么能勉强穿凿附会得深远难懂呢？扬雄说："圣人之言远如天，贤人之言近如地。"我给他改成了"圣人之言，其远如天，其近如地"。

3.26 学者不泥文义者，又全背却远去；理会文义者，又滞泥不通。如子濯孺子为将之事①，孟子只取其不背师之意，人须就上面理会事君之道如何也。又如万章②问舜完廪浚井事③，孟子只答他大意，人须要理会浚井如何出得来，完廪又怎生下得来。若此之学，徒费心力。（《二程遗书》卷十八《刘元承手编》）

◎ **注释** ①〔子濯孺子为将之事〕事见《孟子·离娄下》。子濯孺子为郑将，郑人命他侵犯卫国，恰逢其有病，拉不开弓。卫国派神箭手庾公之斯追击子濯孺子，庾公之斯曾向尹公之他学射箭，尹公之他则向子濯孺子学射箭，所以庾公之斯没有乘机射杀子濯孺子，但又不能违背卫君的命令，于是就把箭头砸掉，射了四箭，转身返回。②〔万章〕孟子弟子。③〔舜完廪浚井事〕事见《孟子·万章上》。舜的父母打发他修缮谷仓，等舜上了屋顶，便抽去了梯子，并放火焚烧那个谷仓，打算烧死他，幸好舜设法逃下来了；父母又派舜去淘井，并用土填井，打算把舜埋在井里，幸好舜从旁边的洞穴逃了出来。

◎ **大意** 学者中有不拘泥于文字含义的,又完全背离了文义,与经义相去甚远。而那些理解了文字含义的,却又滞泥于字句而不通达。比如《孟子》书中谈到子濯孺子为将的事,孟子只取庾公之斯不背叛其师的意思,而别人可能会去考虑他事君之道怎么样,如此就互相矛盾而讲不通了。又比如《孟子》书中万章问舜修仓房和淘井的事,孟子只回答他大意,而别人可能会考虑:舜淘井被掩在井里是怎么出来的呢?在仓房顶上修仓房被抽去了梯子,仓房烧起来,他又是怎么下来的呢?如果这样学习,就是白白浪费心力了。

3.27 凡观书不可以相类泥其义,不尔则字字相梗。当观其文势上下之意,如"充实之谓美①"与《诗》之美不同。(《二程遗书》卷十八《刘元承手编》)

◎ **注释** ①〔充实之谓美〕语出《孟子·尽心下》。

◎ **大意** 凡读书,不可以因为文字相似就拘泥文义,否则,每一个字都会让你无法读下去。应该根据文章的思路理解上下文的意思,如《孟子》说的"充实之谓美"的美,与《诗经》的美就不同。

3.28 问:"莹中①尝爱文中子②。或问学《易》,子曰:'终日乾乾③可也。'此语最尽。文王④所以圣,亦只是个不已。"先生曰:"凡说经义,如只管节节推上去,可知是尽。夫'终日乾乾',未尽得《易》,据此一句,只做得九三使。若谓乾乾是不已,不已又是道,渐渐推去,自然

是尽，只是理不如此。"（《二程遗书》卷十九《杨遵道录》）

◎ **注释** ①〔莹中〕陈瓘（1057—1124），南剑（今属福建）人，字莹中，自号了翁，学者称了斋先生，私淑二程。任太学博士、著作郎、给事中等职，后谥忠肃。著作有《了翁易说》《尊尧集》。②〔文中子〕王通（584—617），字仲淹，门人私谥文中子，著《中说》十卷，又称《文中子》，尚存。为三世纪至七世纪间最重要的儒者，不喜仕，效法孔子，著《续六经》，已佚。③〔终日乾乾〕语出《周易·乾卦·文言传》。④〔文王〕即周文王姬昌，儒家尊其为圣人。

◎ **大意** 有人问："陈莹中景仰文中子。有人问文中子怎样才能学好《易》。文中子说：'把握好"终日乾乾"的道理即可。'陈莹中认为文中子的概括最准确全面。周文王之所以是圣人，也只是因为他不断追求，勤勉不息。"程颐说："大凡讲说儒家经书的含义，如果只管一节一节不断地进行推究，当然是可以穷尽的。《周易·乾卦·文言》里所谓的'终日乾乾'，并未穷尽《易》的全部思想。这句话只能是《周易·乾卦》九三的爻辞。如果把'乾乾'解释为'勤勉努力、永不停息'，又把'勤勉努力、永不停息'解释为'道'，一步一步循序渐进进行推究，自然会推到极致，只是其中的理并不如此。"

3.29 "子在川上曰：'逝者如斯夫①！'言道之体如此，这里须是自见得。"张绎曰："此便是无穷。"先生曰："固是道无穷，然怎生一个'无穷'便道了得他？"（《二程遗书》卷十九《杨遵道录》）

◎ **注释** ①〔逝者如斯夫〕语出《论语·子罕》。指通过观察河流奔流可以感悟道体之本然、天命之流行。

◎ **大意** 程颐说:"孔子站在河边上说:'消逝的时光像流逝的河水一样!'道体也是这样,这需要学者自己去体认。"张绎说:"这就是无穷。"程颐说:"道固然可以说是无穷,但怎么能只用'无穷'二字概括道体呢?"

3.30 今人不会读书。如"诵《诗》三百,授之以政,不达;使于四方,不能专对。虽多,亦奚以为①"?须是未读《诗》时不达于政,不能专对;既读《诗》后,便达于政,能专对四方,始是读《诗》。"人而不为《周南》《召南》,其犹正墙面②。"须是未读《诗》时如面墙,到读了后便不面墙,方是有验。大抵读书只此便是法。如读《论语》,旧时未读是这个人,及读了后来又只是这个人,便是不曾读也。(《二程遗书》卷十九《杨遵道录》)

◎ **注释** ①〔虽多,亦奚以为〕语出《论语·子路》。②〔人而不为《周南》《召南》,其犹正墙面〕语出《论语·阳货》。《周南》为《诗经》国风之首篇,共十一首。《召南》次之,共十四首。"墙面"是说人不学习就像面对着一堵墙,一无所见。

◎ **大意** 今人不会读书,就像孔子说的,"熟读了《诗经》三百篇,交给他政事,却办不好;叫他出使别国,也不能独立应对。纵然读得多,又有什么用处呢"?会读书的人则不然,未读《诗经》时,不能处理政治事务,不能独立谈判应对;读了《诗经》以后,就能有效处理政务,也能独立谈判应对,这才是读了《诗经》。又如孔子说:"人如果不研究《诗经》中的《周南》《召南》,就好像面对墙壁站着,眼不见物,寸步难行。"应该是未读《诗经》时好像面对墙壁站着,读了《诗经》后便不是面对墙壁站着,这才是读书后的效验。大抵如此验证就是读书的方法。如读《论语》，未读时是这个人，读过以后还是这个人，没有任何变化，那就等于没有读。

3.31 凡看文字，如"七年""一世""百年"①之事，皆当思其如何作为，乃有益。（《二程遗书》卷二十二上《伊川杂录》）

◎ **注释** ①〔"七年""一世""百年"〕均出于《论语·子路》。江永《近思录集注》卷三因《论语》原文为"必世"，将"一"改为"必"。

◎ **大意** 凡是读经典文字，例如看到"善人教养人民七年""王者必世而后仁"以及"善人为邦百年"这样的话，都应当仔细思考该如何作为，这样才能有所受益。

3.32 凡解经不同无害，但紧要处不可不同尔①。（《二程外书》）

◎ **注释** ①〔尔〕助词，表示肯定。

◎ **大意** 大凡解释经义，见解各异，并无害处，只是关键紧要的地方却不能不同。

3.33 㼧①初到，问为学之方。先生曰："公要知为学，须是读书。书不必多看，要知其约②。多看而不知其约，书肆耳。颐缘少时读书贪多，如今多忘了。须是将圣人言语玩味，入心记着，然后力去行之，自有所得。"（《二程外书》）

◎ **注释** ①〔焞〕尹焞，程颐学生，见卷二第七十五条注①。②〔约〕精要之处。

◎ **大意** 尹焞初到程颐门下，请教为学的方法。程颐说："你要了解为学方法，应该好好读书。书不必多读，但要明白其中的精要之处。多读书而不知精要，那就是个书铺子。我因为年轻时读书贪多，如今大都忘了。正确的为学之道应是把圣人的言语反复玩味，牢记在心，然后努力去实践，自然会有收获。"

3.34 初学入德①之门，无如《大学》，其他②莫如《语》《孟》。（《二程遗书》卷二十二上《伊川杂录》）

◎ **注释** ①〔入德〕语出《礼记·中庸》。入德，即进入道德修养之境界。②〔其他〕其次。

◎ **大意** 若想初步了解道德修养的门径，都不如读《大学》，其次都不如读《论语》与《孟子》。

3.35 学者先须读《论》《孟》。穷得《语》《孟》，自有要约处，以此观他经甚省力。《论》《孟》如丈尺权衡相似，以此去量度事物，自然见得长短轻重。（《二程遗书》卷十八《刘元承手编》）

◎ **大意** 学者先要读《论语》《孟子》。读好了《论语》《孟子》，自然能把握根本要领，再去看别的经书就很省力。《论语》《孟子》就像尺、秤一样，用它们去度量事物，自然能见出长短轻重。

3.36 读《论语》者，但将诸弟子问处便作己问，将圣人答处便作今日耳闻，自然有得。若能于

《论》《孟》中深求玩味,将来涵养成甚生①气质!(《二程遗书》卷二十二上《伊川杂录》)

◎ **注释** ①〔甚生〕当时洛阳俗语,"非常"之意。

◎ **大意** 读《论语》时,只要将众弟子的提问当作自己的提问,将圣人的回答当作今天的耳闻,自然会有收获。如果能在《论语》《孟子》中深入探究、仔细体味,将会涵养成非常好的气质。

3.37 凡看《语》《孟》,且须熟玩味,将圣人之言语切己①,不可只作一场话说。人只看得此二书切己,终身尽多也。(《二程遗书》卷二十二上《伊川杂录》)

◎ **注释** ①〔切己〕切身。

◎ **大意** 大凡读《论语》《孟子》,一定要熟读玩味,把圣人的言语当作与自己切身的话来看,不可只当作一般的言论看待。人只要把这两部经典读得切近自己的整个身心性命,就将终身受用不尽。

3.38 《论语》有读了后全无事①者,有读了后其中得一两句喜者,有读了后知好之者,有读了后不知手之舞之、足之蹈之者。(《二程遗书》卷十九《杨遵道录》)

◎ **注释** ①〔全无事〕指没有一点感触。

◎ **大意**　《论语》这部书，有读后毫无收获的，有读后得到其中一两句而欣喜的，有读后理解并喜欢上它的，有读后情不自禁地手舞足蹈的。

3.39　学者当以《论语》《孟子》为本。《论语》《孟子》既治，则六经可不治而明矣。读书者当观圣人所以作经之意，与圣人所以用心，与圣人所以至圣人，而吾之所以未至者，所以未得者。句句而求之，昼诵而味之，中夜而思之，平其心，易其气，阙①其疑，则圣人之意见②矣。（《二程遗书》卷二十五《畅潜道路》）

◎ **注释**　①〔阙〕保留。②〔圣人之意见〕指理解、领会圣人的道。

◎ **大意**　学者应该以《论语》《孟子》两书作为学问的根本。《论语》《孟子》研读过了，那么"六经"的旨趣不用研究就自然明白了。读书人应当留心体察圣人为什么要创作经，圣人创作经时的用心，以及圣人之所以成为圣人、而自己之所以未能达到圣人境界的原因。每一句都如此去推求，白天诵读品味，夜里深入思考，平心静气，保留疑问，那么圣人之意就能领会了。

3.40　读《论语》《孟子》而不知道，所谓"虽多，亦奚以为①"。（《二程遗书》卷六）

◎ **注释**　①〔虽多，亦奚以为〕语出《论语·子路》。

◎ **大意**　读《论语》《孟子》，却不明白"道"是什么，读得再多，又有什么用呢？

3.41 《论语》《孟子》只剩读着①，便自意足。学者须是玩味，若以语言解着，意便不足。某始作此二书文字，既而思之又似剩。只有些先儒错会处，却待与整理过。（《二程外书》卷五《冯氏本拾遗》）

◎ **注释** ①〔只剩读着〕省去一切解说，只就文本去读。剩，余。

◎ **大意** 《论语》《孟子》只要多读，便会明白其中义理充备。学者应该仔细体会，若只照字面进行解说，义理便不完备了。我过去曾对这两本书进行注释，后来想想，又觉得多余。只有一些先儒理解错误的地方，需要整理出来。

3.42 问："且将《语》《孟》紧要处看，如何？"伊川曰："固是好，然若有得，终不浃洽①。盖吾道非如释氏，一见了便从空寂去。"（《二程遗书》卷十二《传闻杂记》）

◎ **注释** ①〔浃洽〕融洽，贯通。

◎ **大意** 有人问：读《论语》《孟子》，选择关键的地方去读，您认为怎样？程颐回答：这固然很好。但若只有心得，终究不能贯通。儒学不像佛教那样，一到关键的地方就走向空寂。

3.43 "兴于《诗》①"者，吟咏性情，涵畅道德之中而歆动之，有"吾与点②"之气象。又云："兴于《诗》"，是兴起人善意，汪洋浩大，皆是此意。

（《二程遗书》卷三《陈氏本拾遗》）

◎ 注释　①〔兴于《诗》〕语出《论语·泰伯》。②〔吾与点〕语出《论语·先进》。

◎ 大意　所谓"《诗》使人振奋",是因为诗可以吟唱讽咏,使人的性情自然涵泳于道德之中而被感动,有"我赞同曾皙"的气象。又说:"兴于《诗》"是兴发人的善心。汪洋浩大的心,都是善意。

3.44 谢显道①云:明道先生善言《诗》。他又浑不曾章解句释,但优游②玩味,吟哦上下,便使人有得处。"瞻彼日月,悠悠我思。道之云远,曷云能来③?"思之切矣。终曰:"百尔君子,不知德行。不忮不求,何用不臧④?"归于正也。又云:伯淳常谈《诗》,并不下一字训诂,有时只转却⑤一两字,点掇地⑥念过,便教人省悟。又曰:古人所以贵亲炙⑦之也。(《二程外书》卷十二《传闻杂记》)

◎ 注释　①〔谢显道〕字良佐,二程门人,见卷一第三十七条注①。②〔优游〕从容而悠闲自得。③〔瞻彼日月,悠悠我思。道之云远,曷云能来〕语出《诗经·邶风·雄雉》。④〔百尔君子,不知德行。不忮不求,何用不臧〕语出《诗经·邶风·雄雉》,忮,嫉妒。求,贪求。臧,善。⑤〔转却〕转换。⑥〔点掇地〕宋代俗语,"地"一作"他",语助词,点掇是指选取出来。⑦〔亲炙〕直接得到教诲或传授。

◎ 大意　谢良佐说:程颢先生善于讲论《诗经》。但他又几乎不曾一章一句解释,只是从容玩味,吟诵之间,大家就能领会。"你看那太阳和月亮,我的思念长又长。道路相隔太遥远,怎能来到我身旁!"这说明思念多么迫切呀。结束时说:"你们这些君子呀,不懂道德修养。如不损人又不贪求,走到哪里不顺当?"最后又归于正。又说:程颢先生常常谈论《诗经》,并不作一个字的训释，有时只转换一两个字，选取出来读过，就能让人醒悟。又说：这就是古人特别看重亲承教诲的原因。

3.45 明道先生曰：学者不可以不看《诗》，看《诗》便使人长一格价①。(《二程外书》卷十二《传闻杂记》)

◎ **注释** ①〔长一格价〕提高一个档次。

◎ **大意** 程颢说：学者不可不读《诗经》。读《诗经》能使人格提高一个等次。

3.46 "不以文害辞①"，文，文字之文，举一字则是文，成句是辞。《诗》为解一字不行，却迁就他说，如"有周不显②"，自是作文当如此。(《二程外书》卷一《朱公掞录拾遗》)

◎ **注释** ①〔不以文害辞〕语出《孟子·万章上》，指不要因为拘泥于个别字义而影响对整个语句的理解。②〔有周不显〕语出《诗经·大雅·文王》。有，语助词。不，丕，大的意思。

◎ **大意** 孟子说理解《诗经》应"不以文害辞"。文，就是文字的文，单单一个字是文，完整的一句话是辞。解释《诗经》时，若某个字解释不通，则要照应句子的含义加以解释。如"有周不显"，这是诗的行文如此。

3.47 看《书》须要见二帝三王①之道。如二《典》②，即求尧所以治民、舜所以事君。(《二程遗

书》卷二十四《邹德久本》）

◎ **注释** ①〔二帝三王〕儒家所推崇的古代圣王。"二帝"指唐尧、虞舜二帝。"三王"指三代之王，即夏朝之禹王、商朝之汤王与周朝之文王，亦有文王、武王并举的说法。②〔二《典》〕指《尚书》中《尧典》《舜典》两篇。

◎ **大意** 程颢说：读《尚书》应该体悟、把握二帝三王之道，例如读《尧典》和《舜典》，就应该理会尧治民之道和舜事君之道。

3.48　《中庸》之书，是孔门传授，成于子思①、孟子。其书虽是杂记，更不分精粗，一衮说了②。今人语道，多说高便遗却卑，说本便遗却末。（《二程遗书》卷十五《入关语录》）

◎ **注释** ①〔子思〕即孔伋（前483—前402），孔子之孙，鲁国人。相传曾受业于曾子。他发挥了孔子的"中庸"思想，孟子继承了他的思想，形成了儒家的思孟学派。②〔一衮说了〕不加区分一股脑说出来。

◎ **大意** 《中庸》是孔门传授心法的书，它由子思写成，并传给孟子。《中庸》虽然属于杂记，不分精粗，杂糅于一炉，却构成了一个博大精深的思想体系。现在的人论"道"，说了高深的方面却遗漏了浅显的方面，说了根本的方面却遗漏了细节的部分。

3.49　伊川先生《易传序》①曰：易，变易也，随时变易以从道也。其为书也，广大悉备，将以顺性命之理，通幽明之故，尽事物之情，而示"开物成务"②之道也。圣人之忧患后世，可谓至矣。去古虽远，遗经尚存。然而前儒失意以传言，后学诵言而忘味，自秦而下，盖无传矣。予生千载之后，悼斯文③之湮晦，将俾④后人沿流而求源，此《传》所以作也。"《易》有圣人之道四焉：以言者尚其辞，以动者尚其变，以制器者尚其象，以卜筮者尚其占。"⑤吉凶消长之理、进退存亡之道备于辞。推辞考卦，可以知变、象与占在其中矣。"君子居则观其象而玩其辞，动则观其变而玩其占。"⑥得于辞不达其意者有矣，未有不得于辞而能通其意者也。至微者理也，至著者象也，体用一源，显微无间⑦。"观会通以行其典礼⑧"，则辞无所不备。故善学者求言必自近，易于近者，非知言者也。予所传者辞也，由辞以得意，则在乎人焉。（《二程文集》卷八《易传序》）

◎ **注释** ①〔《易传序》〕此篇是程颐《易传》的序。程颐《易传》又称《伊川易传》《程氏易传》，书中系统体现了程颐的理学思想。②〔开物成务〕指通晓万物之理，并以此行事而成就事业。语出《周易·系辞上》。③〔斯文〕本指文明、文化、礼乐典章等，这里指《周易》的精神。④〔俾〕使。⑤〔"《易》有圣人之道四焉……以卜筮者尚其占"〕语出《周易·系辞上》。⑥〔"君子居则观其象而玩其辞，动则观其变而玩其占"〕语出《周易·系辞上》。⑦〔体用一源，显微无间〕程朱理学认为"体用一源，显微无间"是此篇序文的精要，而程颐门人尹焞曾向程颐进言，认为该思想源于佛教的"体用无方，圆融叵测""往复无际，动静一源"等思想，"似太露天机"。十一世纪以后，儒者、佛者均常用之。唐顺之（1507—1560）的《中庸辑略》序云："儒者曰体用一原，佛者曰体用一原。儒者曰显微无间，佛者曰显微无间。孰从而辨之？"⑧〔观会通以行其典礼〕语出《周易·系辞上》。典礼，这里指应普遍遵行的制度、礼仪。

◎ **大意** 程颐《易传·序》说：《周易》的"易"，是变易，指随时不断变化以顺应天道。《周易》这部书内容高深广博，天下万事万物尽在其中。圣人作此书，是要顺应性命之理，通晓产生幽暗与光明的原因，穷尽万事万物的情实，开示人们的智慧，成就天下事业。圣人作《周易》，其忧患意识之强烈，可谓到了极致。今天虽然离古代已经十分遥远了，但《周易》仍然存在于人世间。只是过去的儒者没有体会《周易》的精神，仅仅把言辞传授了下来，致使后来的儒者只会诵读它的文字而无法读出其中的意味。秦代以降，《周易》的真意已失传。我生于千年之后，伤悼《易》的本义埋没不明，因而想让后人循文字之流而探寻本源，找到《易》的根本精神，这就是我写《易传》的目的。《周易·系辞上》说："《周易》中包含了圣人所应遵循的四种准则：用来讨论时，则取其卦爻辞；用来指导行动时，则看其卦爻的变化；用来创制器物，则取其卦象；用来卜筮，则取其占断的结果。"天道吉凶消长的道理，人事进退存亡的道理，都包含在卦辞里边。推究卦爻辞，就可以知道变化，而卦象与占断也尽在卦爻辞之中。《系辞》又说："君子平日观察《周易》的卦象，反复玩味其卦辞，到临事行动时就观察卦爻的变化，玩味凶吉的占断。"理解了言辞而不能明白其含义的人是有的，但从来没有不懂言辞却能通达其含义的。微妙无比、无形无象的是理，可感可知、有形有象的是象。然而作为本体的理和行为功用的象在根源上本是一体的，呈现在外的（象）和隐微不见的（理）之间并没有一点点的间隔。圣人通过观察事理之间的普遍联系，从而推行制度和礼仪，《周易》的卦爻辞是无所不备的。因此，善于学《周易》的人一定是从切近的卦爻辞入手。轻视言辞的人，是不懂言辞的人。我所阐释的是《周易》的卦爻辞，而能否通过卦爻辞以体悟《周易》的真谛，那就全在学者自己了。

3.50 伊川先生答张闳中①书曰：《易传》未

传,自量精力未衰,尚觊有少进尔。来书云:"易之义本起于数②。"则非也。有理而后有象,有象而后有数。《易》因象以明理,由象以知数,得其义则象数在其中矣。(本注:理无形也,故因象以明理。理既见乎辞矣,则可由辞以观象。故曰:得其义,则象数在其中矣。)必欲穷象之隐微,尽数之毫忽,乃寻流逐末,术家之所尚,非儒者之所务也。(《二程文集》卷九《答张闳中书》)

◎ **注释** ①〔张闳中〕据《伊洛渊源录》卷十四云"不详其名"。此条摘编《答张闳中书》而成。②〔数〕象数之数。在《易》学中指阴阳数和爻数。

◎ **大意** 程颐答张闳中的信中说:我作的《易传》还没有传示于人,因为自己感到精力还没有衰退,还希望再加修订有所提高。你来信中说:"《周易》的义理原本产生于数。"这种说法不对。先有了理然后才有象,有了象然后才有数。《周易》通过卦象说明卦理,读者则从卦象明白其数。所以理解了卦义,那么象和数也都在其中了。(本注:理是无形的,所以要借助卦象来说明义理。理已经通过卦爻辞表现出来,那么就可以通过卦爻辞来认识卦象。所以说:"掌握了卦之义理,那么象和数也就包含在其中了。")如果一定要去穷究卦象幽暗不明之处,考究其数到极其微细的程度,那只是舍本逐末,舍源逐流,是数术家所推崇的,不是儒者应做的事。

3.51 知时识势,学《易》之大方也。(《程氏易传·夬传》)

◎ **大意** 认识时势，审时度势，这是学《周易》的根本方法。

3.52 《大畜》初、二①，乾体刚健而不足以进，四、五②阴柔而能止。时之盛衰，势之强弱，学《易》者所宜深识也。（《程氏易传·大畜传》）

◎ **注释** ①〔初、二〕指大畜卦初九、九二两爻。②〔四、五〕指大畜卦六四、六五两爻。

◎ **大意** 大畜卦的初九和九二两阳爻，是下卦乾卦之体，其性虽刚健，但以时势而言，却不能够上进，因为上面有六四、六五两阴爻阻止。六四、六五两阴爻，虽属阴柔，但处在上位，就能阻止初九、九二阳爻的上进。从这里看，时势的盛衰强弱，是学《周易》的人应该深入思考的。

3.53 诸卦二、五，虽不当位①，多以中为美；三、四虽当位，或以不中为过。中常重于正也。盖中则不违于正，正不必中也。天下之理莫善于中，于九二、六五②可见。（《程氏易传·震传》）

◎ **注释** ①〔不当位〕《周易》每卦由六爻组成，阳爻自下而上称"初九""九二""九三""九四""九五""上九"；阴爻则称"初六""六二""六三""六四""六五""上六"。初、三、五为阳位，二、四、六为阴位。阳爻居阳位，阴爻居阴位，为当位，反之则为不当位。②〔九二、六五〕指第二爻为阳爻，第五爻为阴爻。

◎ **大意** 各卦的二爻和五爻，即使不当位，也大多以得中为美。三爻四爻，即使当位，有的也因不得中为过。中常常比正重要。因为中就不会违背正，正的却不一定得中。天下之理没有比中更好的，这可以从一些卦的九二爻、六五爻看出。

3.54 问:"胡先生①解九四作太子②,恐不是卦义。"先生云:"亦不妨,只看如何用。当储贰则做储贰使。九四近君,便作储贰亦不害。但不要拘一,若执一事,则三百八十四爻③,只作得三百八十四件事便休了。"(《二程遗书》卷十九《杨遵道录》)

◎ **注释** ①〔胡先生〕即胡瑗(993—1059),字翼之,泰州海陵(今江苏如皋)人。学者称安定先生,与石介、孙复并称"宋初三先生"。讲学二十余年,立经义、治事二斋,后为国子监直讲,程颐等从学。著《易解》十卷、《系辞说卦》三卷、《周易口义》十卷。今唯《周易口义》存。《宋元学案》以其学案为首,《宋史》卷四三二有传。②〔九四作太子〕见《周易口义》卷一。初爻为未仕者,二爻为士,三爻为大夫,四爻为公卿诸侯,五爻为天子,上爻为无位或去位者。四爻近君,故亦可为太子。③〔三百八十四爻〕《周易》共有六十四卦,每卦六爻,共三百八十四爻。

◎ **大意** 有人问:胡瑗解乾卦九四爻为太子,恐怕不是卦的本义吧。程颐说:说是太子也无妨,只是看在什么情况下使用,当太子就作太子用。九四的位置离能够象征天子的九五近,就说它是太子也无妨,只是不要拘泥于一种事物。如果见一爻就固执地认为是指一种事物,那么《周易》共三百八十四爻,只象征三百八十四件事也就罢了。

3.55 看《易》且要知时①。凡六爻,人人有用,圣人自有圣人用,贤人自有贤人用,众人自有众人用,学者自有学者用,君有君用,臣有臣用,无所不通。因问:"坤卦是臣之事,人君有用处

否?"先生曰:"是何无用?如'厚德载物②',人君安可不用?"(《二程遗书》卷十九《杨遵道录》)

◎ **注释** ①〔知时〕懂得因时而变。②〔厚德载物〕语出《周易·坤卦·象传》。

◎ **大意** 读《周易》的人要懂得因时而异的道理。每卦只有六爻,但对每个人都有用。圣人自有圣人的用法,贤人自有贤人的用法,普通人自有普通人的用法,学者自有学者的用法,君有君的用法,臣有臣的用法,没有不通畅的。有人问:坤卦是臣下的事,对君主来说有用处吗?程颐说:这怎么无用?如坤卦说的"厚德载物",人君怎么能不用?

3.56 《易》中只是言反复往来上下①。(《二程遗书》卷十四《亥九月过汝所闻》)

◎ **注释** ①〔反复往来上下〕反复、往来、上下是《周易》的三种卦变形式。"反复"是说两卦各爻阴阳互变成为错卦,如复卦各爻阴阳互变,就成姤卦。"上下"是说两卦各爻上下全部倒置过来成为综卦,如将咸卦上下倒置过来,就成恒卦。"往来"是说一个卦体的两爻互换而变成另一卦体,其中爻自下而上叫"往",爻自上而下叫"来"。如屯卦初九、六二互易成坎卦,称作"初阳往二阴来"。

◎ **大意** 《周易》所讲的不过是反复、往来、上下的道理。

3.57 作《易》,自天地幽明,至于昆虫草木微物,无不合。(《二程外书》卷七《胡氏本拾遗》)

◎ **大意** 圣人创作的《周易》,大到天地之间有形和无形的事物,小到昆虫草木这些细微的东西,一切事物之理,没有不与其义理相合的。

3.58 今时人看《易》，皆不识得"易"是何物，只就上穿凿。若念得不熟，与就上添一德①亦不觉多，就上减一德亦不觉少。譬如不识此兀子②，若减一只脚亦不知是少，若添一只亦不知是多。若识，则自添减不得也。（《二程外书》卷五《冯氏本拾遗》）

◎ **注释** ①〔德〕某卦的品行、特性。②〔兀子〕今写作"杌子"，指矮小的凳子。

◎ **大意** 今天的人看《周易》，都不知道"易"是什么，只在上边生硬解说。如果读得不熟，在上边添一种意思他也不觉得多，减去一种意思也不觉得少。譬如不认识这个凳子，如果给它减去一只脚，也不知道少了，添上一只也不知是多了。如果认得，那自然不能随意增加或减少了。

3.59 游定夫①问伊川"阴阳不测之谓神②"。伊川曰："贤是疑了问，是拣难底问？"（《二程外书》卷十二《传闻杂记》）

◎ **注释** ①〔游定夫〕游酢，字定夫，元丰进士，与杨时、吕大临、谢良佐并称为"程门四大弟子"，著有《易说》《中庸义》等。②〔阴阳不测之谓神〕语出《周易·系辞上》。神，神妙。

◎ **大意** 游酢问程颐"阴阳不测之谓神"怎么理解。程颐说：你是有了疑问来问呢，还是觉得这句难就来问呢？

3.60 伊川以《易传》示门人,曰:只说得七分,后人更须自体究。(《二程外书》卷十一《时氏本拾遗》)

◎ **大意** 程颐把他写的《易传》给弟子们看,说:这书上只把《周易》的道理讲了七分,后人研读《周易》还需要自己体会考究。

3.61 伊川先生《春秋传序》曰:天之生民,必有出类之才起而君长之。治之而争夺息,导之而生养遂,教之而伦理明,然后人道立,天道成,地道平。二帝而上,圣贤世出,随时有作,顺乎风气之宜,不先天①以开人,各因时而立政。暨乎三王迭兴,三重②既备,子丑寅之建正③,忠质文之更尚④,人道备矣,天运周矣。圣王既不复作,有天下者虽欲仿古之迹,亦私意妄为而已。事之缪,秦至以建亥为正⑤;道之悖,汉专以智力持世。岂复知先王之道也?夫子当周之末,以圣人不复作也,顺天应时之治不复有也,于是作《春秋》⑥,为百王不易之法。所谓"考诸三王而不谬,建诸天地而不悖,质诸鬼神而无疑,百世以俟圣人而不惑⑦"者也。先儒之《传》⑧曰:"游、夏不能赞一辞⑨。"辞不待赞也，言不能与于斯耳。斯道也，惟颜子尝闻之矣。"行夏之时，乘殷之辂，服周之冕，乐则《韶》《舞》⑩"，此其准的⑪也。后世以史视《春秋》，谓褒善贬恶而已，至于经世之大法，则不知也。《春秋》大义数十，其义虽大，炳如日星，乃易见也。惟其微辞⑫隐义，时措从宜者，为难知也。或抑或纵，或与或夺，或进或退，或微或显，而得乎义理之安，文质之中，宽猛之宜，是非之公，乃制事之权衡，揆⑬道之模范也。夫观百物然后识化工⑭之神，聚众材然后知作室之用。于一事一义而欲窥圣人之用心，非上智不能也。故学《春秋》者，必优游涵泳，默识心通，然后能造其微也。后王知《春秋》之义，则虽德非禹、汤，尚可以法三代⑮之治。自秦而下，其学不传。予悼夫圣人之志不明于后世也，故作《传》以明之，俾后之人通其文而求其义，得其意而法其用，则三代可复也。是《传》也，虽未能极圣人之蕴奥，庶几学者得其门而入矣。（《二程文集》卷八《春秋传序》）

◎ **注释** ①〔先天〕先于天时。②〔三重〕《中庸》谓"王天下有三重焉"，即三种重大事情。郑玄（127—200）注："三重，谓三王之礼。"程颐认同郑注。吕大临（1046—1092）《经说》卷八的《中庸解》解作议礼、制度与考文，朱子《中庸章句》沿之。③〔建正〕正是指一年之始。周朝以子（农历十一月）建正（为正月），为天正；商朝以丑（农历十二月）建正，为地正；夏朝以寅（农历一月）建正，为人正。④〔忠质文之更尚〕夏尚忠，商尚质，周尚文。质，质朴。文，文采。⑤〔事之缪，秦至以建亥为正〕缪，通"谬"，秦以亥（十月）建正。秦以周为火德，秦为水德，故以水灭火。然十月雨少，故其事谬。⑥〔作《春秋》〕《春秋》是鲁国编年史，起于鲁隐公元年（前722年），终于鲁哀公十四年（前481年），共计二百四十二年。传统认为《春秋》为孔子所作，但实际上是孔子对其进行了整理修订。⑦〔考诸三王而不谬，建诸天地而不悖，质诸鬼神而无疑，百世以俟圣人而不惑〕语出《中庸》。惑，疑惑，反对。⑧〔先儒之《传》〕先儒指司马迁，《传》指其《史记》卷四十七《孔子世家》。⑨〔游、夏不能赞一辞〕语出《史记·孔子世家》。赞，帮助。游、夏指子游、子夏，都是孔子弟子。在《论语·先进》中，孔子赞其文学才能。子游，姓言，名偃。子夏，姓卜，名商。⑩〔行夏之时，乘殷之辂，服周之冕，乐则《韶》《舞》〕语出《论语·卫灵公》。时，历法。辂，车子。冕，帽子。殷商以木为大车，体现重质；周朝祭服之冠华而非奢，体现重文。《韶》是舜时乐曲名，《舞》是周武王时乐曲名。《论语·八佾》认为舜之乐《韶》尽善尽美，武王之乐《舞》虽尽美但未尽善。⑪〔准的〕标准。⑫〔微辞〕委婉而寓含讽喻的言辞。⑬〔揆〕揆度、度量，衡量揣度。⑭〔化工〕自然的创造力。⑮〔三代〕指夏、商、周。

◎ **大意**　程颐《春秋传序》说：天生万民，一定要有出类拔萃的英才来做他们的君主长官，治理百姓以平息纷争，引导他们使之生养不息，教化他们使之晓明伦理，如此便建立了人道，成就了天道，定下了地的法则。尧、舜二帝以上，圣贤辈出。他们根据时势制定典章制度，顺应社会风气，而不在时机未成熟之时启发民众，依据具体的历史条件确立为政之道。等到夏禹、商汤、周文武三王迭兴，治理天下的各种大事都已完备。周以建子为岁首，商以建丑为岁首，夏以建寅为岁首；夏崇尚忠诚，商崇尚质朴，周崇尚文采。至此，人道完备了，天运周遍了。夏、商、周三代以后，圣王不再兴起。统治天下的君主，纵使企望效仿古代圣王事迹，因不明古制，也只是随意妄为而已。最为荒谬的事情是：秦朝以建亥为岁首。违背治国之道，汉朝以智力把持天下。哪里还明晓先王之道呢？孔子生当周朝末年，他考虑到圣人不再出现，顺应天时以治理天下的人再也不会有了，于是作《春秋》这部书，成为历代帝王治理天下不可更改的根本法则。正如《礼记·中庸》所说，孔子确定的原则"用三代先王的治国之道进行考查，没有一点误差；设立于天地间，与天道没有一点违背；用鬼神的隐微之道验证，没有一点可疑之处；行之百世待到圣人出现，也不会产生疑惑"。前代儒者曾说：孔子作《春秋》，"连子游、子夏这些熟悉文献的人都不能帮着写一句话"。言辞不需要他们帮着写，这里说的是他们没有相应的水平来参与这件事。《春秋》中体现的这个道，只有颜渊曾经听孔子说过，这就是"用夏朝的历法，坐殷朝的车子，戴周朝的帽子，音乐就用《韶》《舞》"。这是孔子定的标准。后代把《春秋》看成一部史书，认为其中体现的不过褒善贬恶而已，至于其中所贯穿的治理天下的根本法则，却不了解。《春秋》大义很多，那些重要的义理，就像天上的太阳和星星那样显赫，容易认识；还有些微言隐义，按照时宜措置的地方难以认识。所述的事，有贬抑的，有放任的；有赞扬的，有抨击的；有尊崇的，有贬抑的；有隐微的，有明显的，都完全符合义理。文质符合中道，评价不宽不苛而得其宜，评判不毁不誉而存其公，它是裁断事务的标准，把握道义的模范。正如观察了各种事物，然后才能明白天地造化的神妙；聚集众多的材料，而后才能明白各自在建造房屋中的用途。读书学道也是如此，要在一事一义上理解圣人的用心，非上智之人不可。所以读《春秋》的人，一定要优游而不迫，涵泳而有余，默识而心通，然后才能认识到它的隐微之处。后代的王者如果懂得了《春秋》之义，即使没有夏禹、商汤那样的德行，也还可以效法三代之治。自秦朝以后，《春秋》之学不传。我伤悼于圣人的心意不被后人理解，所以作《春秋传》加以阐明，以使后来的人弄通《春秋》的文字进而探求其义理，掌握了其中义理进而效法其功用，那么三代之治就可以恢复了。这部《春秋传》，虽然未能穷尽《春秋》中圣人之道的奥义，但也许可以让初学者找到探索的门径。

3.62　《诗》《书》载道之文，《春秋》圣人之用①。

《诗》《书》如药方，《春秋》如用药治病。圣人之用，全在此书，所谓"不如载之行事深切著明②"者也。有重叠言③者，如征伐、盟会④之类。盖欲成书，势须如此。不可事事各求异义，但一字有异，或上下文异，则义须别。(《二程遗书》卷二上《元丰己未吕与叔东见二先生语》)

◎ **注释**　①〔圣人之用〕圣人将其道运用于行事。②〔不如载之行事深切著明〕语出《史记》卷一三〇《太史公自序》："子曰：'我欲载之空言，不如见之于行事之深切著明也。'"③〔重叠言〕多次出现的语言和记载。④〔盟会〕古代诸侯间的集会、订盟。

◎ **大意**　《诗经》《尚书》是承载圣人之道的文章，《春秋》一书则是圣人将其道运用于人事的记载。《诗经》《尚书》像药方，《春秋》就像运用这些药方治病。圣人之用，全体现在此书中，就像孔子所说的，"与其记载一些空泛之言，不如通过行事表现得深刻透彻显明"。书中记载了许多相同的事例，如征伐、盟会等。如有想要成书，就必须如此。不能每件事都寻求不同的意义，但凡有一字不同，或上下文有差异，那么意义肯定也不同。

3.63　"五经①"之有《春秋》，犹法律之有断例②也。律令唯言其法，至于断例，则始见其法之用也。(《二程遗书》卷二上《元丰己未吕与叔东见二先生语》)

◎ **注释**　①〔五经〕指《诗》《书》《礼》《易》《春秋》。②〔断例〕案例。

◎ **大意** "五经"中有《春秋》,就像律法中有案例一样。律法只说法,到了具体案例中,才能看到法律的实际运用。

3.64 学《春秋》亦善,一句是一事,是非便见于此,此亦穷理之要。然他经岂不可以穷理?但他经论其义,《春秋》因其行事,是非较著,故穷理为要。尝语学者且先读《论语》《孟子》,更读一经,然后看《春秋》。先识得个义理,方可看《春秋》。《春秋》以何为准?无如中庸。欲知中庸,无如权。须是时而为中,若以手足胼胝①、闭户不出②二者之间取中,便不是中。若当手足胼胝,则于此为中;当闭户不出,则于此为中。权之为言,秤锤之义也。何物为权?义也,时也。只是说得到义,义以上更难说,在人自看如何。(《二程遗书》卷十五《入关语录》)

◎ **注释** ①〔手足胼胝〕指大禹急于救天下之难,在治水时因为长期劳动,手脚都生出了厚厚的茧子。②〔闭户不出〕指颜回居陋巷而不改其乐的处世态度。

◎ **大意** 学《春秋》也很好,一句话就是一件事,是非便从这件事中看出,这也是穷尽道理的关键。难道读其他经书不能穷理吗?别的经书只讲其中的义理,而《春秋》则借助于历史事实,突出是非的对比,所以成为穷理的关键。我曾经对学生们说:且先读《论语》《孟子》,再读一部经书,然后看《春秋》。先懂得了义理,才能看《春秋》。《春秋》以什么作为判断是非的标准呢?没有比得上《中庸》的。想要懂得《中庸》,必须懂得权衡轻重。应该是以因时得宜为中，如果在大禹的急天下之难和颜回的闭门不出之间取一个不急不缓的中，那就不是中了。如果应当急天下之难，手脚都长满茧子，那么那样做就是中；如果应当闭门不出，那样做也是中。权字的意思，就是俗语说的秤锤。做事应该以什么作为衡定轻重的准则呢？那就是义，就是时宜。只能说到义，义以上的就不好讲了，在于各人自己如何去领会。

3.65 《春秋》传为案，经为断①。（本注：程子又云：某年二十时看《春秋》，黄聱隅②问某如何看。某答曰：以传考经之事迹，以经别传之真伪。）

（《二程遗书》卷十五《入关语录》）

◎ **注释** ①〔《春秋》传为案，经为断〕《春秋》三传为《左传》《公羊传》《穀梁传》。《左传》相传为春秋时人左丘明作，叙事详密。《公羊传》相传为战国齐人、子夏弟子公羊高撰，《穀梁传》相传为战国鲁人、子夏弟子穀梁赤撰，两传均重义理。案，案例。断，断案时的断语。②〔黄聱隅〕名晞，字景微，自号聱隅子。少通经，藏书数千卷，学者多从之。《宋史》卷四五八有传。

◎ **大意** 在《春秋》中，解经的传文好比案例，经文就像断语。（本注：程颐又说：我二十岁时读《春秋》，黄晞问我如何读。我回答说：用传文去考察经文记载的事件详情，用经文来判断传文的真伪。）

3.66 凡读史，不徒要记事迹，须要识其治乱安危、兴废存亡之理。且如读《高帝纪》①，便须识得汉家四百年终始治乱当如何。是亦学也。

（《二程遗书》卷十八《刘元承手编》）

◎ **注释** ①〔《高帝纪》〕《汉书》卷一有《高帝纪》。

◎ **大意** 但凡读史书，不仅仅要了解史实，更应该认识历史上治乱安危、兴废存亡的道理。例如读《高帝纪》，就应该从中把握汉朝四百年兴衰治乱的整个过程及其前因后果，这样才叫学习。

3.67 先生①每读史到一半，便掩卷思量，料其成败，然后却看②，有不合处，又更精思，其间多有幸而成，不幸而败。今人只见成者便以为是，败者便以为非，不知成者煞有不是，败者煞有是底。（《二程遗书》卷十九《杨遵道录》）

◎ **注释** ①〔先生〕指程颢。②〔却看〕再看。

◎ **大意** 明道先生读史，常常读到一半时就放下书本思考，预料事件的成败，然后再继续看。若预料与史实不合，再进一步仔细思考，就会知道许多事情往往因侥幸而成功，因不幸而失败。现在的人看史书，只要看到成功的便以为他对，失败的就认为他错，却不知道成功者很可能是错的，失败者也很可能是正确的。

3.68 读史须见圣贤所存治乱之机①，贤人君子出处进退②，便是格物。（《二程遗书》卷十九《杨遵道录》）

◎ **注释** ①〔机〕关键。②〔出处进退〕出仕与退隐。

◎ **大意** 读史书应该看到圣贤在书中所记载的治乱的关键，以及贤人君子之所以出仕或退隐的原因，这就是格物。

3.69 元祐①中,客有见伊川者,几案间无他书,惟印行《唐鉴》②一部。先生曰:近方见此书。三代以后,无此议论。(《二程外书》卷十二《传闻杂记》)。

◎ **注释** ①〔元祐〕宋哲宗年号(1086—1093)。②〔《唐鉴》〕书名。宋范祖禹(1041—1098)撰。范祖禹,字淳夫(一作纯甫),为司马光(1019—1086)通鉴局编修官,分掌《唐史》,以其所自得者著《唐鉴》十二卷。《唐鉴》论述了唐代三百年间治国得失,共三〇六篇,后经吕祖谦注,析为二十四卷。

◎ **大意** 北宋元祐年间,一位客人拜访程颐,发现程颐的长桌上除了一部《唐鉴》外,没有其他的书。程颐说:最近才看到这部书。夏、商、周三代以后,还没有哪部书像《唐鉴》这样有如此恢宏高远的见解。

3.70 横渠先生曰:《序卦》①不可谓非圣人之蕴。今欲安置一物,犹求审处,况圣人之于《易》?其间虽无极至精义,大概皆有意思。观圣人之书,须遍布细密如是。大匠岂以一斧可知哉?(张载《横渠易说·序卦》)

◎ **注释** ①〔《序卦》〕《周易》中解说六十四卦卦序的篇名,为《十翼》之一。

◎ **大意** 张载说:《序卦》不能说没有体现圣人的深奥精蕴。现在如果要安置一样东西,尚且要考虑如何安排才妥当,何况圣人对《周易》六十四卦次序结构的排列呢?《序卦》虽无高明至极的精微义理,但大体来看都有意思。读圣人的书,必须做到全面、透彻、仔细、详尽,才能有所把握。正如要辨识一个高明的木匠,难道仅从他一斧砍削就能做到吗?

3.71 天官①之职，须襟怀洪大方看得。盖其规模至大，若不得此心，欲事事上致曲穷究，凑合此心如是之大，必不能得也。释氏锱铢天地②，可谓至大，然不尝为大，则为事不得。若畀③之一钱，则必乱矣。又曰：太宰④之职难看，盖无许大心胸包罗，记得此，复忘彼。其混混天下之事，当如捕龙蛇，搏虎豹，用心力看方可。其他五官便易看，止一职也。（张载《经学理窟·周礼》）

◎ **注释** ①〔天官〕官名。《周礼》分六官，即天官，地官，春官，夏官，秋官，冬官。冢宰即天官，为百官之长。②〔锱铢天地〕佛教认为，锱铢之微就含有天地之大。③〔畀〕给予。④〔太宰〕即冢宰，亦即天官，辅佐帝王治理国家。

◎ **大意** 《周礼》中天官这一职务，必须胸怀宽广的人才能担任。天官之职规模最大，如果没有宽广的心胸，只在具体事务上弄得委曲详尽，勉强做出心胸开阔的样子，必然不能称职。佛教说的锱铢之中包含天地之大，可以说是最大了，然而并没有真正体现宏大，他们只说大话而没有做过大事。即使给他一个钱那么大的事，也一定会乱套。又说：太宰这一职务难以承担，如果没有宽广的心胸包罗纷繁的事，必然记得这些，又忘了那些，顾此失彼。太宰面对混乱无序的各种人间事务，正如同捕龙蛇、搏虎豹一样，必须尽心尽力，才能履行职责。其他五种官职容易承担，因为各自只有一种职责。

3.72 古人能知《诗》者惟孟子，为其以意逆志①也。夫诗人之志至平易，不必为艰险求之。今以艰险求《诗》，则已丧其本心，何由见诗人之志？诗人之性情温厚，平易老成。本平地上道著言语，今须以崎岖求之，先其心已狭隘了，则无由见得。诗人之情本乐易②，只为时事拂着他乐易之性，故以诗道其志。（张载《经学理窟·诗书》）

◎ **注释** ①〔以意逆志〕语出《孟子·万章上》。逆，逆知，指用自己的看法去揣测别人的意思。②〔乐易〕和乐平易。

◎ **大意** 古代能够理解《诗经》的也就只有孟子了，因为他以自己的体验去推测诗人的心志。《诗经》作者的心志本来是极其平易的，不必认为高深难通。现在以高深难懂的心态去探求《诗经》，那么你自己的平常心先已丧失了，还怎么能明白诗人之志呢？诗人的性情原是温柔敦厚、平易和乐、老成持重的。本来像站在平地上说话一样，现在却用艰险难通的眼光去探求它，自己的心先狭隘了，那就无法理解《诗经》。诗人的感情原本是愉快而平易的，只因为时事触动了他和乐平易的本性，所以才用诗来抒写他的心志。

3.73 《尚书》①难看，盖难得胸臆如此之大。只欲解义，则无难也。（张载《经学理窟·诗书》）

◎ **注释** ①〔《尚书》〕即《书经》。尚，即上，言上代以来之书。

◎ **大意** 《尚书》难读，难在难得有如此宽广的心胸。如果只想理解文义，那并没有什么困难。

3.74 读书少，则无由考校得义精。盖书以维持此心，一时放下，则一时德性有懈。读书则此心

常在，不读书则终看义理不见。（张载《经学理窟·义理》）

◎ **大意** 人读书少，就无法把义理考辨得精细。因为书可以用来维持人的本心。一时放下书本，那么在修养德性上就有一时的懈怠。常读书就能常存此心，不读书的话永远也不能明白义理。

3.75 书须成诵。精思多在夜中，或静坐得之。不记则思不起，但通贯得大原①后，书亦易记。所以观书者，释己之疑，明己之未达，每见每知新益②，则学进矣。于不疑处有疑，方是进矣。（张载《经学理窟·义理》）

◎ **注释** ①〔大原〕本源、根源，基本精神。②〔新益〕《张子全书》作"所益"，《张子语录》作"新意"。

◎ **大意** 读书应该熟读成诵。要多在夜里精细地思考，或者在静坐时领悟。不能记熟就不能在深夜或静坐时思考。但如果能贯通全书的大意，然后去记忆，书上的内容也就容易记住了。人们看书的目的，是解答自己的疑问，进一步弄明白自己原来不懂的东西，每读一次都有新的收获，那学业就在不断进步。在没有疑问的地方发现疑问，才能有进步。

3.76 六经须循环理会，义理尽无穷。待自家长得一格，则又见得别。（张载《经学理窟·义理》）

◎ **大意** 六经需要循环往复地理解，因为其中的义理无穷无尽。等到你自身的水平提高了，就会有新的见解。

3.77 如《中庸》文字辈，直须句句理会过，使其言互相发明。（张载《经学理窟·义理》）

◎ **大意** 如《中庸》这样的文字，就应该一句一句地领会，使其前言后语相互阐明。

3.78 《春秋》之书，在古无有，乃仲尼所自作，惟孟子能知之。非理明义精，殆①未可学。先儒②未及此而治之，故其说多凿。（张载《横渠语录》）

◎ **注释** ①〔殆〕大概，恐怕。②〔先儒〕前代儒者。

◎ **大意** 《春秋》这部书，古时没有，是孔子自己作的，只有孟子能理解透彻。没有精通义理，恐怕是不能学《春秋》的。前世儒者未达到这样的水平就去研究它，所以他们的解释大多流于穿凿附会。

◎ **思考辨析题**

1. 如何格物穷理？
2. "北宋五子"如何诠释知行关系？
3. 请举例说明，理学家是如何从"四书""五经"中探索义理之学的？

卷四　存　养

此卷讨论"存养"的功夫。盖格物致知后,虽将知识推至极处,但若缺少持存涵养的功夫,则所知之识就会日益昏弊,更不用说将之付诸实践。存养功夫,不可须臾间断,这也是朱熹、吕祖谦将此章安排在致知与克治之间的原因。持存涵养的关键在于静心、寡欲、持敬,为学者不可不知。

4.1 或问："圣可学乎？"濂溪先生曰："可。""有要乎？"曰："有。"请问焉。曰："一①为要。一者无欲也，无欲则静虚动直②。静虚则明，明则通；动直则公，公则溥③。明、通、公、溥，庶矣乎。"

（周敦颐《通书·圣学》）

◎ **注释** ①〔一〕守一，一种无视无听、无私无欲的状态。②〔静虚动直〕即内心做到清净无欲，念头萌动就自然而正直。③〔溥〕无所偏倚。

◎ **大意** 有人问："圣人可以通过学习而成吗？"周敦颐说："可以。"又问："学做圣人有什么要领吗？"回答说："有。"请问这个要领。回答说："守一是要领。守一的意思是无欲。无欲就能心中静虚，一念萌动就正直。静虚就会清明，清明就会通达；正直就会公正，公正就能不偏不倚。明白、通达、无所偏倚，就差不多成为圣人了。"

4.2 伊川先生曰：阳始生甚微①，安静而后能长。故《复》之《象》曰："先王以至日闭关②。"

（《程氏易传·复传》）

◎ **注释** ①〔阳始生甚微〕复卦的卦象为五阴一阳，一阳生于下，力量微小。②〔先王以至日闭关〕语出《周易·复卦·象传》。至日，冬至日。

◎ **大意** 程颐说：复卦一阳始生于下，阳气非常微弱，只有安静不劳才能增长。所以复卦的象辞说："古代的圣王在冬至这一天封闭关门。"

4.3 动息节宣①，以养生也；饮食衣服，以养形也；威仪行义，以养德也；推己及物，以养人也。

（《程氏易传·颐传》）

◎ 注释　①〔节宣〕节，节制。宣，显露。这里指动静合宜，言语节制。

◎ 大意　动静合宜，言语节制，用以养生；注意饮食和衣服，用以养形；容貌举止庄严，行为正确，用以涵养德行；推己及人，与天地万物为一体，用以养人。

4.4　"慎言语①"以养其德，"节饮食"以养其体。事之至近而所系至大者，莫过于言语、饮食也。

（《程氏易传·颐传》）

◎ 注释　①〔慎言语〕语出《周易·颐卦·象传》。颐卦震下艮上，上下各一阳爻，中间四爻皆阴，像人的口颊，言语、饮食都由口取象。

◎ 大意　"慎言语"是为了涵养自己的德行，"节饮食"是为了护养自己的身体。天下事与自身最为贴近且关系最重大的，莫过于言语和饮食了。

4.5　"震惊百里，不丧匕鬯①。"临大震惧，能安而不自失者，惟诚敬而已。此处震之道也。（《程氏易传·震传》）

◎ 注释　①〔不丧匕鬯〕《周易·震卦》："震来虩虩（xì xì），笑言哑哑，震惊百里，不丧匕鬯。"这里描述了人们听到惊雷声时的种种表现：有的害怕哆嗦，有的嘻嘻说笑，有的十分镇定，用勺子盛酒，没有丝毫洒落。匕，勺子。鬯，用黑黍与香草酿成的香酒，后来盛这种香酒的器皿也被称之为鬯。

◎ 大意　程颐说：《周易·震卦》说："巨雷猝响，震惊百里，独有主祭者神态自若，勺子里的酒一点也没有泼洒出来。"面临大灾难大恐惧，能使之处之泰然而不自失的，只有内心诚敬而已，这是应对震恐的方法。

4.6 人之所以不能安其止者，动于欲也。欲牵于前而求其止，不可得也。故《艮》之道，当"艮其背①"，所见者在前，而背乃背之，是所不见也。止于所不见，则无欲以乱其心，而止乃安。"不获其身②"，不见其身也，谓忘我也。无我则止矣。不能无我，无可止之道。"行其庭，不见其人③。"庭除④之间至近也，在背则虽至近不见，谓不交于物也。外物不接，内欲不萌，如是而止，乃得止之道，于止为无咎也。（《程氏易传·艮传》）

◎ **注释** ①〔艮其背〕语出《周易·艮卦》。艮，止。②〔不获其身〕人的情感欲望源于肉身，人的行为止于当止是表示无欲，无欲就可以实现一种符合天理的境界，在这种境界中的人，只见天理，不见人欲，于是人欲所产生的基础——肉身自然就进入一种"不见不获"状态。③〔行其庭，不见其人〕进入"不获其身"的境界后，内心就不会再被与外物相交接的物欲所烦扰，所以在庭院里行走，内心就不会再萌生同作为外物的"人"相交接的欲望，所以说"不见其人"。④〔庭除〕庭，院。除，台阶。

◎ **大意** 程颐说：人之所以不能安然于义理而失其止者，乃是由于欲望的引动。欲望在前面牵引着，却想着停止欲求，是不可能的。所以艮卦的道理是，当人的注意力"凝止在背后时"，所见诱惑处于无见之地。因为看不见，所以也就不会出现欲望纷扰心灵的问题，人就能安于其所止。所谓"不获其身"，就是看不见自己的身体，这是一种忘我的境界。人能做到无我，就必然止于所当止。不能做到无我，就没有能定止的方法。"行其庭，不见其人。"庭院与台阶之间距离如此之近，但如果背对这一切，即使很近也看不见，这说的是内心不与外物交往。不与外物交接，内心的欲望就不会萌发，这样所达到的内心止定，才是真正的止定之道，内心止定也就"没有灾害"了。

4.7 明道先生曰：若不能存养①，只是说话。

（《二程遗书》卷一《端伯传师说》）

◎ **注释** ①〔存养〕存其心养其性。

◎ **大意** 程颢说：人如若不能切实存养本心，涵养德性，那就只能是空谈。

4.8 圣贤千言万语，只是欲人将已放之心①，约之使反复入身来，自能寻向上去，"下学而上达"也。（《二程遗书》卷一《端伯传师说》）

◎ **注释** ①〔已放之心〕语出《孟子·告子上》。放，放逸、丢失。心，本善之心。

◎ **大意** 圣贤千言万语，只是要人将已经放逸的本善之心加以约束，使之返回自己身躯中来，这样自然能够上进。这就是孔子说的"下学而上达"的意思。

4.9 李籲①问："每常遇事，即能知操存之意，无事时如何存养得熟？"曰："古之人，耳之于乐，目之于礼，左右起居，盘盂几杖，有铭有戒，动息皆有所养。今皆废此，独有理义之养心耳。但存此涵养意，久则自熟矣。'敬以直内②'是涵养

意。"(《二程遗书》卷一《端伯传师说》)

◎ **注释** ①〔李籲〕字端伯,二程弟子,曾记二程之语为一编,名《师说》。元祐(1086—1093)中为秘书省校书郎。《伊洛渊源录》卷八、《宋史》卷四二八、《宋元学案》卷三十均有传。②〔敬以直内〕语出《周易·坤卦·文言传》,见卷二第七条注①。

◎ **大意** 李籲问:"平常遇事的时候,就能够明白操持存养内心的意思。但在没事的时候,怎样能操存涵养内心使之精熟呢?"程颢回答说:"古代的人,通过耳朵用音乐来涵养性情,通过眼睛用礼仪来涵养性情,日常生活中左左右右,用具如盘盂几杖,语言如铭文箴戒,不管是动还是静都有所涵养。现在这些都废弃了,只能用义理来涵养内心了。涵养的办法就是,只要你心中存有涵养的意识,时间长了自会精熟。'敬以直内'正是此意。"

4.10 吕与叔尝言患思虑多,不能驱除。曰:此正如破屋中御寇,东面一人来未逐得,西面又一人至矣,左右前后,驱逐不暇。盖其四面空疏,盗固易入,无缘①作得主②定。又如虚器入水,水自然入。若以一器实之以水,置之水中,水何能入来?盖中有主则实,实则外患不能入,自然无事。(《二程遗书》卷一《端伯传师说》)

◎ **注释** ①〔无缘〕无从,不能够。②〔主〕有专注的意志。

◎ **大意** 吕大临曾说他担心的是自己思虑纷杂,难以排除。程颢说:这种情况,就好像用破屋防御盗贼一样,从东面来的盗贼还未驱逐,西面又来了一个盗贼,前后左右都有盗贼,令你应接不暇。之所以如此,是因为房屋四面皆空,盗贼自然容易进来,让你无法意志专注。又好像空的容器放入水中,水自然就注入容器之中，如果把一个注满水的容器放置水中，水如何能进入容器中呢？因此，人心中义理充盈就自然意志坚定，纷杂的思虑就不能侵扰，心中自然就平静自如。

4.11 邢和叔①言：吾曹常须爱养精力，精力稍不足则倦，所临事皆勉强②而无诚意。接宾客语言尚可见，况临大事乎？（《二程遗书》卷一《端伯传师说》）

◎ **注释** ①〔邢和叔〕邢恕，字和叔，郑州阳武（今河南原阳）人，二程门人。举进士，历任侍郎、尚书。交结蔡确、章惇、黄履，陷害多人，人称"四凶"。《伊洛渊源录》卷十四、《宋史》卷四七一、《宋元学案》卷三十均有传。②〔勉强〕能力不足而强为之。

◎ **大意** 邢恕说：我们应该常常爱惜、保养自己的精力。精力稍有不足，就会感到困倦，遇到事情只能勉强支撑而显得缺乏诚意。这从待人接物、言谈应对上就能看出来，更何况应对重大事情呢？

4.12 明道先生曰：学者全体此心①。学虽未尽，若事物之来，不可不应。但随分限②应之，虽不中不远矣。（《二程遗书》卷二上《元丰己未吕与叔东见二先生语》）

◎ **注释** ①〔全体此心〕保全此天然本善之心。②〔分限〕本分，天分，理之当然。

◎ **大意** 程颢说：学者应该全面地体悟、存养至善的本心。当学有所未尽，事情又出现而不得不应付的时候，只能依据已经体会到的道理来处理。这样做，虽然不一定完全符合天理，但也相去不远了。

4.13 "居处恭,执事敬,与人忠①",此是彻上彻下语。圣人元②无二语。(《二程遗书》卷二上《元丰己未吕与叔东见二先生语》)

◎ 注释 ①〔居处恭,执事敬,与人忠〕语出《论语·子路》,孔子答樊迟问仁之语。②〔元〕同原。

◎ 大意 "平日端庄,办事认真,与人交往忠诚",这是唯一的古今通用的为人处世准则,圣人原本没有说过与此不同的话。

4.14 伊川先生曰:学者须敬守此心,不可急迫,当栽培①深厚,涵泳于其间,然后可以自得。但急迫求之,只是私己,终不足以达道。(《二程遗书》卷二上《元丰己未吕与叔东见二先生语》)

◎ 注释 ①〔栽培〕以义理培植。

◎ 大意 程颐说:学者必须以诚敬的态度守护本心,不可急于求成,当义理培植深厚时,从从容容地涵泳于义理中,然后可以对圣人之道有所得。但如果急于求成,那就只能是一己之私,最终也不能达到圣人之道。

4.15 明道先生曰:"思无邪①","毋不敬②",只此二句,循而行之,安得有差?有差者,皆由不敬、不正也。(《二程遗书》卷二上《元丰己未吕与叔东见二先生语》)

◎ **注释** ①〔思无邪〕语出《诗经·鲁颂·駉》《论语·为政》。②〔毋不敬〕语出《礼记·曲礼上》。

◎ **大意** 程颢说,"心中没有邪念","行为无不恭敬",遵循这两句话行动,怎么会有偏差?如果行为出现偏差的话,肯定都是由不恭敬、不端正引起的。

4.16 今学者敬而不见①得,又不安者,只是心生,亦是太以敬来做事得重,此"恭而无礼则劳"②也。恭者,私为恭之恭也。礼者,非体之礼,是自然底道理也。只恭而不为自然底道理,故不自在也,须是恭而安。今容貌必端,言语必正者,非是道独善其身,要人道如何,只是天理合如此,本无私意,只是个循理而已。(《二程遗书》卷二上《元丰己未吕与叔东见二先生语》)

◎ **注释** ①〔见〕一本作"自"。②〔恭而无礼则劳〕语出《论语·泰伯》。

◎ **大意** 现在的学者按敬慎的要求做了却不见有收获,恭敬行事心又不安,这只是由于内心还未纯熟,也是把照着敬的要求去做事看得太重了。这就是孔子说的"恭敬而无礼就会劳倦"。这里所说的恭敬,是出于私欲而为的恭敬。所谓"礼",并不是升降揖逊之仪、铺筵设几之文,而是自然应该如此之理。只在表面上恭敬而不顺着自然之理去做,就会感到不自在,必须做到谨恭而又心安。我现在强调容貌必须做到端庄,说话必须做到公正,并不是说要以此完善自身,也不是让人说你如何,只是天理要求如此,这样做符合天理,本来就没有私心杂念,只不过是遵循天理行事罢了。

4.17 今志于义理而心不安乐者何也？此则正是剩一个"助之长①"。虽则心"操之则存，舍之则亡②"，然而持之太甚，便是"必有事焉"而正之③也。亦须且恁去，如此者只是德孤。"德不孤，必有邻④"，到德盛后，自无窒碍，"左右逢其原⑤"也。（《二程遗书》卷二上《元丰己未吕与叔东见二先生语》）

◎ **注释** ①〔助之长〕语出《孟子·公孙丑上》。②〔操之则存，舍之则亡〕语出《孟子·告子上》。言人应该操持此心而不可放逸。操，操持。③〔然而持之太甚，便是"必有事焉"而正之〕"必有事焉"语出《孟子·公孙丑上》："必有事焉，而勿正。"是说人应操持其心而不可放逸，但若操之过度，急迫求之，也是有害的。④〔德不孤，必有邻〕语出《论语·里仁》。⑤〔左右逢其原〕语出《孟子·离娄下》。原，同"源"。

◎ **大意** 今人有志于追求义理，内心却不安乐，原因是什么呢？这是因为还有个拔苗助长的毛病。虽然说人的本善之心"操持就能保有，舍弃就会丧失"，但操持得太紧了，就是孟子所说的在修养身心时心情急迫地等待了。虽然这样说，还是应该如此操持着做去。这样去做的缺陷只是培养起来的德行比较单一。孔子说："有道德的人是不会孤单的，一定会有志向相同的人和他在一起。"德行盛大后，人世间的一切都自然无任何窒碍可言，正如孟子所说，他就可以"左右逢源"了。

4.18 敬而无失①，便是"喜怒哀乐未发谓之中②"。敬不可谓中，但敬而无失，即所以中

也③。(《二程遗书》卷二上《元丰己未吕与叔东见二先生语》)

◎ 注释 ①〔敬而无失〕指持身恭敬而使本心常在。②〔喜怒哀乐未发谓之中〕语出《中庸》。③〔敬不可谓中，但敬而无失，即所以中也〕《近思录》以此为程颢语，然朱熹《文集》卷六十四《与湖南诸公论中和第一书》认为是程颐语。

◎ 大意 持身恭敬而使本心常在，即是"喜怒哀乐未表现出来时的中"。"敬"是工夫，"中"是本体，因此"敬"不能称为"中"。敬不可称作中，但持敬而不间断，就是寻求和保持"中"的方法。

4.19 司马子微尝作《坐忘论》①，是所谓"坐驰②"也。(《二程遗书》卷二上《元丰己未吕与叔东见二先生语》)

◎ 注释 ①〔司马子微尝作《坐忘论》〕司马子微（655—735）即司马承祯，字子微，号白云子，河内温县（今属河南）人，唐代道士。从嵩山道士潘师正受传符箓、辟谷、导引、服饵等方术，居天台山。武后、睿宗、玄宗迭次召见，殁后谥号为贞一先生。著有《修真秘旨》《天隐子序》《坐忘论》等，其理论对宋代理学有重要影响。坐忘，指端坐而浑然忘却物我的精神境界，是一种修养身心的方法。②〔坐驰〕指形若虚静而杂念不息。语出《庄子·人间世》。

◎ 大意 司马承祯曾经写了一本《坐忘论》，他说的"坐忘"实际上是"坐驰"。

4.20 伯淳①昔在长安仓中闲坐，见长廊柱，以意数之，已尚不疑。再数之不合，不免令人一一声言数之，乃与初数者无差。则知越着心把捉，越不定②。（《二程遗书》卷二上《元丰己未吕与叔东见二先生语》）

◎ **注释** ①〔伯淳〕程颢之字，见卷一第十八条注①。②〔越着心把捉，越不定〕此条是说在自在自然状态下心才能定，否则越不定。把捉，执持，掌握。

◎ **大意** 程颢曾在长安县仓中闲坐，看到长廊下一排柱子，心下默默数过，数完之后并没有怀疑数得准不准。又数了一遍，与第一次数字不合。又叫人一个一个数出声来，结果与他第一次数的一样。这才明白凡事越是执意用心把握，就越把握不住。

4.21 人心作主不定，正如一个翻车①，流转动摇，无须臾停，所感万端。若不做一个主，怎生奈何？张天祺②昔尝言"自约数年，自上着床便不得思量事③"。不思量事后，须强把他这心来制缚，亦须寄寓在一个形象，皆非自然。君实④自谓"吾得术矣，只管念个中字。"此又为"中"所系缚，且"中"亦何形象？有人胸中常若有两人焉：欲为善，如有恶以为之间；欲为不善，又若有羞恶之心者。本无二人，此正交战之验也。持其志，使气不能乱⑤，此大可验。要之，圣贤必不

害心疾。(《二程遗书》卷二下《附东见录后》)

◎ **注释** ①〔翻车〕农家用来引水溉田的器械。②〔张天祺〕张戬,字天祺,张载之弟,陕西眉县人,熙宁进士,与其兄张载并称"关中二张"。历治六七邑,又任太常博士、监察御史等职。常与王安石(1021—1086)争辩新政,《伊洛渊源录》卷六有传。③〔便不得思量事〕指欲停止思量事。④〔君实〕即司马光(1019—1086),字君实,赠太师温国公,故称温公,谥文正,陕州夏县(今属山西)涑水乡人。《宋史》卷三有传,《宋元学案》卷七至八有其学案。⑤〔持其志,使气不能乱〕语出《孟子·公孙丑上》,原句为"持其志,无暴其气"。理学家认为志在养气中有重要作用,并把"志"与"气"的协调作为一般道德修养效果的重要检验。持,保持、守持。暴,乱,扰乱。

◎ **大意** 人的内心没有一定的主宰,正如一个水车不停流转动摇,一刻也不停止。人心所感千头万绪,如果没有一个东西做主,怎么能行呢?张戬过去曾经说过:"多年来,我给自己约定,上床之后就不再思考事情。"他是想使自己的本心不动摇,但不考虑事情后,要强行把这心给束缚住,也还得把它寄寓在一个什么东西里,这都不是心自然不动摇。司马光说:"我找到存心的方法了,我只管在心中念一个'中'字。"这又是心被"中"给束缚住了。况且"中"又是个什么样子呢?有的人心中常常似乎有两个人同时存在:心想为善,但似乎又有邪念出来阻碍;心想为恶,但似乎又有羞恶感出来约束。本来没有两个人,这正是心中两种意念交战的表现啊。要持守自己的心志,使心之气不扰乱自己,心乱与否可以验证能否守志。总之,圣贤绝不会有六神无主、心意动摇的心病。

4.22 明道先生曰:某写字时甚敬,非是要字好,只此是学。(《二程遗书》卷三《谢显道记忆平日语》)

◎ **大意**　程颢说：我写字时非常敬谨，并不是为了把字写好，而是因为持敬本身就是一种学问。

4.23　伊川先生曰：圣人不记事①，所以常记得。今人忘事，以其记事。不能记事，处事不精，皆出于养之不完固。（《二程遗书》卷三《谢显道记忆平日语》）

◎ **注释**　①〔记事〕意谓事物横窒心中，昏滞不通。

◎ **大意**　程颐说：圣人心明常通，不去刻意记事，所以常常记得。今人多忘事，因为他着意去记事。事情记不住，办事不精审，都是由于心志涵养得不够完固。

4.24　明道先生在澶州①日，修桥少一长梁，曾博求之民间。后因出入，见林木之佳者，必起计度之心。因语以戒学者：心不可有一事。（《二程遗书》卷三《谢显道记忆平日语》）

◎ **注释**　①〔澶州〕宋代州名，辖境相当于今河南清丰及濮阳东北、范县西北各一部分地，治所在顿丘（今河南清丰西），时为镇宁军所在地。熙宁三年（1070年）至四年（1071年），程颢担任签书镇宁军判官，住澶州。

◎ **大意**　程颢在澶州任职期间，因修桥缺少一根长梁，曾经在民间广泛征寻。后来他有事外出，一看见参天大树，就想去量一量。他以此事告诫学者：操存本心的功夫，就是使其不挂碍于一事。

4.25 伊川先生曰：入道①莫如敬，未有能致知而不在敬者。今人主心不定，视心如寇贼而不可制，不是事累心，乃是心累事。当知天下无一物是合②少得者，不可恶也。(《二程遗书》卷三《谢显道记忆平日语》)

◎ **注释** ①〔入道〕学道，使其心合于圣人之道。②〔合〕应当。

◎ **大意** 程颐说：修习圣道没有比持敬存心更重要的了，从来没有人能够致知明理而心不存于敬的。现在的人心神不定，把心看成是不可控制的寇贼，这不是外事牵累了你的心，而是心牵累了外事。我们应当明白，世界上的任何事物，没有一样是可以缺少的，所以不必厌恶它们。

4.26 人只有一个天理，却不能存得，更做甚人也？(《二程遗书》卷十八《刘元承手编》)

◎ **大意** 人只有这么一个与生俱来的天理，如果不能保持存养，还做什么人啊！

4.27 人多思虑，不能自宁，只是做他心主不定。要作得心主定，惟是止于事，"为人君止于仁①"之类。如舜之诛四凶②，四凶己作恶，舜从而诛之，舜何与③焉？人不止于事，只是揽他事，不能使物各付物。物各付物，则是役物；为物所役，

则是役于物。有物必有则④，须是止于事。(《二程遗书》卷十五《入关语录》)

◎ **注释** ①〔为人君止于仁〕作为君主所考虑的就是应当如何推行仁德于天下。语出《大学》。②〔四凶〕指舜或流放或诛杀的四族首领。见《尚书·舜典》："舜流共工于幽州，放驩兜于崇山，窜三苗于三危，殛鲧于羽山。四罪而天下咸服。"窜，锢。殛，诛杀。③〔与〕参与，在其中，和……有关系。④〔有物必有则〕语出《诗经·大雅·荡之什·烝民》。

◎ **大意** 人思虑纷杂，不能安宁，只是因为他心中没有一定的主宰。要想使心中有个定主，只有将心思限制在所思考的事上，就像《大学》上说的"作为君主就要尽力施行仁政"那样。如舜剪除共工、驩兜、三苗、鲧四位罪人，四凶自己作恶，舜因而流放了他们，做的只是为君之事，这又和舜个人有什么关系？人不能将自己的心限定在他应该做的事上，只是兜揽其他事，就不能使事物各归其所。事物各归其所，是人心役使物。如果被外物役使，则是心役于外物。一事物必然有一事物存在的道理，人应该把注意力集中在应做的事上。

4.28 不能动人，只是诚不至。于事厌倦，皆是无诚处。(《二程遗书》卷五)

◎ **大意** （待人接物）不能打动人，只是因为自己不够真诚。对于事情容易感到厌倦，都是因为缺少诚意。

4.29 静后见万物自然皆有春意①。(《二程遗书》卷六)

◎ **注释** ①〔春意〕生意，生机。

◎ **大意** 心静后观察天地万物，就会发现万物都展现出勃勃生机。

4.30 孔子言仁，只说"出门如见大宾，使民如承大祭①"。看其气象，便须"心广体胖"，"动容周旋中礼②"自然，惟慎独③便是守之之法。圣人"修己以敬"，"以安百姓"④，"笃恭而天下平⑤"。惟上下一于恭敬，则天地自位，万物自育⑥，气无不和，四灵⑦何有不至？此"体信达顺⑧"之道，聪明睿智皆由是出，以此事天飨帝。

（《二程遗书》卷六）

◎ **注释** ①〔出门如见大宾，使民如承大祭〕孔子答仲弓问仁，语出《论语·颜渊》。②〔动容周旋中礼〕语出《孟子·尽心下》。③〔慎独〕在独处时谨于修身，语出《中庸》。④〔"修己以敬""以安百姓"〕语出《论语·宪问》。⑤〔笃恭而天下平〕君子笃实恭敬就能使天下太平，语出《中庸》。⑥〔天地自位，万物自育〕在上者与在下者都一样恭敬谨慎，那么天地就自然能各自担负起自己的职责，万物就自然能化育成长。⑦〔四灵〕指龙、凤、龟、麟，太平盛世时方出。语出《礼记·礼运》。⑧〔体信达顺〕体现诚信以达到和顺的境界。语出《礼记·礼运》。

◎ **大意** 孔子谈到仁，只说"走出家门时恭敬得就像去接待贵宾，役使百姓谨敬得就像举行盛大的祭典"。看其气度，就应该胸襟宽广，平时举止容仪、待人接物，皆符合礼之自然，只有慎独是守持谨敬的方法。圣人修养自身，使自己能够敬爱他人，安定百姓，忠厚谨慎而天下太平。只要上上下下全都恭敬谨慎，那么天地就自然各在其位，万物就自然生育成长，气也没有不和的，麟凤龙龟这四灵还会不显现到来吗？这就是"体现诚信以达到和顺境界"的方法。人的聪明智慧都从这恭敬中来，用这种恭敬的态度事奉、祭享上帝。

4.31 存养熟后,泰然行将去,便有进。(《二程遗书》卷六)

◎ **大意** 存心养性达到纯熟后,泰然自若地去做事,学道就自有进益。

4.32 不愧屋漏,则心安而体舒。(《二程遗书》卷七)

◎ **大意** 在暗室中也不做有愧于心的事,人就能心安体舒。

4.33 心要在腔子①里。只外面有些隙罅,便走了。(《二程遗书》卷七)

◎ **注释** ①〔腔子〕指躯壳,亦即身子。
◎ **大意** 本心要收摄在自己的身躯里。只要外面有一点点缝隙,这心就放逸而去了。

4.34 人心常要活,则周流无穷,而不滞于一隅。(《二程遗书》卷五)

◎ **大意** 人心常要自由自主,这样才能周流无穷,而不被拘泥于某个角落。

4.35 明道先生曰:"天地设位,而易行乎其中①。"只是敬也。敬则无间断。(《二程遗书》卷十一《师训》)

◎ **注释** ①〔天地设位，而易行乎其中〕语出《周易·系辞》。

◎ **大意** 程颢说：《周易》说"天地的位置确立了，易道就流布于天地之间"。人心只要做到持敬就可以了，持敬就能与天地义理合一，永不间断。

4.36 "毋不敬"，可以对越上帝①。（《二程遗书》卷十一《师训》）

◎ **注释** ①〔对越上帝〕与上帝相配相称。语出《诗经·周颂·清庙》。

◎ **大意** 能做到一言一行、一思一念都无不恭敬，其德行就可以与上帝相配了。

4.37 敬胜百邪。（《二程遗书》卷十一《师训》）

◎ **大意** 持敬可以战胜各种邪念。

4.38 "敬以直内①，义以方外"，仁也。若以敬直内②，则便不直矣。"必有事焉，而勿正③"，则直也。（《二程遗书》卷十一《师训》）

◎ **注释** ①〔敬以直内〕以敬慎的态度保持内心正直。语出《周易·坤卦·文言传》。②〔以敬直内〕此处指用敬让内心正直，虽同是正直，但与"敬以直内"相比，有自然和人为之别。③〔必有事焉，而勿正〕语出《孟子·公孙丑上》。

◎ **大意** "以敬慎的态度保持内心正直，以正义作为外在的行为准则"，这是仁。如果说以诚敬的态度使内心正直，那是有意去使它直，本身就是不直了。要像孟子说的"要修养内心而不要有特定的目的"，那么心自然就正直了。

4.39 涵养吾一。(《二程遗书》卷十五《入关语录》)

◎ **大意** 涵泳存养精诚至一、不二不杂的本心。

4.40 "子在川上曰:'逝者如斯夫!不舍昼夜。'"自汉以来,儒者皆不识此义。此见圣人之心"纯亦不已①"也。"纯亦不已",天德也。有天德便可语王道,其要只在慎独。(《二程遗书》卷十四《亥九月过汝所闻》)

◎ **注释** ①〔纯亦不已〕纯粹无私且没有间断,语出《中庸》。

◎ **大意** "孔子在河边叹道:'消逝的时光像河水一样!日夜不停地流去。'"自汉代以来,儒者们都没有领会孔子这句话的含义。这句话集中体现了圣人之心纯粹无私,与天道一样。纯一无私,是上天的德性。有了天的德性,才可以谈论王道。而要达到天的德性,其关键在于慎独。

4.41 "不有躬,无攸利①。"不立己,后虽向好事,犹为化物,不得以天下万物挠己。己立后,自能了当得天下万物②。(《二程遗书》卷六)

◎ **注释** ①〔不有躬,无攸利〕语出《周易·蒙卦》。这里比喻徇私欲而丧本心。②〔己立后,自能了当得天下万物〕《近思录》以此条为明道语,《朱子语类》卷九十六第二十一条则以为伊川语。

◎ **大意** 《周易·蒙卦》六三爻辞说:"丧失了自身,是无所往而有利的。"人不自立,心无主,之后尽管是向好的方面做去,也不是自心做主,而是为物所引，这仍然是人为物所化，不免被天下万物扰乱其心。人自立以后，心有主宰，自然就能统摄天地万物。

4.42 伊川先生曰：学者患心虑纷乱，不能宁静，此则天下公病。学者只要立个心，此上头尽有商量①。(《二程遗书》卷十五《入关语录》)

◎ **注释** ①〔商量〕估量，料想。

◎ **大意** 程颐说：学道的人怕的是心思纷乱，不能宁静，这是天下学人的通病。学者只要心先有所主，在此基础上用功才能有所归宿。

4.43 闲邪则诚自存①，不是外面捉一个诚将来存着。今人外面役役②于不善，于不善中寻个善来存着，如此则岂有入善之理？只是闲邪则诚自存。故孟子言性善皆由内出③，只为诚便存。闲邪更著甚工夫？但惟是动容貌，整思虑，则自然生敬。敬只是主一也。主一则既不之东，又不之西，如是则只是中；既不之此，又不之彼，如是则只是内。存此则自然天理明。学者须是将"敬以直内"涵养此意，直内是本。(本注，尹彦明曰：敬有甚形影？只收敛身心，便是主一。且如人到神祠中致敬时，其心

收敛，更著不得毫发事，非主一而何？）（《二程遗书》卷十五《入闽语录》）

◎ **注释** ①〔闲邪则诚自存〕语出《周易·乾卦·文言传》。闲邪，防止邪僻。存诚，保持笃诚。②〔役役〕被外在环境制约。③〔性善皆由内出〕语出《孟子·告子上》。

◎ **大意** 约束邪念，人心中之"诚"自然存在，而不是在人心之外寻找所谓的"诚"来守持。如今的人在外面忙忙碌碌地干坏事，却想从不善中寻找所谓的"善"并守持之。这样做哪有走向善的道理呢？防范住了邪念，诚也就自然存于心了。所以孟子说性善都是从人内心发出的。只因为诚已经存于心了，防范邪念还需要做什么工作呢？也只剩下外面整齐容貌，内心齐一思虑，如此自然就产生了谨敬之心。敬只不过是使思虑专注于一。专注于一，心思就既不偏向左，又不偏向右，这就是守中；既不偏向此，也不偏向彼，这就是存于内心。如此存心，自然就会洞明天理。学者应该用《周易·坤卦·文言传》所说的"敬以直内"来修养本心之"诚"，使内心正直是根本。（本注，尹彦明说：敬是个什么样子呢？只不过收敛身心就是专心不二。就像人到神庙中以诚敬之思参与祭祀时，他的心就收敛起来，再放不进任何事。不是专一是什么呢？）

4.44 闲邪则固一①矣，然主一则不消言闲邪。有以一为难见，不可下工夫，如何？一者，无他，只是整齐严肃，则心便一。一则自是无非僻②之干，此意但涵养久之，则天理自然明。（《二程遗书》卷十五《入关语录》）

◎ **注释** ①〔一〕专一。②〔僻〕邪，不正。

◎ **大意**　防范乖谬不正就能使思虑更加专一，但心如能主于一就不需要再说提防邪念。有人以为"一"字玄虚不可捉摸，没法去下功夫，怎么办呢？其实做到"一"没有别的要求，就是要仪容整洁、神情严肃，心就能专一。"一"不过是没有邪僻之念的干扰而已，这个意思是只要涵养得久了，也就自然能理解天理。

4.45　有言：未感时，知何所寓？曰："操则存，舍则亡，出入无时，莫知其乡"，更怎生寻所寓？只是有操而已。操之之道，"敬以直内"也。(《二程遗书》卷十五《入关语录》)

◎ **大意**　有人问：没有事相感时，要把心寄寓在哪里呢？程颐说：孟子引孔子的话说，"守持着它，就存在；舍弃了它，就亡佚。出出进进没有固定的时候，也不知它去向何处"。说的就是心，又怎样去找寄寓它的地方呢？只是要操持它，使之不亡失而已。操持本心的办法，就是《周易》说的"敬以直内"。

4.46　敬则自虚静，不可把虚静唤做敬。(《二程遗书》卷十五《入关语录》)

◎ **大意**　敬则心自然虚静，但不能把虚静直接称作敬。

4.47　学者先务，固在心志。然有谓欲屏去闻见知思，则是"绝圣弃智①"。有欲屏去思虑，患其纷乱，则须坐禅入定②。如明鉴在此，万物毕照，是鉴之常，难为使之不照。人心不能不交感万物，难为使之不思虑。若欲免此，惟是心有主。如何为主？敬而已矣。有主则虚，虚谓邪不能入；无主则实，实谓物来夺之。大凡人心不可二用，用于一事，则他事更不能入者，事为之主也。事为之主，尚无思虑纷扰之患，若主于敬，又焉有此患乎？所谓敬者，主一之谓敬；所谓一者，无适③之谓一。且欲涵泳主一之义，不一则二三矣。至于不敢欺，不敢慢，"尚不愧于屋漏"，皆是敬之事也。(《二程遗书》卷十五《入关语录》)

◎ **注释** ①〔绝圣弃智〕语出《老子》。圣，聪明。②〔坐禅入定〕佛家的修行方法，在静坐中排除思虑以凝心专注来悟道或获得功德。③〔无适〕语出《论语·里仁》。适，固定不变。

◎ **大意** 学者首要的事，固然在于守持心志。但有的人说想要摒弃见闻、知识、思虑，那就成了《老子》所说的"弃绝聪慧才智"。有的人说要摒除心中思虑，担心思虑纷乱使心不能主一，那就得学佛家坐禅入定。好比有一面明镜在这里，万物无所不照，这在明镜是正常的，难道要让它不照吗？人心也是如此，它不能不与万物交感，难道要心不思虑吗？要想免除思虑的纷扰，只有使心有主宰。怎样是主呢？不过就是敬。心有主就虚灵，虚灵是说邪念进不来；心无主就实，实就是说物欲会迫使心随物而化。大凡人一心不可二用，用在一件事上，别的事就不能再入心，这是因为这件事成了心的主宰。一件事成为心之主，尚且没有思虑纷扰的担忧，如果心主于敬，又哪里会有这样的忧虑呢？所谓的敬，指的是专注于一事。所谓的一，指的是心不放逸乱跑。学者要涵泳这主一之义，不能专注于一事就会三心二意。至于不敢欺妄，不敢怠慢，还有"即使在屋子隐蔽处也不做坏事"等，都属于敬的范畴。

4.48 "严威俨恪①"，非敬之道，但致敬须自此入。（《二程遗书》卷十五《入关语录》）

◎ **注释** ①〔严威俨恪〕外表严肃庄重。语出《礼记·祭义》。

◎ **大意** 只是"外表严肃庄重"，这不是持敬的方法，但要实现内心的谨敬，需要从这里开始做起。

4.49 "舜孳孳为善①。"若未接物，如何为善？只是主于敬，便是为善也。以此观之，圣人之道，不是但嘿然②无言。（《二程遗书》卷十五《入关语录》）

◎ **注释** ①〔舜孳孳为善〕语出《孟子·尽心上》。孳孳，同"孜孜"，勤勉不懈。②〔嘿然〕同"默然"。

◎ **大意** "舜孜孜不倦地做善事。"但如果没有与人事相接，他怎么做善事呢？其实只要内心主于敬，就是做善事了。从这点上看，圣人之道并非只是沉默寡言而已。

4.50 问："人之燕居①，形体怠惰，心不慢，可否？"曰："安有箕踞②而心不慢者？昔吕与叔六月中来緱氏③，闲居中某尝窥之，必见其俨然危坐，可谓敦笃矣。学者须恭敬，但不可令拘迫④，拘迫则难久。"（《二程遗书》卷十八《刘元承手编》）

◎ **注释** ①〔燕居〕退朝而处，也指一般情况下的闲居。②〔箕踞〕一种轻慢、不拘礼节的坐姿，随意伸开两脚，以手据膝，形状如簸箕。③〔缑氏〕宋代地名，在今河南偃师东南。④〔拘迫〕拘谨。

◎ **大意** 有人问：人闲居时，形体懒散，而心不怠慢，可以吗？程颐说：哪有伸着两条腿坐着而心不怠慢的？有一次吕与叔在六月酷暑时来缑氏闲居，我曾悄悄观察他，每次都看见他端端正正地坐着，可以称得上厚实笃诚了。读书人必须恭敬，但不可太拘谨，人一拘谨，就难以持久。

4.51 思虑虽多，果出于正，亦无害否？曰：且如在宗庙则主敬，朝廷主庄，军旅主严，此是也。如发不以时，纷然无度，虽正亦邪。(《二程遗书》卷十八《刘元承手编》)

◎ **大意** 人的思虑虽然多，如果都是端正无邪的，也是没有什么妨害的吗？程颐说：就比方说在宗庙里就应恭敬，在朝堂上就应庄重，在军队中就应严肃，这些都是对的。如果你的思虑不是适时而发，纷乱得没有个节度，那么即使看似端正的念头也是邪念。

4.52 苏季明①问："喜怒哀乐未发②之前求中③，可否？"曰："不可。既思于喜怒哀乐未发之前求之，又却是思也。既思即是已发（本注：思与喜怒哀乐一般），才发便谓之和，不可谓之中也。"又问："吕学士④言当求于喜怒哀乐未发之前，如何？"曰："若言存养于喜怒哀乐未发之前，则可；若言求中于喜怒哀乐未发之前，则不可。"又问：

"学者于喜怒哀乐发时，固当勉强裁抑⑤，于未发之前，当如何用功？"曰："于喜怒哀乐未发之前，更怎生求？只平日涵养便是。涵养久，则喜怒哀乐发自中节。"曰："当中之时，耳无闻，目无见否？"曰："虽耳无闻，目无见，然见闻之理在始得。贤且说静时如何？"曰："谓之无物则不可⑥，然自有知觉处。"曰："既有知觉，却是动也，怎生言静？人说'复其见天地之心⑦'，皆以谓至静能见天地之心⑧，非也。《复》之卦下面一画便是动也，安得谓之静？"或曰："莫是于动上求静否？"曰："固是，然最难。释氏多言定⑨，圣人便言止。如'为人君止于仁，为人臣止于敬⑩'之类是也。《易》之《艮》言止之义曰：'艮其止，止其所⑪也。'人多不能止，盖人万物皆备，遇事时各因其心之所重者更互而出。才见得这事重，便有这事出。若能物各付物，便自不出来也。"或曰："先生于喜怒哀乐未发之前，下动字，下静字？"曰："谓之静则可，然静中须有物始得。这里便是难处。学者莫若且先理会⑫得敬，能敬则知此矣。"或曰："敬何以用功？"曰："莫若主一。"季明曰："晌尝患思虑不定，或思一事未了，他事如麻又生，如何？"曰："不可，此不诚之本也。须是习，习能专一时便好。不拘思虑与应事，皆要求一。"（《二程遗书》卷十八《刘元承手编》）

◎ **注释** ①〔苏季明〕名昞，字季明，武功（今属陕西）人。初学于张载而卒业于二程。自布衣召为太常博士，后以上书讦邪党遭贬。参看《伊洛渊源录》卷九、《宋史》卷四二八、《宋元学案》卷三十一。②〔喜怒哀乐未发〕语出《中庸》。③〔中〕至平至正、不偏不倚。④〔吕学士〕即吕大临，字与叔，初学于张载，后学于二程。见卷二第五十七条注③。⑤〔勉强裁抑〕勉力裁抑过与不及的喜怒哀乐之情，使之达到中节而和的状态。⑥〔谓之无物则不可〕朱熹谓："'无物'字恐当作'有物'字。"⑦〔复其见天地之心〕语出《周易·复卦·象传》。复卦的卦体是五阴一阳，一阳居于下，阳为生意，从这一阳可以看出天地生物之心。⑧〔至静能见天地之心〕语出王弼（226—249）《周易注》。⑨〔释氏多言定〕佛教有"戒、定、慧"三学。⑩〔为人君止于仁，为人臣止于敬〕语出《大学》。⑪〔止其所〕止于它应在的处所，语出《周易·艮卦·象传》。⑫〔理会〕持守。

◎ **大意** 苏昞问："在喜怒哀乐未发之前去求中，可以吗？"程颐说："不可。既然考虑着在喜怒哀乐未发之前去寻求，就是已动思虑。既然已动思虑就是已发（本注：思虑与喜怒哀乐一样都是情），所以只要思虑发动就只能称作和，而不能再称作'中'了。"苏昞又问："吕大临曾说应该在喜怒哀乐未发之前去求中，他这种看法如何？"程颐说："如果说在喜怒哀乐未发之前进行存养则可，若说在喜怒哀乐未发之前去求得中则不可。"又问："学者在喜怒哀乐表现出来时，自然应该勉力裁抑那些不中的想法，那么，应该如何在未发之前用功呢？"程颐说："在喜怒哀乐未发之前，又怎么能去求中呢？只不过平日涵养其心就是了。涵养得久了，到喜怒哀乐表现出来时就自然中节合度。"问："当处于中而未发的时候，是不是耳朵听不见声音、眼睛看不见东西？"程颐说："虽然耳朵听不见声音，眼睛看不见东西，但看与听之理应存在心中。你且说说静的时候你的心是怎么样的？"苏昞说："要说心中无物是不对的，但它具有知觉指向。"程颐说："既然说存在知觉指向，那就是动，怎么可以说成是静呢？人们说'从复卦可以看到天地之心'这句话时，都认为在至静的时候能见天地之心，这不对。复卦下边那一阳爻，就是一阳动了，怎么能说是静呢？"有人说："莫非要在动中求静？"程颐说："固然是这样，但这是最难的。佛教不说'静'而多说'定'，圣人就说'止'，如《大学》上说'为人君止于仁，为人臣止于敬'之类便是。《周易》的艮卦解释'止'的含义说：'艮其止，止于它应在的处所。'人往往不能止于当止，因为人心中万物皆备，遇到事情时各人都会在自己心中偏重的方面轮番超出应有的界限。才把某事看得重，就必然会在这件事上表现出来。如若能按事物的当然之则对待事物，自然就无所谓偏重了。"有人说："先生对于喜怒哀乐未发之前的认识，是动呢，还是静呢？"程颐说："说是静是可以的，但静中需要有物才行。这里就是难把握、难用功处。学者不如先去领会"敬"，心有诚敬之意也就明白了动中求静和静中有物了。"有人说："敬怎么去用功呢？"程颐说："最重要的是主一。"苏昞说："我常常为思虑不定担心，有时考虑一个事还没完，别的事又像乱麻一样丛生，怎么办呢？"程颐说："这样不行，这是心不诚的根本原因。你应该积极行动，养成了专一的习惯就好了。总之，无论是思考还是行动，都应该做到专一。"

4.53 人于梦寐间，亦可以卜自家所学之浅深。如梦寐颠倒，即是心志不定，操存不固。（《二程遗书》卷十八《刘元承手编》）

◎ **大意** 人在梦寐中，也可以检验自己学道的深浅。如果梦寐颠倒，就说明心志不定，操守存养还不稳固。

4.54 问："人心所系著之事①果善，夜梦见之，莫不害否？"曰："虽是善事，心亦是动。凡事有朕兆②入梦者却无害，舍此皆是妄动。人心须要定，使他思时方思乃是。今人都由心。"曰："心谁使之？"曰："以心使心③则可。人心自由，便放去也。"

（《二程遗书》卷十八《刘元承手编》）

◎ **注释** ①〔人心所系著之事〕人可以把心系于某一事上，从而免除内心的思虑烦扰。②〔朕兆〕预兆，征兆。③〔以心使心〕陆淳认为："上心字是道心，下心字是人心。以心使心，则是道心为一身之主，而人心听命也。"

◎ **大意** 有人问："人心系于物，而所系之事如果是善的，夜里梦到此事，也许没有什么危害吧？"程颐说："纵然是一件善事，心也是动了。凡事有预兆而入梦的没有害处，其他的各种梦都是心思妄动。人心应该安定，要它思考时才思考，这才是正确的。今天的人却都听由自己的心去乱想。"又问："心不由心，心是由谁驱使呢？"程颐说："以心来驱使心就可以了。人听由心自行思考，就是自己把本心抛弃了。"

4.55 "持其志，无暴其气①"，内外交相养也。

（《二程遗书》卷十八《刘元承手编》）

◎ **注释** ①〔持其志，无暴其气〕出自《孟子·公孙丑上》。持，持守。暴，妄动。

◎ **大意** "要持守你的心志，不要妄动意气"，内外两方面互相涵养。

4.56 问："'出辞气①'，莫是于言语上用工夫否？"曰："须是养乎中，自然言语顺理。若是慎

言语，不妄发，此却可著力。"（《二程遗书》卷十八《刘元承手编》）

◎ 注释　①〔出辞气〕说话时多考虑言辞与语气。语出《论语·泰伯》。

◎ 大意　有人问："曾子说的'出辞气'，莫非是说在言语上下功夫吗？程颐回答说："应该是以'中'的标准养护身心，这样，言语自然顺理。如果慎于言语，不妄发言，这却是可以称得上言语上用功的。"

4.57 先生谓绎①曰："吾受气甚薄，三十而浸②盛，四十、五十而后完。今生七十二年矣，校其筋骨，于盛年无损也。"绎曰："先生岂以受气之薄，而厚为保生邪？"夫子默然，曰："吾以忘生徇欲为深耻。"（《二程遗书》卷二十一上《师说》）

◎ 注释　①〔绎〕张绎，程颐弟子，见卷二第七十三条注①。②〔浸〕逐渐。

◎ 大意　程颐对张绎说："我先天禀气非常浅薄，三十岁时才渐至气血强盛，到四五十岁才完满。如今我已七十二岁，筋骨依然如同盛年时一样强健。"张绎说："先生莫不是因为先天禀气薄，才注重养生吗？"程颐沉默了一会，然后说："我以忘却生命本真价值而一味纵欲为最大的耻辱。"

4.58 大率①把捉不定，皆是不仁。（《二程外书》卷一《朱公掞录拾遗》）

◎ 注释　①〔大率〕大概。

◎ 大意　大致说来，人心绪不宁，执持不定，都是不仁的表现。

4.59 伊川先生曰：致知在所养，养知莫过于"寡欲"二字①。(《二程外书》卷二《朱公掞问学拾遗》)

◎ **注释** ①〔养知莫过于"寡欲"二字〕《孟子·尽心下》："养心莫善于寡欲。"致知之知为知，养知之知为智。

◎ **大意** 程颐说：推求良知天性的关键在于存养，而存养没有比寡欲二字更重要的了。

4.60 心定者其言重以舒①，不定者其言轻以疾。(《二程外书》卷十一《时氏本拾遗》)

◎ **注释** ①〔其言重以舒〕说话审慎而舒缓。

◎ **大意** 心定的人说话慎重而从容，心不定的人说话轻率而急迫。

4.61 明道先生曰：人有四百四病①，皆不由自家，则是心须教由自家。(《二程外书》卷十二《传闻杂记》)

◎ **注释** ①〔四百四病〕佛家以地、水、火、风四大为身，常相侵害。一大不调，就有一百〇一病，四大不调，共有四百〇四病。其中水、风之二百〇二病为冷病，地、火之二百〇二病为热病。也有人解释为：人有五脏，各有八十一病，除去一死，余四百〇四病。

◎ **大意** 程颢说：人有四百〇四种病，都由不得自己，但是必须让心由得自己。

4.62 谢显道①从明道先生于扶沟②。明道一日谓之曰：尔辈在此相从，只是学颢言语，故其学心口不相应，盍若行之③？请问焉。曰：且静坐。伊川每见人静坐，便叹其善学。(《二程外书》卷十二《传闻杂记》)

◎ **注释** ①〔谢显道〕谢良佐，二程门人，见卷一第三十七条注①。②〔扶沟〕县名，今属河南省。宋神宗元年（1078年）至三年（1080年）程颢曾知扶沟县。③〔行之〕践行。

◎ **大意** 谢显道在扶沟跟随程颢学习。一天，程颢对谢显道说：你们在这里追随我，只学到了我的言语，因此你们的学问表里不一，何不直接在实践上下功夫？谢显道说：请问应该怎么做呢？程颢说：应该静坐。程颐只要看见有人静坐，就赞叹此人善于学习。

4.63 横渠先生曰：始学之要，当知"三月不违"与"日月至焉"①，内外宾主之辨，使心意勉勉循循而不能已，过此几非在我者②。(张载《横渠文集》)

◎ **注释** ①〔"三月不违"与"日月至焉"〕孔子赞颜回之心能够三月不违仁，语出《论语·雍也》。②〔非在我者〕追求仁德到了一种欲罢不能的境界。

◎ **大意** 张载说：治学之始，关键在于明白"长期不违背仁"与"偶尔记起仁"的人内外宾主的不同。使自己的心意勤勉不辍，循序渐进而不停止，之后就可以进入欲罢不能的境界。

4.64 心清时少，乱时常多。其清时视明听聪，四体不待羁束而自然恭谨。其乱时反是，如此何也？盖用心未熟①，客虑多而常心少也，习俗之心未去，而实心未完也。人又要得刚，太柔则入于不立。亦有人生无喜怒者，则又要得刚，刚则守得定不回，进道勇敢。载则比他人自是勇处多。（张载《经学理窟·学大原下》《横渠语录·拾遗》）

◎ **注释** ①〔用心未熟〕本心未修养到私欲净尽的程度。

◎ **大意** 人心清静的时候少，浊乱的时候多。人心清静，自然眼明耳聪，言行举止无须约束就自然恭谨。人心浊乱，情况正好相反，这是为什么呢？原因在于：涵养其心还未成熟，纷乱的杂念太多，缺少恒常心。习俗之心不去除，真实的本心就容易被掩盖。做人要刚毅，过分柔弱就难以挺立。又有人主张无喜无乐，这样的人需要刚毅的品质，因为刚毅就可以坚定不移，增进道德修养时就可以勇猛敢为。我张载没有什么特别的地方，只是比别人更加勇敢罢了。

4.65 戏谑①不惟害事，志亦为气所流。不戏谑亦是持气之一端。（张载《经学理窟·学大原上》）

◎ **注释** ①〔戏谑〕开玩笑。

◎ **大意** 张载说：开玩笑不仅会坏事，还会使人的志向受到轻浮之气的影响。不开玩笑，也是守持志向的一个方面。

4.66 正心之始，当以己心为严师。凡所动作，则知所惧。如此一二年守得牢固，则自然心正矣。（张载《经学理窟·学大原上》）

◎ **大意** 人在正心之初，就应以自己的本心为严师。凡要有动作时，就知道哪些是应该戒惧的。如此坚持一二年，守持得牢固，心自然就正了。

4.67 定然后始有光明，若常移易不定，何求光明？《易》大抵以艮为止，止乃光明①。故《大学》定而至于能虑②，人心多③则无由光明。（张载《横渠易说·大畜传》）

◎ **注释** ①〔止乃光明〕语出《周易·艮卦·象传》。②〔定而至于能虑〕语本《大学》："知止而后有定，定而后能静，静而后能安，安而后能虑，虑而后能得。"③〔心多〕内心紊乱无序。

◎ **大意** 内心定止之后才能光明，如若人常处于摇摆不定的状态，心灵怎么能达到通明呢？《易经》大抵把艮解释为"止"，"止"就是光明。所以《礼记·大学》说："心定才能心静，心静才能心安，心安才能思考。"内心紊乱无序，就无法通达光明。

4.68 "动静不失其时，其道光明①。"学者必时其动静，则其道乃不蔽昧而明白。今人从学之久，不见进长，正以莫识动静，见他人扰扰，非关己事，而所修亦废。由圣学观之，冥冥

悠悠，以是终身，谓之光明可乎？（张载《横渠易说·艮传》）

◎ **注释** ①〔动静不失其时，其道光明〕语出《周易·艮卦·象传》。

◎ **大意** "动静行止不失其宜，前途就光明。"为学一定要顺应时宜，把握自己的动静，这样他的道才能明白而不至于蔽塞。现在的人治学很久也不见长进，正是由于不懂动静行止之道。看见别人忙乱不堪，本来与自己无关，自己也跟着动起来，结果自己所进修的道也荒废了。用圣人之学来看这些人，昏昧庸碌地过此一生，难道可以说是光明的吗？

4.69 敦笃虚静者，仁之本。不轻妄，则是敦厚也；无所系阂①昏塞，则是虚静也。此难以顿悟，苟知之，须久于道实体之，方知其味。夫仁亦在乎熟之而已②。（张载《近思录拾遗·孟子说》）

◎ **注释** ①〔系阂〕隔阂。②〔夫仁亦在乎熟之而已〕语出《孟子·告子上》。这里意在强调道德修养中存养工夫的重要性。

◎ **大意** 敦厚虚静是仁的根本。言行不轻妄就是敦厚，内心没有隔阂、闭塞就是虚静。这个很难一下子领悟。如果要明白这一道理，还需对道进行长期的切实体验，才能了解其中的意味。仁也不过在于通过内心存养使之纯熟罢了。

◎ **思考辨析题**

1. 理学家主要论达了哪些涵养工夫？
2. 请谈谈对宋儒"内外交相养"之法的理解。
3. 如何才能做到"敬以直内，义以方外"？

卷五　克　治

　　此卷共41条，讨论将所学之理涵养深厚后应如何付诸实践，这也是修身的内容。力行关键在于克己复礼、改过迁善，使自己的言行举止皆符合德义的标准。同时应克制自己的欲望，存养本善之心，培养浩然之气。这种持心守正的功夫，对于治学及为人处世，都有着重大的参考价值。

5.1 濂溪先生曰：君子乾乾不息于诚①，然必惩忿窒欲②、迁善改过③而后至。乾之用，其善是，《损》《益》之大，莫是过。圣人之旨深哉！"吉凶悔吝生乎动④。"噫！吉一而已，动可不慎乎？

（周敦颐《周子通书·乾损益动》）

◎ **注释** ①〔君子乾乾不息于诚〕语本《周易·乾卦·文言传》："君子终日乾乾，夕惕若厉，无咎。"又《中庸》："故至诚不息。"乾乾，勤勉努力。②〔惩忿窒欲〕语出《周易·损卦·象传》。惩，惩戒。忿，怒。窒，塞。③〔迁善改过〕语本《周易·益卦·象传》："君子以见善则迁，有过则改。"迁善，改恶从善。④〔吉凶悔吝生乎动〕语出《周易·系辞下》。悔吝，悔恨、忧虞。

◎ **大意** 周敦颐说：君子勤勉不息地要达到诚，然而必须通过控制愤怒，杜塞贪欲，一心向善，勇于改过，而后才可以达到诚的境界。乾卦的功用，无非是劝人进善去恶，损卦、益卦的大道理也无过于此。由此可见，圣人的意旨多么深远啊。《周易·系辞》说："吉凶悔吝，产生于自身变动之中。"噫！"吉凶悔吝"四种结果，有利的只有"吉"字而已，难道不应该谨慎地对待行动吗？

5.2 濂溪先生曰：孟子曰："养心莫善于寡欲。"予谓养心不止于寡而存耳。盖寡焉以至于无，无则诚立明通。诚立，贤也；明通，圣也①。（周敦颐《周子全书》卷三《养心亭说》）

◎ **注释** ①〔诚立，贤也；明通，圣也〕朱熹解："诚立则谓实体安固，明通则实用流行。立如三十而立之立，明通则不惑、知命，而向乎耳顺矣。"此处的诚、明，即《中庸》"自诚明，谓之性"之诚、明。

◎ **大意** 周敦颐说：孟子曾说，"修养心性没有比寡欲更好的了"。我则认为修养心性不能仅仅停留在寡欲上来存守善性。不断减少欲望，到了没有私欲的地步，诚实无欺、真实无妄这些圣贤的品质就能确立，光明就能通达于天下。能够立诚，就是贤人；能通达天下事理，就是圣人。

5.3 伊川先生曰：颜渊问克己复礼①之目，夫子曰："非礼勿视，非礼勿听，非礼勿言，非礼勿动。"四者身之用也，由乎中而应乎外，制于外所以养其中也。颜渊"请事②斯语"，所以进于圣人。后之学圣人者，宜服膺而勿失也。因箴③以自警。《视箴》曰："心兮本虚，应物无迹。操之有要，视为之则。蔽交于前，其中则迁。制之于外，以安其内。克己复礼，久而诚矣。"《听箴》曰："人有秉彝，本乎天性。知诱物化④，遂亡其正。卓彼先觉，知止有定。闲邪存诚⑤，非礼勿听。"《言箴》曰："人心之动，因言以宣。发禁躁妄，内斯静专。矧是枢机⑥，兴戎出好⑦。吉凶荣辱，惟其所召。伤易则诞，伤烦则支。己肆物忤，出悖来违。非法不道，钦哉训辞。"《动箴》曰："哲人知几，诚之于思。志士厉行，守之于为。顺理则裕，从欲惟危。造次

克念，战兢自持。习与性成⑧，圣贤同归。"（《二程文集》卷八《四箴》）

◎ **注释** ①〔克己复礼〕指战胜或消除自己的私欲，约束自己，使言行都合乎礼。语出《论语·颜渊》。②〔事〕从事，实践。③〔箴〕一种文体，用以规劝告诫。④〔知诱物化〕语出《礼记·乐记》。知诱，感知外物的诱惑；物化，人在物欲的引诱下，为物所化，失去固有的本来善性。⑤〔闲邪存诚〕防闲邪僻，存其真诚。语出《周易·乾卦·文言传》。⑥〔矧是枢机〕何况言语是做人的关键呢。语出《周易·系辞上》。矧，亦，况且。枢，门枢；机，弩牙。枢机，在此引申为关键之意。⑦〔兴戎出好〕指人张口既能说出美好的言辞，也能引起战争。语出《尚书·大禹谟》。⑧〔习与性成〕原文指习行不义，将成其恶性。程颐借以言习行善事，则将成其善性。语出《尚书·太甲上》。

◎ **大意** 程颐说：颜渊问克己复礼的具体内容，孔子说："非礼勿视，非礼勿听，非礼勿言，非礼勿动。"视、听、言、动四者是人身体器官的功能，它们由内在本心支配而与外在事物相感应，而约束视听言语这些外在行为又是涵养本心的方法。颜渊努力践行孔子的话，所以他德行增进，几乎成为圣人。后代学圣人的人，也应该将此牢记心中而不忘。所以我作了四箴来警诫自己。《视箴》说："心体本虚，感应万物，若无迹象。要使人的行为有根据，首先就要确立"视"的标准。物欲交相蔽塞于眼前，人心就会随物迁移而失其根本。制约了外在的目力，做到非礼不视，这样就可以安定内心。做到克己复礼，时间久了就能使心诚。"《听箴》说："人禀受的美好德性，都源于上天。但人受外界诱惑，不自觉地被外在现象同化，由此就失去了纯正的德性。那些卓然独立的先觉圣人，心有主宰不为物欲引诱而妄动；我们要约束邪念，守持心中之"诚"，真正做到非礼勿听。"《言箴》说："人内在的心理活动通过语言表现出来，因此说话必须禁绝轻躁与狂妄，以保持内心静定而专一。何况言语乃是做人的关键，它能带来纷乱，也可以带来和谐。自身的吉凶荣辱，都是由语言引起的。说话轻率则放诞无理，说话絮烦则支离不实；说话放肆，必然会冲撞别人，说话悖于常理，别人必然会反对。不符合礼法的不说，圣贤的训辞多么令人敬佩啊。"《动箴》说："有智慧的人能洞见事物之苗头征兆，在内心思虑刚动时就能做到心怀坦诚。有志之士勉力行事，在做事的时候能守之以正。顺理做事就能安定从容，任从自己的私欲做事就会危险无比。匆忙时能够念善，战战兢兢地守持善行。习行善事，修养成德也就同圣人一样了。"

5.4 《复》之初九曰："不远复，无祗悔，元吉①。"《传》曰：阳，君子之道，故复为反善之义。初，复之最先者也，是不远而复也。失而后有复，不失则何复之有？惟失之不远而复，则不至于悔，大善而吉也。颜子无形显之过，夫子谓其庶几乃"无祗悔"也。过既未形而改，何悔之有？既未能不勉而中，所欲不逾矩②，是有过也。然其明而刚，故一有不善，未尝不知；既知，未尝不遽改，故不至于悔，乃"不远复"也。学问之道无他也，惟其知不善，则速改以从善而已。（《程氏易传·复传》）

◎ **注释** ①〔不远复，无祗悔，元吉〕"不远复"是说走不多远就回来，"无祗悔"是说不至于后悔。祗，大的。②〔所欲不逾矩〕语出《论语·为政》："七十而从心所欲不逾矩。"

◎ **大意** 《周易·复卦》的初九爻辞说："走得不远就回来，没有大的悔恨，大吉。"程颐解释说：复卦初九这一阳爻，阳是代表君子之道，所以这复就是返回善道的意思。它是初爻，是阳之复生在最前的，是走得不远就回来了。世上的事必先有失然后有复，不失去哪里有复？只因为失去不远就回头，就不至于有悔恨，所以才能大吉大利。颜回没有明显的过失，孔子说他道德修养已经差不多了，就是因为"没有大的悔恨"。过错既然还没有形成就改正了，会有什么悔恨呢？但既然还未能做到"从容不迫地达到中正之道"，还未能像孔子说的那样"从心所欲而不逾越规矩",那他还是有过错。不过他能明白事理,刚正果决,所以一有不善,没有不能发现的;一经发现,没有不立即改正的,这样就不至于有悔恨,也就是"走得不远就回来"啊。学问之道没有别的,只不过是知道自己有不善就迅速改正,向善从善而已。

5.5　《晋》之上九:"晋其角,维用伐邑,厉吉,无咎,贞吝①。"《传》曰:人之自治,刚极则守道愈固,进极则迁善愈速。如上九者,以之自治,则虽伤于厉而吉且无咎也。严厉非安和②之道,而于自治则有功也。虽自治有功,然非中和之德,所以贞正之道为可吝也。(《程氏易传·晋传》)

◎ **注释**　①〔晋其角,维用伐邑,厉吉,无咎,贞吝〕晋,进。厉,严厉。吝,难。②〔安和〕安定和平。

◎ **大意**　《周易·晋卦》上九爻辞说:"这一爻处于晋的极点而为刚,宛如高居兽角的尖端,还可以征讨叛乱的属邑,这是先危而后吉的无咎。但于正道仍是可羞吝的。"程颐解释说:人的自我修治,愈刚正则持道愈稳固,愈积极奋进则从善愈迅速。像上九这一爻,用这种精神自我修治,虽然过分严厉,但还是无害的。严厉与安定中和之道不符,但用于自修则有功效。虽然严厉对于自我约束有作用,但终究不是中和之德。所以,就正道来说仍是可羞吝的。

5.6　损者,损过而就中,损浮末而就本实①也。天下之害,无不由末之胜也。峻宇雕墙②,本于宫室;酒池肉林③,本于饮食;淫酷残忍,本于刑罚;穷兵黩武,本于征讨。凡人欲之过者,皆本于奉养④。其流之远，则为害矣。先王制其本者，天理也；后人流于末者，人欲也。《损》之义，损人欲以复天理而已。（《程氏易传·损传》）

◎ **注释** ①〔损浮末而就本实〕末与本相对，"浮末"是指虚浮而轻巧之事，"本实"是指本原实在之事。②〔峻宇雕墙〕高大的屋宇和彩绘的墙壁。语出《尚书·五子之歌》。③〔酒池肉林〕传说商纣王以酒为池，以肉为林，为长夜之饮。见《史记·殷本纪》。④〔奉养〕侍奉赡养。

◎ **大意** 程颐说：损卦的基本含义，就是减损过分而趋向中正，减少虚浮的末流以接近本原实在之事。天下有危害的事，都是由于末流过胜。高峻的宫宇和雕饰的墙壁，本源于遮风挡雨的房屋；以酒为池，以肉为林的豪奢生活，本源于免人饥渴的饮食；淫刑酷虐的残民之政，本于收其威的刑罚；穷兵黩武，本于对叛逆的征讨。大凡欲望过度的人，都是本于正常的奉养。它的流变离根本远了，就会变为危害。先王创立根本制度时，本于天理；后人流于虚浮，就出现违逆天理的人欲了。损卦的基本指向，即是减少人欲以恢复天理。

5.7 《夬》之九五曰："苋陆夬夬①，中行无咎。"《象》曰："中行无咎，中未光也②。"传曰：夫人心正意诚，乃能极中正之道，而充实光辉。若心有所比，以义之不可而决之，虽行于外，不失其中正之义，可以无咎，然于中道未得为光大也。盖人心一有所欲，则离道矣。夫子于此，示人之意深矣。（《程氏易传·夬传》）

◎ **注释** ①〔苋陆夬夬〕张伯行解："苋陆，今马齿苋，感阴气之多者。

夬夬，决而又决也。夬卦之卦体，下乾上兑，五阳决一阴，而九五又以刚居刚，为夬之主，必不系累于阴柔者。但与上六切近，如苋陆得阴气之多，恐不能无所比，虽迫于众阳之合力，且已有阳刚中正之德，必能决而决之，不失中行之道，可以无咎。"②〔中行无咎，中未光也〕语出夬卦《象传》。张伯行解："而《象》谓'中未光'者，程子释其意，以为人必心正无私昵，意诚无勉强，乃能极大中至正之道，充实于内而光辉于外。今九五比于上爻，狎习亲昵，心未必正，特以迫于义之不可而勉强决去之，则其意亦非尽出于诚。虽所行中正有无咎之道，然胜人之邪者，必先自胜其邪。邪念一分未尽，天理一分未光，何也？人有所欲则离道矣。"中正之行可以无咎，但中正之行因为并非尽出于其诚，所以仅得无咎。

◎ **大意**

夬卦九五爻辞说："马齿苋刚毅果断，中道而行，没有咎害。"《象传》说："虽然中道而行无害，但内心不算光明。"《传》曰：人做到了心正意诚，才能行于至中至正之道，内心德行充实而光辉显扬于外。如果心中与不善者有所比照，只是由于大义不允许而与之决断，那么尽管外在行为不失其中正之义，可以没有妨害，但就其中道说不能算是光辉广大的。因为人心一旦被私欲蒙蔽，就偏离了道。所以孔夫子在这里告诉大家的道理发人深省呀。

5.8 方说而止①，节之义也。（《程氏易传·节传》）

◎ **注释** ①〔方说而止〕面对喜好的东西而能节制私欲。说，悦。

◎ **大意** 面对喜好的东西而能节制私欲，这是节卦的意义呀。

5.9 《节》之九二，不正之节也①。以刚中正为节，如"惩忿窒欲②"，损过抑有余是也。不正之节，如啬节于用，懦节于行是也。（《程氏易传·节传》）

◎ **注释** ①〔《节》之九二，不正之节也〕节卦兑下坎上，九二是阳爻居阴位，所以不正。②〔惩忿窒欲〕惩除愤怒，窒塞私欲。语出《周易·损卦》，见卷五第一条注②。

◎ **大意** 节卦的九二爻，是不当节制的时候而节制。符合刚健中正之道的节制，是像制止愤怒、控制贪欲那样减损过分的部分，抑制盈余的部分。不符合正道的节制，像吝啬地节省用度，懦弱的节制行为便是。

5.10 人而无克、伐、怨、欲①，惟仁者能之。有之而能制其情不行焉，斯亦难能也，谓之仁则未可也。此原宪②之问，夫子答以知其为难，而不知其为仁。此圣人开示之深也。（《程氏经说·论语解》）

◎ **注释** ①〔人而无克、伐、怨、欲〕语出《论语·宪问》。②〔原宪〕亦称原思，字子思，孔子门人。孔子死后，隐居卫国。

◎ **大意** 程颐说：只有仁者没有好胜、自夸、怨恨、贪欲四种毛病。如果有这四种毛病却能抑制它们，不在行为上表现出来，也是很难能可贵的。但即使达到这样的程度，也不能说这个人就达到了仁的境界。这是原宪的提问，孔子回答他说能够克制以上四种毛病是难能可贵的，但若说他是仁人，我不同意。由此可见，圣人给我们的启示是多么深远啊。

5.11 明道先生曰：义理与客气①常相胜，只看消长分数多少，为君子小人之别。义理所得渐多，则自然知得客气消散得渐少，消尽者是大贤。（《二程遗书》卷一《端伯传师说》）

◎ **注释** ①〔客气〕本中医用语，指侵害人体的邪气，理学家把"客气"视为私欲，如客之外来，茅星来《近思录集注》卷五解作"客气者，血气也，以其非心性之本然，故曰客气"。

◎ **大意** 程颢说：义理与私欲常常互争高下，只要看一看彼此消长的数量，就能判定君子小人之别。义理积累渐多，自然私欲就会逐渐减少消散，私欲全部消尽的人，就是大贤人。

5.12 或谓：人莫不知和柔宽缓，然临事则反至于暴厉①。曰：只是志不胜气，气反动其心②也。

（《二程遗书》卷十七）

◎ **注释** ①〔暴厉〕凶暴乖戾。②〔气反动其心〕语出《孟子·公孙丑上》。

◎ **大意** 有人说：人都知道应该平和、温柔、宽厚、从容，但一遇到事情却不由地变得暴躁尖厉。程颢说：这是因为意志不能战胜形气，形气反而动摇了心志。

5.13 人不能祛思虑，只是吝。吝，故无浩然之气①。（《二程遗书》卷十五《入关语录》）

◎ **注释** ①〔吝，故无浩然之气〕吝，小气。"浩然之气"指人们在道德意识的支配下所产生的正大刚直的精神。语出《孟子·公孙丑上》。

◎ **大意** 程颢说：人之所以不能祛除种种杂念，只是因为有私意。有私意，当然无浩然之气可言。

5.14 治怒为难，治惧亦难。克己可以治怒，明理可以治惧。（《二程遗书》卷一《端伯传师说》）

◎ **大意** 消除愤怒很难，消除恐惧也很难。克除私念可以消除愤怒，明晓事理可以消除恐惧。

5.16 尧夫①解"他山之石，可以攻玉②"：玉者温润之物，若将两块玉来相磨，必磨不成，须是得他个粗砺底物，方磨得出。譬如君子与小人处，为小人侵陵，则修省畏避，动心忍性，增益预防③，如此便道理出来。（《二程遗书》卷二上《元丰己未吕与叔东见二先生语》）

◎ **注释** ①〔尧夫〕即邵雍（1011—1077），字尧夫，谥康节。北宋哲学家，与《近思录》四先生并称为北宋五子。幼年随父迁共城（今河南辉县），后居河南洛阳，与司马光等从游甚密。著《皇极经世书》《伊川击壤集》《渔樵问答》等。学说见《宋元学案》卷九、卷十。②〔他山之石，可以攻玉〕别处山上的石头可以磨玉，使之更加晶莹。语出《诗经·小雅·鹤鸣》。攻，错。③〔动心忍性，增益预防〕语出《孟子·告子下》。动，震动。忍，通"韧"。此又见《横渠文集》卷四《诗书》，只最后文字略有不同："动心忍性，增益其所不能，如此便道理出来。"大意是：震动其意志，坚韧其性情，提升能力，预防祸患。

◎ **大意** 邵雍解释"他山之石，可以攻玉"这句话说：玉的质地温润，如果拿两块玉彼此相磨，必磨不成，一定要拿一块粗糙的石头来磨，才能把玉磨得光亮晶莹。这就如同君子与小人相处，被小人欺凌，就能修身反省，回避小人，可以触动他的心志，坚韧他的性情，增加他的才能，预防祸患。这样，道理便从君子身上体现出来了。

5.16 目畏尖物，此事不得放过，便与克下。室中率置尖物，须以理胜他，尖必不刺人也，何畏

之有？（《二程遗书》卷二下《附东见录后》）

◎ **大意**　眼睛畏惧尖锐的东西，这种心理不能回避，必须克服它。室内全都放置尖锐之物，明晓其理而战胜畏惧心理。尖锐的东西必定不会主动刺人，又有什么可害怕的呢？

5.17　明道先生曰：责上责下而中自恕己，岂可任职分？（《二程遗书》卷五）

◎ **大意**　程颢说：不是责怪上司，就是责备下属，唯独宽恕自己，这样的人，怎么能够胜任职责，完成任务呢？

5.18　"舍己从人①"，最为难事。己者，我之所有，虽痛舍之，犹惧守己者固而从人者轻也。（《二程遗书》卷九《少日所闻诸师友说》）

◎ **注释**　①〔舍己从人〕语出《尚书·大禹谟》，又见《孟子·公孙丑上》。

◎ **大意**　"抛弃自己不正确的东西而顺从别人正确的意见"，这是最难做到的。"己"是一个人所固有的看法，即使是痛加割舍，也担心坚守自己的看法太牢固，而顺从他人的看法太轻率。

5.19　九德①最好。（《二程遗书》卷七）

◎ **注释**　①〔九德〕九种美好的德行。《尚书·皋陶谟》云，"皋陶曰：都！亦行有九德……宽而栗，柔而立，愿而恭，乱而敬，扰而毅，直而温，简而廉，刚而塞，强而义。"栗，敬谨。愿，谨厚。乱，治。扰，顺。塞，笃实。强，刚强。

◎ **大意** 《尚书·皋陶谟》上所说的九种德行是最好的。

5.20 饥食渴饮，冬裘夏葛①，若致些私吝心在，便是废天职。（《二程遗书》卷六）

◎ **注释** ①〔冬裘夏葛〕裘，毛皮类衣服。葛，以葛为原料制成的衣服。

◎ **大意** 饿了吃饭，渴了喝水，冬天穿毛皮衣，夏天穿单衣，本是人间常理。如果把贪吝之心夹杂其中，追求口腹之欲，就是丧失了天职。

5.21 猎，自谓今无此好。周茂叔曰："何言之易也？但此心潜隐未发，一日萌动，复如前矣。"后十二年因见，果知未也①。（《二程遗书》卷七）

◎ **注释** ①〔后十二年因见，果知未也〕一本注云："明道先生年十六七时好田猎。十二年暮归，在田野间见田猎者，不觉有喜心。"后人用"见猎而喜"或"见猎心喜"说明旧的嗜好未能解除，或者说明旧习难忘。

◎ **大意** 程颢说：我年轻时喜欢打猎，现今自认为已没有这种嗜好。老师周敦颐曾说："你怎么可以如此轻易下结论呢？你的嗜好无非是潜隐下来罢了，一朝心意萌动，又会和过去一样。"十二年后我看见别人打猎，不禁喜上心头，由此可见，见猎而喜之心果然没有根除。

5.22 伊川先生曰：大抵人有身①，便有自私之理，宜其与道难一。（《二程遗书》卷三《谢显道记忆平日语》）

◎ **注释** ①〔有身〕在此指形体。原意指未能消除物我之分。语出《老子》。

◎ **大意** 程颐说：大抵人有形体，便有私欲，所以人心就很难与道完全一致。

5.23 罪己责躬不可无，然亦不当长留在心胸为悔。（《二程遗书》卷三《谢显道记忆平日语》）

◎ **大意** 人有过失，应该自责，反躬自省，但也不要一直想着过失，使之滞留心中，悔恨不已。

5.24 所欲不必沉溺，只有所向便是欲。（《二程遗书》卷十五《入关语录》）

◎ **大意** 人有欲求的东西不一定到了沉溺的地步才叫嗜欲，只要心中有这种趋向就是欲。

5.25 明道先生曰：子路①亦百世之师。（本注：人告之以有过则喜②。）（《二程遗书》卷三《拾遗》）

◎ **注释** ①〔子路〕即仲由（前542—前480），又称季路，孔子弟子。鲁国卞（今山东泗水）人。性直爽勇敢，曾为鲁国季氏家臣，后为卫国孔悝的家臣，在卫国内乱中被杀。②〔人告之以有过则喜〕语出《孟子·公孙丑上》。

◎ **大意** 程颢说：子路也是百世之师。（本注：别人指出他的过错，他就高兴。）

5.26 人语言紧急，莫是气不定否？曰：此亦当习，习到言语自然缓时，便是气质变也。学至气质

变，方是有功。(《二程遗书》卷十八《刘元承手编》)

◎ **大意** 人说话急促，莫非是心气不稳定吗？程颢回答说：这就需要练习了，等到说话自然、和缓时，气质便发生了变化。能够通过学习使气质发生变化，才能说学习有了成效。

5.27 问："'不迁怒，不贰过①'，何也？《语录》有怒甲不迁乙之说，是否？"伊川先生曰："是。"曰："若此则甚易，何待颜子而后能？"曰："只被说得粗了，诸君便道易。此莫是最难，须是理会得因何不迁怒。如舜之诛四凶②，怒在四凶，舜何与焉？盖因是人有可怒之事而怒之，圣人之心本无怒也。譬如明镜，好物来时便见是好，恶物来时便见是恶，镜何尝有好恶也？世之人固有怒于室而色于市③，且如怒一人，对那人说话能无怒色否？有能怒一人而不怒别人者，能忍得如此，已是煞知义理。若圣人因物而未尝有怒，此莫是甚难。君子役物，小人役于物。今见可喜可怒之事，自家著一分陪奉他，此亦劳矣。圣人之心如止水。(《二程遗书》卷十八《刘元承手编》)

◎ **注释** ①〔不迁怒，不贰过〕孔子称赞颜回语，见卷二第一条注④。②〔四凶〕指舜所流放的四族首领共工、驩兜、三苗和鲧，见卷四第二十七条注②。③〔怒于室而色于市〕在家里生了气却到闹市上给别人脸色看。语出《左传·昭公十九年》，又见《战国策·韩策》。

◎ **大意** 有人问："'不迁怒，不贰过'应该怎样理解？《语录》上把'不迁怒'解释为对甲生气，不拿乙出气，这样解释对还是不对呢？"程颐说："对。"又问："如果这样解释是对的，那么'不迁怒'很容易做到，哪里非要颜回这样的人才能做到呢？"程颐说："《语录》上的解释比较粗浅，大家便认为简单，其实是最难做到的，诸位应该仔细体会颜回因为什么不迁怒。例如，舜剪除共工、驩兜、三苗、鲧四位罪人，怒的根源在四凶，和舜有什么关系？舜无非是因为存在可怒之事才感到愤怒，圣人心中本无愤怒。就如同明镜一样，美好的东西照出来就美好，丑恶的东西照出来就丑恶，镜子何尝有好恶之心呢？世人固有因为在家里生气而到市场上给人脸色看的，更何况对一个人生气，与他说话时能做到脸无怒色吗？对一个人生气，却不迁怒于他人，能在他人面前控制自己，这样的人，大概可以算知晓义理了。至于说圣人因物之可怒而怒而自心无怒，这是最难做到的。君子役使外物，小人被外物役使。每当看到可喜或可怒的事情，就忍不住要把自己的情感掺杂进去，这样就太劳累了。圣人完全不是这样，圣人之心无比宁静，湛然犹如止水一般。"

5.28 人之视最先，非礼而视，则所谓开目便错了。次听、次言、次动，有先后之序。人能克己，则心广体胖①，仰不愧，俯不怍②，其乐可知。有息则馁③矣。（《二程外书》卷三《陈氏本拾遗》）

◎ **注释** ①〔心广体胖〕心胸开阔，身体舒泰。语出《大学》。②〔仰不愧，俯不怍〕孟子所说君子有三乐之中第二乐。语出《孟子·尽心上》。怍，惭愧。③〔馁〕本来指饥饿，这里借指气欠而不足。

◎ **大意** 视、听、言、动四者中，首先表现出来的是"视"。如果不符合礼的事也要看，那么一看就已经错了。接着的是听、言、动，有着先后顺序。人只有能克制自己的私欲，才能胸襟宽广，体貌安详，仰不愧于天，俯不愧于人，其欢乐可想而知。这乐一中断，人的中气就不足了。

5.29 圣人责己感①也处多，责人应也处少。(《二程外书》卷七《胡氏本拾遗》)

◎ **注释** ①〔感〕人己之间，有感有应，先有感后有应，两者构成因果关系。

◎ **大意** 圣人要求自己感发别人的地方多，要求他人回应自己的地方少。

5.30 谢子①与伊川别一年，往见之。伊川曰："相别一年，做得甚工夫？"谢曰："也只去个'矜②'字。"曰："何故？"曰："子细③检点得来，病痛尽在这里。若按伏得这个罪过，方有向进处。"伊川点头，因语在坐同志者曰："此人为学，切问近思④者也。"(《二程外书》卷十二《传闻杂记》)

◎ **注释** ①〔谢子〕即谢良佐，见卷一第三十七条注①。②〔矜〕自尊自大，自我夸耀。③〔子细〕仔细。④〔切问近思〕语出《论语·子张》。

◎ **大意** 谢显道与程颐分别一年后，去拜见程颐。程颐问："相别一年来，你学问上的工夫做得如何？"谢显道说："只是戒除了骄矜。"程颐问："为什么呢？"谢显道说："我仔细反省检讨自己，发现一切毛病的根源都是骄矜，只有克服这一毛病，学问才能不断进步。"程颐点头表示赞同，并对在座的同道们说："这人为学，能恳切地发问并就眼前的问题思考呀。"

5.31 思叔①诟詈②仆夫，伊川曰："何不动心忍性？"思叔惭谢。（《二程外书》卷十二《传闻杂记》）

◎ **注释** ①〔思叔〕张思叔，即张绎，二程门人，见卷二第七十三条注①。②〔诟詈〕辱骂。

◎ **大意** 张绎怒骂仆夫，程颐说："你何不就此锻炼自己的心志和性情呢？"张绎听了，感到惭愧并立即认错。

5.32 见贤便思齐①，有为者亦若是②。"见不贤而内自省"，盖莫不在己。（《二程外书》卷二《朱公掞问学拾遗》）

◎ **注释** ①〔见贤便思齐〕语出《论语·里仁》。②〔有为者亦若是〕语出《孟子·滕文公上》。

◎ **大意** 看见贤人，便想要向他看齐，有作为的人也是这样的。"看见不好的人，就反省自身"，因为这些毛病自己都有。

5.33 横渠先生曰：湛一①，气之本；攻取，气之欲。口腹于饮食，鼻舌于臭味，皆攻取之性也。知德者属厌而已②，不以嗜欲累其心，不以小害大、末丧本焉尔。（张载《正蒙·诚明》）

◎ **注释** ①〔湛一〕指太和之气的清净纯一。②〔属厌而已〕适可而止，不贪求。《左传·昭公二十八年》："愿以小人之腹为君子之心，属厌而已。"杜预注："属，足也。言小人之腹饱，犹知厌足，君子之心亦宜然。"

◎ **大意** 张载说：湛然纯一是气的本初状态，攻取外物是气的欲望。口腹对于饮食，鼻舌对于气味和滋味，都有希望获取的本性。有德行的人对于外物，往往会适可而止，不会因嗜好和欲望而牵累其本善之心，不会以小害大，以末害本。

5.34 纤恶必除，善斯成性①矣；察恶未尽，虽善必粗矣。（张载《正蒙·诚明》）

◎ **注释** ①〔成性〕习以性成的意思。

◎ **大意** 再小的恶也务必除尽，善性才能养成；未能尽察自身之恶，即使为善，也是粗而不纯的。

5.35 恶不仁，故不善未尝不知①。徒好仁而不恶不仁②，则习不察、行不著③。是故徒善未必尽义，徒是未必尽仁。好仁而恶不仁，然后尽仁义之道。（张载《正蒙·中正》）

◎ **注释** ①〔不善未尝不知〕语出《周易·系辞下》。②〔好仁而不恶不仁〕语出《论语·里仁》。③〔习不察，行不著〕语出《孟子·尽心上》。

◎ **大意** 张载说：人憎恶不仁，就不会察觉不到不善。如果人只爱好仁，而不憎恶不仁，就不能明察所习之理的正确与谬误，去做却不知道为什么要那样做，所以仅仅是善，不能完全符合义，仅仅是做正确的事，也未必尽仁。只有既爱好仁又憎恶不仁，才可以穷尽仁义之道。

5.36 责己①者，当知无天下国家皆非之理。故学至于"不尤人②"，学之至也。（张载《正蒙·中正》）

◎ **注释** ①〔责己〕督责自身，严格要求自己。②〔不尤人〕语出《论语·宪问》："子曰：'不怨天，不尤人。'"尤，责备。

◎ **大意** 能够严格要求自己的人，只会从自身寻找出现过失的原因，因为他知道没有全天下、整个国家都错的道理。所以学道能达到不责备他人的境界，是学道的最高境界。

5.37 有潜心于道，忽忽为他虑引去者，此气也。旧习缠绕，未能脱洒，毕竟无益，但乐于旧习耳。古人欲得朋友，与琴瑟简编，常使心在于此。惟圣人知朋友之取益为多，故乐得朋友之来①。（张载《近思录拾遗·论语说》）

◎ **注释** ①〔乐得朋友之来〕源于《论语·学而》："有朋自远方来，不亦乐乎？"

◎ **大意** 有的人潜心追求仁道，内心却飘忽不定，时常被种种闲思杂念牵引，这是本心被气牵动了。这种人，旧习缠绕在身，不能洒脱自如，毕竟是无益的，其原因不过是以旧习为乐罢了。古人如果希望得到朋友，以及琴瑟、书册，常常会把自己的心思集中在这上面。只有圣人知道从朋友身上能获得诸多益处，所以乐于有朋友前来。

5.38 矫轻警惰。（张载《经学理窟·气质》）

◎ **大意** 要矫正轻浮的毛病，警诫自己的怠惰之心。

5.39 "仁之难成久矣！人人失其所好①。"盖人人有利欲之心，与学正相背驰，故学者要

寡欲。(张载《经学理窟·学大原上》)

◎ **注释** ①〔仁之难成久矣，人人失其所好〕语出《礼记·表记》。

◎ **大意** "仁德难以成就由来已久！人人都失去了好仁的天性。"这是因为人人有追求利欲之心，而这正与学道相背驰。所以学道的人应该克制私欲。

5.40 君子不必避他人之言，以为太柔太弱。至于瞻视亦有节，视有上下，视高则气高，视下则心柔。故视国君者，不离绅带之中①。学者先须去其客气，其为人刚行，终不肯进。"堂堂乎张也，难与并为仁矣②。"盖目者人之所常用，且心常托之，视之上下。且试之，己之敬傲，必见于视。所以欲下其视者，欲柔其心也。柔其心，则听言敬且信。人之有朋友，不为燕安③，所以辅佐其仁。今之朋友，择其善柔以相与，拍肩执袂以为气合，一言不合，怒气相加。朋友之际，欲其相下不倦，故于朋友之间主其敬者，日相亲与，得效最速。仲尼尝曰："吾见其居于位也，与先生并行也，非求益者，欲速成者④。"则学者先须温柔，温柔则可以进学。《诗》曰："温温恭人，惟德之基⑤。"盖其所益之多。(张载《经学理窟·气质》)

◎ **注释** ①〔视国君者，不离绅带之中〕盖谓视高则近于轻扬，视下则近于柔顺。故礼的规定，面看国君时，视线不离开绅带中线。语出《礼记·曲礼下》。绅带，古代士大夫束在衣服外面的大带。②〔堂堂乎张也，难与并为仁矣〕曾子评价子张的话，语出《论语·子张》。堂堂，盛气凌人的样子。子张（前503—？），春秋时陈国人，姓颛孙，名师，孔子弟子。③〔燕安〕安适逸乐。④〔非求益者，欲速成者〕孔子之语，语出《论语·宪问》。⑤〔温温恭人，惟德之基〕语出《诗经·大雅·抑》。

◎ **大意** 君子持身不必畏避别人的议论，不因为别人认为自己太柔太弱而改变自己的行为。君子的一瞻一视都有节制，视线有高有低，视线高就显得意气高，视线低就显得心柔和。所以礼规定面对面看国君时，视线不离开绅带中线。学者应先去掉形成私欲的邪气。一个人为人刚强，他就到底也不肯折节进道。就像曾子所说，"高大威严的子张，难以和他一起进于仁德"。眼睛是人所常用的，并且内心思想也常常借眼神表达出来。视线的高低可以检验人的内心，自己的谦敬或者倨傲，一定会从眼的视线中表现出来。因此，使自己眼神谦和，是要使自己的内心平和，内心平和了，那听别人说话就恭敬，与他人说话就诚实。人们都有朋友，其作用不是为了在一起舒适安乐，而是互相辅助仁德。现在的人交朋友，都选择那和善温柔的相交，拍着肩膀拉着袖子表示意气相合，一句话说不到一起，就以怒气相加。朋友之间，应该谦敬不倦。所以朋友之间主于敬的，就一天比一天亲密，以友辅德就见效快。孔子曾这样评价阙党童子："我见他坐在不该坐的位置上，和长辈并肩行走，他不是求上进的人，而是急于求成的人。"学者应先做到性情温和柔顺，性情温和柔顺就可以增进学问。《诗经》说："温柔恭敬，是仁德的根基。"这是因为温柔就可受益颇多。

5.41 世学不讲①，男女从幼便骄惰坏了，到长益凶狠。只为未尝为子弟之事，则于其亲②，已有物我，不肯屈下。病根常在，又随所居而长，至死只依旧。为子弟，则不能安洒扫应对；在朋友，则不能下③朋友；有官长，则不能下官长；为宰相，则不能下天下之贤。甚则至于徇私意，义理都丧，也只为病根不去，随所居所接而长。人须一事事消了病，则义理常胜。（张载《经学理窟·学大原上》）

◎ **注释** ①〔世学不讲〕世学，本义为家学，世代相传的学问。此处"世学不讲"，"谓今之世为学之道不讲也"（茅星来）。②〔亲〕父母。③〔下〕敬重。

◎ **大意** 当今之世不讲为学之道，男女从小就骄惰坏了，长大后就更为严重。只因为他们不曾接受过子弟应该做的洒扫、应对、进退的训练，就是对父母也要分个你我，不肯屈身向下。从小养成的骄惰病根，伴随终生，到死仍在。作为子弟，不能做好洒水扫地、应答回话之类的事；与朋友相处，不能恭敬以待；有官长在上，也不肯礼敬；做了宰相，则不能礼遇天下贤士。严重的甚至会徇从自己的私意，义理全都丧尽。这也是因为从小养成的病根没有除去，随着居处和交往的变化而更加骄惰。人应该一件事一件事地消除自己的旧病，那么内心所怀义理就可以战胜骄惰的习气了。

◎ **思考辨析题**

1. 请谈谈对程颐《四箴》的理解。
2. 理学家如何理解"天理"和"人欲"的关系？
3. 如何处理好个人与他人的关系？

卷六　家　道

此卷讨论的是齐家之道。儒家尤为重视家的地位与作用，因为在他们看来，治国平天下，先需齐家，家庭的伦理秩序好了，国家社会才能安定。齐家的核心在于"孝悌"，孝悌是行仁的根本，同时也是匡正伦理秩序的起点。君子齐家应从孝敬父母、友爱兄弟开始。

6.1 伊川先生曰：弟子之职，力有余则学文①。不修其职而学文，非为己之学②也。(《程氏经说·论语解》)

◎ **注释** ①〔力有余则学文〕语出《论语·学而》："行有余力，则以学文。"文，六经等文献典籍。②〔为己之学〕提高自身修养的学问，语出《论语·宪问》。

◎ **大意** 程颐说：履行好为人子弟的责任后，精力有余再去学习文献典籍。没有履行好弟子之职就去学习文献典籍，这不是圣人说的为己之学。

6.2 孟子曰："事亲若曾子可也①。"未尝以曾子之孝为有余也。盖子之身所能为者，皆所当为也。(《程氏易传·师传》)

◎ **注释** ①〔事亲若曾子可也〕《孟子·离娄上》云："曾子养曾皙，必有酒肉。将彻，必请所与。问有余，必曰：'有。'曾皙死，曾元养曾子，必有酒肉。将彻，不请所与。问有余，曰：'亡矣。'将以复进也。此所谓养口体者也。若曾子，则可谓养志也。事亲若曾子者可也。"曾皙，曾子的父亲。彻，撤。所与，送给谁。亡，无。

◎ **大意** 程颢引孟子的话说："侍奉父母像曾子那样就可以了。"孟子并不认为曾子孝顺父母有过分之处。因为凡是作为儿子所能做得到的，都是应该为父母做的。

6.3 "干母之蛊，不可贞①。"子之于母，当以柔巽辅导之，使得于义。不顺而致败蛊，则子之罪也。从容将顺，岂无道乎？若伸己刚阳之道，遽然矫拂②则伤恩，所害大矣，亦安能入乎？在乎屈己下意，巽③顺相承，使之身正事治而已。刚阳之臣事柔弱之君，义亦相近。（《程氏易传·蛊传》）

◎ **注释** ①〔干母之蛊，不可贞〕语出《周易·蛊卦》九二爻辞。干，除去。蛊，毒虫，在此译为事情的弊端。②〔遽然矫拂〕遽然，急躁的样子。急躁地去拂逆母亲意志，矫正其行为。矫拂，拂逆，违背。③〔巽〕卑顺。

◎ **大意** 《周易·蛊卦》说："处理母亲所造成的积弊，要坚定，但不可过分固执。"儿子对于母亲，应当以柔顺来辅助她、开导她，使她能够合于义理之当然。如果因为儿子不顺从柔和而致使事情败坏，那是做儿子的罪过。从容地顺承着去做，难道就不能将母亲交代的事情办好吗？如果为了伸张自己阳刚之道，急切地去矫正母亲的行为，忤逆母亲之意，就会伤害母子之间的感情，害处很大，又怎能让母亲听得进去呢？做儿子的应当做的，在于屈抑自己的心志，柔和温顺地承奉母亲，使她慢慢感悟，最终能够做到立身端正，事情也就办好了。刚阳之臣事奉柔弱之君，也与此相近。

6.4 《蛊》之九三①，以阳处刚而不中②，刚之过也，故小有悔。然在《巽》体，不为无顺。顺，事亲之本也，又居得正③，故无大咎。然有小悔，已非善事亲也。（《程氏易传·蛊传》）

◎ **注释** ①〔《蛊》之九三〕蛊卦九三爻辞："干父之蛊，小有悔，无大咎。"悔，过失。咎，灾祸。②〔以阳处刚而不中〕蛊卦巽下艮上，巽之第三爻（九三）为阳爻，故刚。巽之卦为顺，故柔。刚柔相抵，是以不中。③〔又居得正〕九是阳爻，三是阳位，九三以阳爻居阳位，故得正。

◎ **大意** 《周易·蛊卦》的九三爻，以阳爻处在刚位所以"不中"，过分地刚强了，因此会有小的悔吝。但它处在巽卦卦体之上，不能算是没有柔顺之意。顺，是事亲的根本，它又居于正位，所以没有大害。但有小的过错，已经算不得善于事亲了。

6.5 正伦理①，笃恩义，《家人》之道也。（《程氏易传·家人传》）

◎ **注释** ①〔正伦理〕家人卦的《象辞》说："家人，女正位乎内，男正位乎外，男女正，天地之大义也。家人有严君焉，父母之谓也。父父、子子、兄兄、弟弟、夫夫、妇妇，而家道正，正家而天下定矣。""伦理"是人际关系中应当遵守的行为准则，伦理关系起于家庭父父、子子、夫夫、妇妇，既而推广于社会。

◎ **大意** 摆正伦常关系，笃行亲情恩义，是家人卦所讲的道理。

6.6 人之处家，在骨肉父子之间，大率以情胜礼，以恩夺义。惟刚立之人，则能不以私爱失其正理，故家人卦大要以刚为善①。（《程氏易传·家人传》）

◎ **注释** ①〔家人卦大要以刚为善〕家人卦离下巽上，卦体四阳二阴，阳为刚，所以"大要以刚为善"。

◎ **大意** 人们与家人相处，关键在骨肉父子之间，大多以亲情胜过礼法，因恩情而放弃义理。只有刚毅独立之人，才能不因私爱而失其正理，所以家人卦大致以阳刚为善。

6.7 《家人》上九爻辞，谓治家当有威严①，而夫

子又复戒云，当先严其身也②。威严不先行于己，则人怨而不服。（《程氏易传·家人传》）

◎ **注释** ①〔治家当有威严〕家人卦上九爻辞曰："有孚、威如，终吉。"意为有信用和威严，才能最终吉祥。②〔当先严其身也〕家人卦上九《象传》曰："威如之吉，反身之谓也。"反身，即反求己身，所以说"先严其身"。

◎ **大意** 《周易·家人》上九爻辞说，治家应当有威严，而夫子又进一步告诫说，治家首先应该严格要求自己。自己若不能首先做到威严身正，必然导致家人抱怨，不能让一家人心悦诚服。

6.8 《归妹》九二，守其幽贞①，未失夫妇常正之道。世人以媟狎②为常，故以贞静为变常，不知乃常久之道也。（《程氏易传·归妹传》）

◎ **注释** ①〔守其幽贞〕归妹卦九二爻辞曰："眇能视，利幽人之贞。"九二《象传》曰："利幽人之贞，未变常也。"幽贞，本指隐士的节操，这里指女子幽静贞正的节操。②〔媟狎〕狎昵，轻浮，这里指夫妻间亲昵的关系。媟，通"亵"。

◎ **大意** 《周易·归妹》九二爻辞的含义是：只要恪守幽静贞正之德，就不会丧失夫妇间正常之道。世人认为轻薄不庄是常态，所以认为贞洁宁静有违常道，不知贞静才是维护夫妇常久不易之道。

6.9 世人多慎于择婿，而忽于择妇。其实婿易见，妇难知，所系甚重，岂可忽哉？（《二程遗书》卷一《端伯传师说》）

◎ **大意** 世人对于选择女婿往往很慎重,然而对于选择媳妇却常常流于草率。其实女婿品行容易了解,媳妇的德行难以知晓,并且对家庭关系甚大,岂能忽视?

6.10 人无父母,生日当倍悲痛,更安忍置酒张乐①以为乐?若具庆②者可矣。(《二程遗书》卷六)

◎ **注释** ①〔张乐〕奏乐。②〔具庆〕父母俱在。具,通"俱"。

◎ **大意** 如果父母不在人世了,在自己生日这一天,应该倍加悲痛,怎么还忍心设宴奏乐来取乐呢?如果父母俱在,这样做倒是可以的。

6.11 问:"《行状》①云:'尽性至命,必本于孝弟②。'不识孝弟何以能尽性至命③也?"曰:"后人便将性命别作一般事说了。性命孝弟,只是一统底事,就孝弟中便可尽性至命。如洒扫应对与尽性至命,亦是一统底事,无有本末,无有精粗,却被后来人言性命者别作一般高远说。故举孝弟,是于人切近者言之。然今时非无孝弟之人,而不能尽性至命者,由之而不知也。"

(《二程遗书》卷十八《刘元承手编》)

◎ **注释** ①〔《行状》〕即程颐所撰《明道先生行状》,载《二程文集》卷十一。行状,记述死者生平事迹的文章,又称"行述"。②〔弟〕通"悌"。③〔尽性至命〕充分而彻底地发扬自己的善性,就能体现出天命。语出《周易·说卦》。

◎ **大意** 有人问程颐："您在《明道先生行状》中说：'尽性至命，也就是充分而彻底地发扬自己的善性，必须以孝悌为本'。不知孝悌何以能够尽性至命呢？"程颐说："后人不知性命与孝悌的内在本质联系，因此把性命当作另一回事说了。其实，性命和孝悌只是一体的事，做到了孝悌，就可以尽性至命。例如日常生活中的洒扫应对，与尽性至命本来也是一体的事，两者并无本末、精粗之分，但后世之人却把性命当作高深莫测的理论去说了。因此，这里举孝悌，就是要从人最切近处谈论性命。可是，今天并非没有孝悌之人，然而不能自谓尽性至命，原因就在于他们只是照着这个路子去做，却不明白孝悌与尽性至命本为一体的道理。"

6.12 问："第五伦①视其子之疾与兄子之疾不同，自谓之私②，如何？"曰："不待安寝与不安寝，只不起与十起，便是私也。父子之爱本是公，才著些心做，便是私也。"又问："视己子与兄子有间否？"曰："圣人立法，曰：'兄弟之子犹子也③'，是欲视之犹子也。"又问："天性自有轻重，疑若有间然？"曰："只为今人以私心看了。孔子曰：'父子之道，天性也④。'此只就孝上说，故言父子天性。若君臣、兄弟、宾主、朋友之类，亦岂不是天性？只为今人小看却，不推其本所由来故尔。己之子与兄之子，所争几何？是同出于父者也。只为兄弟异形，故以兄弟为手足。人多以异形故，亲己之子异于兄弟之子，甚不是也。"又问："孔子以公冶长不及南容，故以兄之子妻南容，以己之子妻公冶长⑤，何也？"曰："此亦以己之私心看圣人也。凡人避嫌者，皆内不足也。圣人至公，何更避嫌？凡嫁女，各量其才而求配。或兄之子不甚美，必择其相称者为之配；己之子美，必择其才美者为之配，岂更避嫌耶？若孔子事，或是年不相若，或时有先后，皆不可知。以孔子为避嫌，则大不是。如避嫌事，贤者且不为，况圣人乎？"

（《二程遗书》卷十八《刘元承手编》）

◎ **注释** ①〔第五伦〕复姓第五，名伦，字伯鱼，东汉京兆长陵（今陕西咸阳东北）人，仕至司空，性忠厚，《后汉书》卷七十一有传。②〔自谓之私〕《后汉书》卷七十一记载："或问伦曰：'公有私乎？'对曰：'昔人有与吾千里马者，吾虽不受，每三公有所选举，心不能忘，而亦终不用也。吾兄子常病，一夜十往，退而安寝。吾子有疾，虽不省视而竟夕不眠。若是者，岂可谓无私乎？'"③〔兄弟之子犹子也〕语出《礼记·檀弓上》。④〔父子之道，天性也〕语出《孝经·圣治》。⑤〔以兄之子妻南容，以己之子妻公冶长〕语出《论语·公冶长》。南容，姓南宫，名括，字子容。公冶长，姓公冶，名长，字子长。两人都是孔子弟子。

◎ **大意** 有人问："第五伦对待儿子的病与对待兄长的儿子的病不一样，他自己认为这是有私心的表现，该如何看待呢？"程颐说：用不着说他安寝与不安寝（侄儿生病，十次起床探视，而后退而安寝；儿子生病，虽没有起床看望但彻夜未眠），仅仅是不起与十次探视的不同就已经是有私心了。父子之爱本出于公心，只要稍微着意表现出来，即是有私心的表现。"又问："对待儿子与侄子有区别吗？"程颐说："圣人确立法度，'兄弟的儿子如同自己的儿子'，是想要人们将兄弟的孩子当作自己的孩子。"又问："从天性上说，兄弟之子与自己的孩子有亲疏之别，对待儿子与侄子似乎应该是有区别的？"程颐说："这样说，无非是今人出于私心看待天性。孔子说：'父子之情属天性。'这只是从孝的方面说，所以说父子之情属于天性，至于君臣、兄弟、宾主、朋友之类，难道不也是天性吗？只因为今天的人用狭隘的眼光看，不推究其本源才有这种看法呀。自己的孩子与兄弟的孩子，能相差多少呢？他们都是自己父亲的后代。只是因为兄弟属于不同的形体，所以称兄弟为手足。人多因为形体分开了，亲爱自己的孩子，不同于亲爱兄弟的孩子，这是非常错误的。"又问："孔子认为公冶长不如南宫适，所以把兄长的女儿嫁给南宫适，把自己的女儿嫁给公冶长，这是为什么呢？"程颢说："这也是人们拿自己的私心揣度圣人之心。但凡人要避嫌，都是由于心虚。圣人自是至公的，哪里需要避嫌？凡嫁女儿，要按她的才貌而择配，或许兄长的女儿不太美，一定要选择那些相称的做她的配偶；自己的女儿美，一定选那些才能优秀的做她的配偶，难道还需要避嫌吗？至于说到孔子这件事，或许是年龄不相当，或者是时间有先后，都是说不清的。认为孔子是避厚己女薄兄女之嫌，那就大错了。像避嫌这样的事，贤者尚且不做，何况圣人呢？"

6.13 问："孀妇于理似不可取①，如何？"曰："然。凡取，以配身也。若取失节者以配身，是己失节也。"又问："或有孤孀贫穷无托者，可再嫁否？"曰："只是后世怕寒饿死，故有是说。然饿死事极小，失节事极大。"（《二程遗书》卷二十二下《附杂录后》）

◎ **注释** ①〔取〕通"娶"。

◎ **大意** 有人问："丧偶的妇女于理似乎不能娶，是不是这样呢？"程颐说："是。所谓娶，君子用以配身。如果娶失去贞节的女子来与自己相配，也是自己的失节。"又问："如果有孤儿寡妇贫穷不堪的，可以再嫁吗？"程颐回答："这是因为后世惧怕饥饿寒冷，所以才有再嫁之说。然而，饿死是极小的事，失节却是极大的事。"

6.14 病卧于床，委之庸医，比之不慈不孝。事亲者，亦不可不知医。（《二程外书》卷十二《传闻杂记》）

◎ **大意** 亲人病卧在床，却让庸医来治病，这同样是不慈不孝。要更好地侍奉父母，养育子女，就不能不懂一些医理。

6.15 程子葬父，使周恭叔①主客②。客欲酒，恭叔以告，先生曰：勿陷人于恶。③（《二程外书》卷七《胡氏本拾遗》）

◎ **注释** ①〔周恭叔〕名行己，号浮沚，二程门人，浙江永嘉人。官至秘书省正字。行事见《伊洛渊源录》卷十四与《宋元学案》卷三十二。②〔主客〕主持接待宾客之事。③〔勿陷人于恶〕《礼记·檀弓下》："行吊之日，不饮酒食肉焉。"许人饮酒，就是陷人于非情悖礼的恶行中。

◎ **大意** 程颐为父亲举行葬礼，让周恭叔接待宾客。有一位客人想喝酒，周恭叔就此禀告程颐，程颐说：不要让他人陷入非情悖礼的恶行之中。

6.16 买乳婢①，多不得已。或不能自乳，必使人。然食己子而杀人之子，非道。必不得已，用二子乳食三子，足备他虞②。或乳母病且死，则不为害，又不为己子杀人之子，但有所费。若不幸致误其子，害孰大焉？（《二程外书》卷十《大全集拾遗》）

◎ **注释** ①〔乳婢〕乳母,俗称奶妈。②〔虞〕患害。

◎ **大意** 程颐说:买乳娘来喂养自己的孩子,大多属于不得已。自己没有奶喂孩子,必然要请人代养。然而让乳娘专门喂养自己的孩子,而使乳娘自己的孩子得不到喂养而夭折,完全是非道义的。因此,在不得已的情况下,可以请两个乳娘喂养三个孩子。这样就足以避免意外的事发生。即使乳娘生病去世,也不会造成损害,同时又不会因喂养自己的孩子而伤害别人的孩子,只是花费多些。如果不幸伤害了别人的孩子,这与物质上的花费相比,哪种害处更大呢?

6.17 先公太中讳珦①,字伯温。前后五得任子②,以均诸父③子孙。嫁遣孤女,必尽其力,所得俸钱,分赡亲戚之贫者。伯母刘氏寡居,公奉养甚至。其女之夫死,公迎从女兄④以归,教养其子,均于子侄。既而女兄之女又寡,公惧女兄之悲思,又取甥女以归,嫁之。时小官禄薄,克己为义,人以为难。公慈恕而刚断,平居与幼贱处,惟恐有伤其意,至于犯义理,则不假也。左右使令之人,无日不察其饥饱寒燠⑤。娶侯氏⑥。侯夫人事舅姑⑦以孝谨称,与先公相待如宾客。先公赖其内助,礼敬尤至。而夫人谦顺自牧⑧,虽小事未尝专,必禀而后行。仁恕宽厚,抚爱诸庶⑨,不异己出。从叔⑩幼姑,夫人存视⑪,常均己子。治家有法,不严而整。不喜笞扑奴婢,视小臧获⑫

如儿女。诸子或加呵责,必戒之曰:"贵贱虽殊,人则一也。汝如是大时,能为此事否?"先公凡有所怒,必为之宽解,唯诸儿有过,则不掩也。常曰:"子之所以不肖者,由母蔽其过,而父不知也。"夫人男子六人,所存惟二⑬,其慈爱可谓至矣,然于教之之道,不少假也。才数岁,行而或踣⑭,家人走前扶抱,恐其惊啼,夫人未尝不呵责曰:"汝若安徐,宁至踣乎?"饮食常置之坐侧。尝食絮羹⑮,即叱止之曰:"幼求称欲⑯,长当何如?"虽使令辈,不得以恶言骂之。故颐兄弟平生于饮食衣服无所择,不能恶言骂人,非性然也,教之使然也。与人争忿,虽直不右,曰:"患其不能屈,不患其不能伸。"及稍长,常使从善师友游,虽居贫,或欲延客,则喜而为之具。夫人七八岁时,诵古诗曰:"女子不夜出,夜出秉明烛⑰。"自是日暮则不复出房阁。既长,好文而不为辞章,见世之妇女以文章笔札传于人者,则深以为非。(《二程文集》卷十二《先公太中家传》《上谷郡家传》)

◎ **注释** ①〔太中讳珦〕太中，太中大夫，有禄无职，后改成谏议大夫。讳珦，即名珦，程颐父亲程珦，官至太中大夫。此条乃摘编程颐《先公太中家传》《上谷郡家传》两文而成，两文是程颐为其父母分别作的传记。②〔任子〕即荫生，谓因父庇荫而获得官职。③〔诸父〕古代天子对同姓诸侯或诸侯对同姓大夫，皆尊称为"父"或"诸父"。后用为叔伯辈的通称。④〔女兄〕《说文》："姊，女兄也。"⑤〔燠〕暖，热。⑥〔侯氏〕程颐母亲是县令侯道济之女，所以称为侯氏。⑦〔舅姑〕这里指公婆。⑧〔自牧〕自我修养，语出《周易·谦》。⑨〔诸庶〕那些庶出的孩子。⑩〔从叔〕丈夫的堂兄弟。⑪〔存视〕问候看望，这里为关怀、照顾。⑫〔臧获〕男仆曰"臧"，女仆曰"获"。⑬〔所存惟二〕即伊川与其兄明道。其他四人，长应昌，次天锡，五韩奴，六蛮奴，皆早夭。⑭〔踣〕摔倒。⑮〔尝食絮羹〕尝食是说尝一尝味道好才吃，即挑食。絮羹是说嫌羹无味再加调味品调和。《礼记·曲礼》："毋絮羹。"郑注："絮，犹调也。"⑯〔称欲〕满足口腹之欲。⑰〔夜出秉明烛〕《礼记·曲礼》："女子出门夜行以烛，无烛则止阁尔。"

◎ **大意** 程颐说：先父程珦，字伯温，曾官至太中大夫。他先后五次获得因父辈庇荫而做官的机会，都让给了伯父叔父的子孙。嫁叔伯的孤女，总是竭尽其力置办嫁妆。所得到的俸钱，往往分来接济贫穷的亲戚。伯母刘氏寡居，先父悉心奉养，无微不至。刘氏女儿的丈夫死后，先父亲自把她接回家。先父教养堂姐的子女，与自己的孩子一视同仁。后来我堂姐的女儿死了丈夫，先父担心堂姐悲思苦痛，又亲自把她的女儿接回来，后来另嫁他人。先父当时只是个小官，俸禄微薄，但他始终以克己行义为本，人们都认为十分难能可贵。先父不仅宽厚仁慈，而且刚决果断，平时与晚辈或贫贱者相处，生怕不慎伤害了他们的感情。至于谁做了有违义理的事，则不了宽容。身边使唤的人，每天都要关心他们的饥饱寒温。先父娶侯氏为妻，侯夫人事奉公婆以谨孝著称，与先父相敬如宾，先父依赖她的帮助，对她礼敬就更周备，但侯夫人却能以谦顺要求自己，即使是小事也不曾自作主张，一定告诉先父后才做。她仁恕宽厚，抚爱庶子，和自己亲生的一样。我的堂叔和小姑姑们，夫人存养照顾，也和自己的孩子一样。她治家有法，不严厉却整肃。她不喜欢责打奴婢，对待小奴婢就像儿女一样。孩子们谁要呵斥小奴婢，她一定会告诫说："人虽然贵贱不同，但同样都是人。你像这么大的时候，能做这样的事吗？"先父有什么事发怒，她一定要宽慰劝解。如果是儿子们有了过错，则从不替他们掩饰，她常常说："孩子之所以不成器，是由于做母亲的掩饰他们的过错，使父亲不了解呀。"夫人有六个儿子，但存活下来的只有两人，她对仅存的儿子的爱可以说无以复加了，但在教子方面也非常严格。儿子几岁时，走路跌倒了，家人恐怕孩子受惊啼哭，前去抱扶，她总是呵责儿子说："你要是安安稳稳、慢慢地走，哪至于跌倒！"吃饭时常让孩子坐在自己身边，如果孩子挑食，她总会制止他们，并且斥责说："小时候就追求口腹之欲，长大了会怎么样！"即使是对使唤的人，也不许恶语辱骂。所以我们兄弟一生对于饮食衣服没有什么挑剔，不会恶语骂人，这并非出于天性，而是母亲教育的结果。孩子和人斗气，即使孩子有理，她也不替孩子说话，她说："我担心的是孩子长大不能屈己，而不担心他们不能伸张。"等到孩子稍大一点，常常让他们向优秀的师友学习。即使在贫困中，有时孩子想请客，她也高高兴兴地替孩子准备。夫人七八岁时读古诗："女子不夜出，夜出秉明烛。"此后一到天黑就不再出闺房。长大以后喜爱文学，但不写文章，看到社会上有些妇女以文章或书法传示于人的，就非常不以为然。

6.18 横渠先生尝曰：事亲奉祭①，岂可使人为之？（吕大临《横渠先生行状》）

◎ **注释** ①〔事亲奉祭〕"事亲"是就父母生前而言，"奉祭"是就父母死后而言，都是尽孝之事。

◎ **大意** 张载说：侍奉父母，祭祀祖先，岂可让他人替代？

6.19 舜之事亲有不悦者，为父顽母嚚，不近人情①。若中人之性，其爱恶略无害理，姑必顺之。亲之故旧所喜者，当极力招致，以悦其心。凡于父母宾客之奉，必极力营办，亦不计家之有无。

然为养又须使不知其勉强劳苦。苟使见其为不易，则亦不安矣。（张载《近思录拾遗·礼记说》）

◎ **注释** ①〔父顽母嚚，不近人情〕见卷三第二十六条注③。嚚，暴虐、愚顽。

◎ **大意** 舜侍奉父母，极尽孝顺，但舜的父母还是不满意，这是因为他们顽固、愚蠢、凶狠，完全不近人情。如果你的父母是中等品性的人，只要他们的好恶倾向不过分背离义理，做子女的就应该尽量顺从他们。对于与父母相友善的故交旧友，子女应该尽力时常把他们请到家里来和父母交谈，以让父母高兴。凡奉父母之命在家里接待客人，子女应该尽全力款待，不管家里的经济状况如何，都应慷慨待客，但又必须避免让父母知道你办得勉强辛劳。倘若父母感到子女勉为其难为其操办，他们内心就会不安。

6.20 《斯干》①诗言："兄及弟矣，式②相好矣，无相犹矣。"言兄弟宜相好，不要相学③。犹，似也。人情大抵患在施之不见报则辍，故恩不能终。不要相学，己施之而已。（张载《近思录拾遗·诗说》）

◎ **注释** ①〔《斯干》〕即《诗经·小雅·斯干》。②〔式〕语气助词。③〔不要相学〕不要相互学习对方不好处，行为应当以义理为根据。相，吕本作"厮"。

◎ **大意** 《诗经·小雅·斯干》上说："兄及弟矣，式相好矣，无相犹矣。"这是说兄弟应该和睦相处，但不要效仿对方不好的行为。所谓"犹"，是似的意思。人性的弱点，大抵在于给予别人恩惠而得不到回报时，就不再给予他恩惠。因此，人施恩往往不能做到善始善终。不要效仿对方不好的行为，自己只管付出自己的友爱之心就好。

6.21 "人不为《周南》《召南》，其犹正墙面而立①。"常深思此言，诚是。不从此行，甚隔著事，向前推不去。盖至亲至近，莫甚于此，故须从此始。（张载《近思录拾遗·诗说》）

◎ **注释** ①〔犹正墙面而立〕语出《论语·阳货》，见卷三第三十条注②。

◎ **大意** 孔子说："人不研习《诗经》中的《周南》《召南》，那就会像面对着墙站着，一无所获吧。"我曾深思这话，说得确实对。不从这里下功夫，未出门庭，就会感到许多事被阻隔着，许多事都向前推行不了。因为对人至亲至近的，没有超过《周南》《召南》所讲的修身齐家的，所以应该从这里开始。

6.22 婢仆始至者，本怀勉勉敬心，若到所提掇①更谨，则加谨，慢则弃其本心，便习以性成②。故仕者，入治朝则德日进，入乱朝则德日退，只观在上者有可学无可学尔。（张载《经学理窟·学大原上》）

◎ **注释** ①〔提掇〕督促向上。②〔习以性成〕又本作"习以成性"，语出《尚书·太甲上》。

◎ **大意** 婢仆初到主家，应怀勤勉谨敬之心。如果所到之家主人提醒指点得更加谨严，他就会越加勤谨；如果主人放纵使他慢懈，他就会丢弃初来时的本心，时间长了就会养成怠惰之性。出仕做官的人也是如此，在纲纪整肃的朝廷做官，德行就日益增进，在法度废弛的朝廷做官，德行就日益堕退，这就要看居于上位的人有没有可学之处了。

◎ **思考辨析题**

1. 理学家对治家的论述，能给我们怎样的启示？
2. 如何处理好夫妇、父母、兄弟之间的人伦关系？

卷七　出　处

此卷讨论出仕与退隐之道。盖身既修，家已齐，即可出仕为官。然出仕后如何得君主重用，如何与君主相处，亦当深思熟虑。此卷试图为为官者提供一个去就取舍的标准，以助他们在立身处世中作出正确的判断，这个标准就是不论事上或待下，皆以"义"为准则。

7.1 伊川先生曰：贤者在下，岂可自进以求于君？苟自求之，必无能信用之理。古之人所以必待人君致敬尽礼而后往者，非欲自为尊大，盖其尊德乐道之心不如是，不足与有为也。①（《程氏易传·蒙传》）

◎ **注释** ①此条释《周易·蒙卦·彖传》"蒙亨，以亨行时中也。匪我求童蒙，童蒙求我，志应也。初筮告，以刚中也。再三渎，渎则不告，渎蒙也。蒙以养正，圣功也。"蒙卦本来是讲童蒙教育的，程颐此处取"志应也"发议论，引申为君臣之间需要志趣相应。

◎ **大意** 程颐说：贤者处下位，岂可以自求于君以行道？如果自己主动请求君主，必然轻身以枉道，而没有给他信任重用自己的理由。古人之所以必须等人君内致其敬、外尽其礼后才前去相见，并不是妄自尊大，而是因为人君如果没有尊德乐道之心，就不能辅佐他有所作为。

7.2 君子之需①时也，安静自守，志虽有须，而恬然若将终身焉，乃能用常也。虽不进而志动者，不能安其常也。②（《程氏易传·需传》）

◎ **注释** ①〔需〕等待。②《周易·需卦》之初九《象辞》说："需于郊，不犯难行也。利用恒无咎，未失常也。"在旷远的郊野（离险处尚远）等待，不用冒险行动，有利于久处，无害，没有失去常道。此条就此引申议论。

◎ **大意** 君子等待时机，安静以自守。虽然在等待时机时期待有所作为，但内心恬淡，像是要终身守下去，这样才能不失常道。虽然没有进身，但心志躁动以求进身的人，是不能安于常道的。

7.3 《比①》："吉，原筮②，元永贞，无咎。"《传》曰：人相亲比，必有其道，苟非其道，则有悔咎。故必推原占决其可比者而比之，所比得元永贞，则无咎。元，谓有君长之道；永，谓可以常久；贞，谓得正道。上之比下，必有此三者，下之从上，必求此三者，则无咎也。③（《程氏易传·比传》）

◎ **注释** ①〔比〕卦名，比卦的意思是辅佐，是在下的顺从在上的。②〔原筮〕推究占筮的意思。③本条为程颐对《周易·比卦·彖传》"比，辅也，下顺从也。原筮，元永贞，无咎，以刚中也。不宁方来，上下应也。后夫凶，其道穷也"的诠释，为后人明确了在下者亲附在上者的原则。

◎ **大意** 比卦卦辞说："比，吉，推究原卜筮的结果，如果具备元、永、贞三者，则亲附就没有灾难。"程颐解释说：人与人相亲附，一定要有原则。如果违背原则去亲附，就会有悔恨和灾难。所以一定要推究占筮的结果，决断哪些人可以亲附而去亲附，所亲附的人具备元、永、贞三德，就没有灾难。所谓"元"是说有君长之道，所谓"永"是说可以长久，所谓"贞"是说得于中正之道。在上者使在下者亲附自己，必须要有此三种品德；在下者顺从在上者，必须要求在上者具备这三种品德，如此就自然无灾害。

7.4 《履》之初九曰："素履，往无咎①。"《传》曰：夫人不能自安于贫贱之素，则其进也，乃贪躁而动，求去乎贫贱耳，非欲有为也。既得其进，骄溢②必矣，故往则有咎。贤者则安履其素③，其处也乐，其进也将有为也，故得其进，则有为而无不

善。若欲贵之心与行道之心交战于中,岂能安履其素乎?(《程氏易传·履传》)

◎ **注释** ①〔素履,往无咎〕意思是穿着洁净的鞋子走出去,比喻志行高洁,以质朴本真的态度处事,没有灾祸。语出《周易·履卦》初九爻辞。②〔骄溢〕骄傲自满。③〔贤者则安履其素〕语出《中庸》。素,平常。

◎ **大意** 履卦初九爻辞说:"穿着洁净的鞋子出去,没有过错和灾害。"程颐《易传》说:人如果不能安然面对贫贱,那么他的进取就会显得贪心而焦躁不安,因为他的进取无非是想摆脱贫贱,并非真正想有所作为。如果他一旦得到进身的机会,就会骄傲自满,所以前往就会有灾祸。贤人则安于他的平素,处于贫困时安乐,出仕做官时也会有所作为。所以贤人一旦进身,就会有所作为而无不善。如果一个人追求富贵之心与奉行仁道之心相互博弈,又怎么能够安于贫困之素呢?

7.5 大人于否之时,守其正节,不杂乱于小人之群类,身虽否而道之亨也,故曰:"大人否亨①。"不以道而身亨,乃道否也。(《程氏易传·否传》)

◎ **注释** ①〔大人否亨〕语出《周易·否卦》六二爻辞。否,闭塞。亨,通达。

◎ **大意** 君子处于困厄闭塞之时,奉行正道,恪守节操,不与小人为伍,混杂其间。虽然身处阻隔困厄之中,但君子所奉行的仁道依然光明通畅。所以《周易·否卦》六二爻辞说:"君子身处逆境,其所奉行的正道却无比光明。"不奉行正道而使自身显达,那就是正道闭塞了。

7.6 人之所随,得正则远邪,从非则失是,无两从之理。《随》之六二,苟系初则失五矣,故《象》曰:"弗兼与也①。"所以戒人从正当专一也。(《程氏易传·随传》)

◎ **注释** ①〔弗兼与也〕语出《周易·随卦》。随卦的卦体震下兑上,六二爻与下面的初九爻形成相从关系,与上卦的九五爻形成正应关系。初爻居下位,象征小人,所以称之为"小子";九五得中又得正,处尊位为"大人"。六二爻或者从初爻,或者应九五爻,二者不可得兼,得此则失彼。

◎ **大意** 人的行为趋向,得到正就远离邪,屈从于错误就背离正确,绝无两者并行的可能。《周易·随卦》六二爻,如果系身于初九爻,就丧失了九五爻之应,故其《象辞》说:"两者不能兼得。"所以这句话告诫人们遵从正道要专一。

7.7 君子所贵,世俗所羞;世俗所贵,君子所贱。故曰:"贲其趾,舍车而徒①。"(《程氏易传·贲传》)

◎ **注释** ①〔贲其趾,舍车而徒〕语出《周易·贲卦》。贲,文饰。趾,脚。

◎ **大意** 君子所看重的东西,往往是世俗之人感到羞耻的东西;而世俗引以为荣的东西,往往是君子轻蔑的东西。因此《周易·贲卦》初九爻辞说:"把脚装饰得很漂亮,丢掉车子徒步而行。"

7.8 《蛊》之上九曰:"不事王侯,高尚其事。"《象》曰:"不事王侯,志可则也①。"《传》曰:士之自高尚，亦非一道。有怀抱道德，不偶于时②而高洁自守者；有知止足之道③，退而自保者；有量能度分，安于不求知者；有清介自守，不屑天下之事，独洁其身者。所处虽有得失小大之殊，皆自高尚其事者也。《象》所谓"志可则"者，进退合道者也。

（《程氏易传·蛊传》）

◎ **注释** ①〔不事王侯，志可则也〕语出《周易·蛊卦》。事，侍奉。则，效法。②〔不偶于时〕不合于时。偶，遭遇。③〔知止足之道〕即知止与知足之道，语出《老子》。

◎ **大意** 《周易·蛊卦》上九爻辞说："不为王侯效力，是因为品德高尚。"其《象传》说："不为王侯效力，这种志趣可以效法。"程颐解释说：士人追求品德高尚，并非只有一种情况。有怀抱道德，却与时势不合，因而自我持守高洁品行者；有知止知足，功成身退，明哲保身者；有了解自己的才能，明白自己的身份，安于贫贱，不求闻达者；有清介自守，不屑于天下事，洁身自好者。虽然他们的处世之道有得失大小之分，但他们都是追求高尚志向的人。《象传》所说的"这种志趣可以效法"，是说他们进退都合于道啊。

7.9 遁者，阴之始长，君子知微，固当深戒。而圣人之意，未便遽已也，故有"与时行""小利贞"①之教。圣贤之于天下，虽知道之将废，岂肯坐视其乱而不救？必区区致力于未极之间，强此之衰，艰彼之进，图其暂安。苟得为之，孔、孟之

所屑②为也，王允③、谢安④之于汉、晋是也。（《程氏易传·遯传》）

◎ **注释** ①〔"与时行""小利贞"〕语出《周易·遯卦·象传》。②〔屑〕认为值得做。③〔王允〕字子师，东汉太原祁县（今属山西）人。董卓谋篡汉，王允时为司徒，拥护王室，与吕布杀董卓，后为董卓部将所杀。事详《后汉书》卷九十六《王允传》。④〔谢安〕字安石，东晋政治家。东晋孝武帝太元八年（383年），前秦皇帝苻坚率兵南下，试图吞灭东晋，统一天下。东晋京师震恐，乃命谢安为征讨大都督，破前秦师，晋室以安。详见《晋书》卷七十九《谢安传》。

◎ **大意** 遯是阴气开始滋生的时候，君子明察几微，知小人之道已长，所以应该在内心深处保持戒惧。但圣人之意，并不马上停止，所以有"把握实际行动，利于小而贞"的教导。圣贤面对天下之势，尽管知道大道将废，又岂肯坐视其乱而不救呢？一定致力于在没有到最坏情况的时候，强扶业已衰落的阳刚君子之道，设置阻力抑遏阴气小人之道的发展，以图天下暂时安定。如果能够做到，孔子、孟子这样的大圣大贤也肯去做，王允在汉末、谢安在晋世就是如此啊。

7.10 《明夷》初九，事①未显而处甚艰，非见几之明不能也。如是，则世俗孰不疑怪？然君子不以世俗之见怪而迟疑其行也。若俟众人尽识，则伤已及而不能去已。②（《程氏易传·明夷传》）

◎ **注释** ①〔事〕指危险、伤害。②本条释《周易·明夷卦》之初九爻辞。明夷卦卦体离下坤上，象征日在地中，是光明隐陷之象。明，光明。夷，创伤。明夷，象征贤人被伤害，邪恶残害正义。

◎ **大意** 明夷卦的初九爻，象征的是危险、伤害还没有形成而处在刚刚发端的状态，君子的处境已很艰难，如果君子没有见微知著的能力，是不能察觉的。如果君子在此时避身而去,世俗之人怎能不感到疑惑呢?但是君子不会因为世俗之人觉得奇怪就迟迟不行动。等到普通人都明白的时候,伤害已经落到头上,想躲避也躲不及了。

7.11《晋》之初六,在下而始进,岂遽能深见信于上?苟上未见信,则当安中自守,雍容宽裕,无急于求上之信也。苟欲信之心切,非汲汲以失其守,则悻悻①以伤于义矣,故曰:"晋如摧如,贞吉,罔孚,裕,无咎②。"然圣人又恐后之人不达宽裕之义,居位者废职失守以为裕,故特云"初六裕则无咎"者,始进未受命当职任故也。若有官守,不信于上而失其职,一日不可居也。然事非一概,久速唯时,亦容有为之兆者。

(《程氏易传·晋传》)

◎ **注释** ①〔悻悻〕怨恨。②〔晋如摧如,贞吉,罔孚,裕,无咎〕《周易·晋卦》初六爻辞。晋,进。如,之。裕,从容。

◎ **大意** 晋卦的初六爻居于最下,象征人刚开始进身,怎么能一下子就被居于上位者所深信呢?如果居于上位的人还不相信你,就应当使自己的内心安定,坚持操守,表现得雍容宽裕,不要急于求得在上位者的信任。如果求得信任的心迫切,不是因忧惶不安而失去操守,就是因愤愤不平而伤于义理,所以初六的爻辞说:"要求进,遭受摧折,但坚守纯正就吉,不能取信于人,从容坦然就无害。"然而圣人又担心后人不明白"宽裕"的含义,担心那些居于官位的人也废弃职守去追求宽裕不迫,所以在《象辞》中又特地指出初六说的"裕无咎",是针对刚刚进身,还没有接受任命、担当职责的人说的。如果你有了官职，不能取信于官长就会失其职守，一天也挨不过去。但事情不可一概而论，并非开始进身时都必须宽裕不迫，或迟或速，只看时宜，也容许有明察几微而知道变通的情况。

7.12 不正而合，未有久而不离者也。合以正道，自无终睽之理。故贤者顺理而安行，智者知几而固守。①（《程氏易传·睽传》）

◎ **注释** ①本条是对《周易·睽卦》六三爻《象传》的解说。睽卦卦体兑下离上，其六三爻，阴爻而处阳位，所以"位不当也"，但六三爻为下卦之上，同上卦之上的上九爻相应，所以"无初有终，不正而合"。睽，违背、乖离。

◎ **大意** 不依据正道而勉强凑合在一起，不会持久，终究要分离。而依据正道结合在一起，最终也不会分离。所以贤人顺理而行，安然无事，智者知几微而固守不惑。

7.13 君子当困穷之时，既尽其防虑之道而不得免，则命也。当推致其命，以遂其志①。知命之当然也，则穷塞祸患不以动其心，行吾义而已。苟不知命，则恐惧于险难，陨获②于穷厄，所守亡矣，安能遂其为善之志乎？（《程氏易传·困传》）

◎ **注释** ①〔当推致其命，以遂其志〕善处困境的君子，在困窘时，应当推究天命，以实现自己的志愿。语出《周易·困卦·象传》。推致其命，推究天命。遂，达到、实现。②〔陨获〕处境困苦而灰心丧志。

◎ **大意** 君子处于穷困艰难之时，如果用尽全部力量也不能摆脱这种境遇，那是命当如此。在这种情况下，君子应当推究天命以成就自己的志向。知道命运有其必然性，那任何穷困苦难都不能动摇自己的心志，努力践行自己的道义就可以了。倘若不了解天命，就会在艰难险阻面前感到恐惧，在困厄穷苦面前灰心，失去自己的操守，这样怎能实现自己追求善的志向呢？

7.14 寒士之妻，弱国之臣，各安其正而已。苟择势而从，则恶之大者，不容于世矣。（《程氏易传·困传》）

◎ **大意** 寒士之妻，弱国之臣，都应该安于本分、恪守正道。如果选择跟从有势者而舍弃自己的丈夫、君主，这是恶之大端，为世所不容。

7.15 《井》之九三，渫治而不见食[1]，乃人有才智而不见用，以不得行为忧恻也。盖刚而不中[2]，故切于施为[3]，异乎"用之则行，舍之则藏"者矣。（《程氏易传·井传》）

◎ **注释** [1]〔《井》之九三，渫治而不见食〕语出《周易·井卦》。渫，去除秽浊使之清洁。[2]〔刚而不中〕井卦卦体巽下坎上，九三爻处于下卦之上，不中，九为阳爻，为刚，所以"刚而不中"。[3]〔切于施为〕迫切地希望有所作为。

◎ **大意** 井卦九三爻辞说，井水清洁，但不被饮用，犹如人有才智而得不到任用，因为不能展现自己的才华而忧伤不已。九三爻虽属阳刚，但不处于中位，所以急切地渴望有所作为，这就与孔子说的"为世所用就去实行，不为世用就退隐"不符合了。

7.16 《革》之六二，中正则无偏蔽，文明则尽事理，应上则得权势，体顺则无违悖。时可矣，位得矣，才足矣，处革之至善者也。必待上下之信，故"巳日乃革之"①也。如二之才德，当进行其道，则吉而无咎也。不进则失可为之时，为有咎也。

（《程氏易传·革传》）

◎ **注释** ①〔巳日乃革之〕语出《周易·革卦》。巳日，祭祀之日。革，变革，改革，革命。

◎ **大意** 革卦六二爻处于中正之位，无偏蔽之病，文明则穷知事理，与上相应则得到权势，爻体柔顺则没有相悖的东西。时机正好，权位也有，才德又足，所以说它处在革卦的最佳位置。但还必须等到上下都信从了才能变革，所以说"到了祭祀之日才进行变革"。像六二爻这样的才德，应当积极求进以推行其道，如此才吉利无害。如果不进取就会丧失成就事业的时机，那就有过错了。

7.17 《鼎》之有实，乃人之有才业也，当慎所趋向。不慎所往，则亦陷于非义。故曰："鼎有实，慎所之也①。"（《程氏易传·鼎传》）

◎ **注释** ①〔鼎有实，慎所之也〕语出《周易·鼎卦》九二《象传》。鼎卦卦体巽下离上，九二爻以阳爻居下卦之中位，是鼎中"有实"之象。九二阳爻为济用之才，与上卦居君位的六五爻相应，又与下面的初六爻昵比。上应六五则吉，下昵初六则非正而害义，有疾，所以要"慎所之"。鼎，烹饪之器。实，食物。

◎ **大意** 鼎中盛有实物，象征着人有才能和功业，这固然是可贵的。但

（人有才业时）应慎重决定自己的去向。不慎重决定自己的所去所从，就会陷入不义。所以《周易·鼎卦》说："鼎中盛有实物，慎重选择方向。"

7.18 士之处高位，则有拯而无随。在下位，则有当拯，有当随，有拯之不得而后随。①（《程氏易传·艮传》）

◎ **注释** ①本条释《周易·艮卦》六二爻辞。艮卦卦体艮下艮上，艮卦之六二爻以阴爻处于下卦中位，柔顺中正，其上为九三，阳爻处阳位，刚爻刚位，容易过激。六二爻要匡正九三爻的偏失，但力量不足，只好跟随其失，所以"其心不快"。

◎ **大意** 士处在高位，对于下属的过错，只能拯救而不能纵容。处在下位，对上司的过错，有应当拯救的，有应当追随的，也有拯救不得而后追随的。

7.19 "君子思不出其位①。"位者，所处之分也。万事各有其所，得其所则止而安。若当行而止，当速而久，或过或不及，皆出其位也，况逾分非据乎？（《程氏易传·艮传》）

◎ **注释** ①〔君子思不出其位〕君子所思虑的事情不超越他的职分。语出《周易·艮卦·象传》。艮卦卦体艮下艮上，艮为山，两山并立，有各止于其所之象，所以"不出其位"。位，分限，范围。

◎ **大意** "君子思不出其位。"位，指的是所处的位分。万事万物皆有自己应在的位置，能处在自己当处之处就可以平静而安定。人的行事，如果应当行动时却畏缩不前，应当快速时却迟缓，或过之或不及，都是越出了他应该在的位置，何况逾越分位、占据不当之位呢？

7.20 人之止，难于久终，故节或移于晚，守或失于终，事或废于久，人之所同患也。《艮》之上九，敦厚于终，止道之至善也。故曰："敦艮，吉①。"（《程氏易传·艮传》）

◎ **注释** ①〔敦艮，吉〕敦厚至终，才能止于至善。语出《周易·艮卦》上九爻辞。

◎ **大意** 人的坚守，最难的是坚持到最后，所以有的人晚年变节，有的人最后失去操守，事情有时在做了很久后又被废弃，这是人共同的弊病。艮卦的上九爻，到最后仍然敦实谨厚，止于道的完善境界。所以说："保持敦厚直到终止，吉利。"

7.21 《中孚》之初九曰："虞吉。"《象》曰："志未变也①。"《传》曰：当信之始，志未有所从，而虞度所信，则得其正，是以吉也。志有所从，则是变动，虞之不得其正矣。（《程氏易传·中孚传》）

◎ **注释** ①〔志未变也〕语出《周易·中孚卦》："初九，虞吉，有它不燕。"《象传》曰："初九虞吉，志未变也。"虞，忖度，推测。

◎ **大意** 中孚卦的初九爻辞说："推测的结果吉利。"《象传》说："心志没有变化。"程颐解释说：在最初选择信任对象时，心志没有受到外界影响，这时推测要信任的对象，能够作出正确选择，所以吉利。心志受外界影响，认识则会变化，再去推测就不会有正确的结果。

7.22 贤者惟知义而已，命在其中。中人以下，乃以命处义。如言"求之有道，得之有命，是求无益于得①"，知命之不可求，故自处以不求。若贤者则求之以道，得之以义，不必言命。(《二程遗书》卷二上《元丰己未吕与叔东见二先生语》)

◎ **注释**　①〔是求无益于得〕语出《孟子·尽心上》。

◎ **大意**　贤者只知道按照义的标准行事，命就包含在其中了。中等以下的人，却是用命定的态度来对待义。例如孟子说的"按正当的方式求取，得不到的就听凭命运了，这样追求无益于获得"，他们如果知道这是命中不可得到的东西，就会主动放弃追求。如果是贤者，就会以正当的方式追求，以义的准则得到该得到的，不必说命中有无。

7.23　人之于患难，只有一个处置，尽人谋之后，却须泰然处之。有人遇一事，则心必念念不肯舍，毕竟何益？若不会处置了放下，便是"无义无命"也。①(《二程遗书》卷二上《元丰己未吕与叔东见二先生语》)

◎ **注释**　①此条讲如何对待患难。无义无命，语出《孟子·万章上》。叶采解："遇事不能处置是无义，处置了不肯放下是无命。"

◎ **大意**　人对待忧患灾难，只有一种办法处置，尽心谋划处置后，就应该泰然处之。有的人一遇到事，就心心念念不肯放下，这到底有什么益处呢？如果不加处置就轻易放下，就是既不知义也不知命。

7.24 门人①有居太学②而欲归应乡举者,问其故,曰:"蔡人鲜习《戴记》③,决科④之利也。"先生曰:"汝之是心,已不可入于尧舜之道矣。夫子贡之高识,曷尝规规⑤于货利哉?特⑥于丰约⑦之间,不能无留情耳。且贫富有命,彼乃留情于其间,多见其不信道也,故圣人谓之'不受命'⑧。有志于道者,要当去此心而后可与语也。"(《二程遗书》卷四《游定夫所录》)

◎ **注释** ①〔门人〕此门人为谢良佐,二程门人,见卷一第三十七条注①。②〔太学〕古代传道授业的最高学府。③〔《戴记》〕指西汉戴德与戴圣所编的《大戴礼记》《小戴礼记》。④〔决科〕本来指参加射策,决定科第,后指参加科举考试。⑤〔规规〕浅陋拘泥。⑥〔特〕只不过。⑦〔丰约〕指财之多少。⑧〔不受命〕不接受天命。语出《论语·先进》,孔子称赞子贡曰:"赐不受命,而货殖焉,亿则屡中。"

◎ **大意** 谢良佐在太学读书时,想回乡应举,有人问他为什么回去,他说:"我的家乡上蔡很少有人学《礼记》,这样对我应举有利。"程颐说:"你有这样的想法,就已经不能学到尧舜之道了。以子贡那样高远的见识,何曾浅陋地拘泥于经商的利润?只不过他生活在财货的丰厚与贫乏之间,不能不关心财利。况且人的富贵贫穷自有天命,他却留心于贫富,可见他不信道啊,所以圣人说他'不接受天命'。有志于学道的人,一定要去除这种想法,然后才可以与他谈论圣人之道。"

7.25 人苟有"朝闻道,夕死可矣①"之志,则不肯一日安于所不安也。何止一日，须臾不能。如曾子易箦②，须要如此乃安。人不能若此者，只为不见实理。实理者，实见得是，实见得非。凡实理得之于心自别，若耳闻口道者，心实不见，若见得，必不肯安于所不安。人之一身，尽有所不肯为，及至他事又不然。若士者，虽杀之使为穿窬③，必不为，其他事未必然。至如执卷者，莫不知说礼义。又如王公大人，皆能言轩冕外物，及其临利害，则不知就义理，却就富贵。如此者只是说得，不实见。及其蹈水火，则人皆避之，是实见得。须是有"见不善如探汤④"之心，则自然别。昔曾经伤于虎者，他人语虎，则虽三尺童子，皆知虎之可畏，终不似曾经伤者神色慑惧，至诚畏之，是实见得也。得之于心，是谓有德，不待勉强。然学者则须勉强。古人有捐躯陨命者，若不实见得，则乌能如此？须是实见得生不重于义，生不安于死也。故有"杀身成仁⑤"，只是成就一个是而已。(《二程遗书》卷十五《入关语录》)

◎ **注释** ①〔朝闻道，夕死可矣〕语出《论语·里仁》。②〔曾子易箦〕

据《礼记·檀弓上》记载，曾子病危，发现自己所铺的席子是季孙氏所送的只有大夫才能用的席子，就让儿子曾元给他换掉，并说："吾得正而毙焉，斯已矣。"大家扶着抬起他的身体，然后更换与他身份相应的竹席。换完后，把他送回席子，曾子还没来得及躺好就死了。③〔穿窬〕挖墙洞，爬墙头，指偷窃行为。④〔见不善如探汤〕语出《论语·季氏》。汤，沸水。⑤〔杀身成仁〕语出《论语·卫灵公》。

◎ **大意** 一个人如果有"朝闻道，夕死可矣"的志向，就一天也不肯安处于他不应该安处的地方。何止一天，片刻都不能安处。例如曾子临死时要换掉与他身份不合的席子，一定要这样才能安心地死去。人不能如此，只是没有真正地明白理。真正地明白理，就能实实在在地明辨是非。大凡心中明白了实在的理就自然不同。如果大道只是耳朵听听、嘴巴说说，那他心里其实是不明白大道的。如果明白，必定不肯安处于他不应该安处的地方。有的事是不肯做，有的事是愿意做却不能坚持。比如士人，即使杀了他，让他去做穿洞翻墙为盗的事，他也肯定不干，其他的事却未必如此。至于读书求学的人，没有哪一个不懂得讲礼说义。又如王公大人，都能说权势、荣华富贵是身外之物，等到直正面临利害选择时，就不知道要选择义理，反而选择了富贵。像这样的人，只是嘴上能说，并不是真正明白。当你让这些人跳到水火里时，就都会躲避，因为他们懂得水火不可蹈的道理。应该有"看到不好的东西躲避它，就如同手伸到开水里赶紧抽出来一样"的心，才自然不同。昔日曾经被老虎伤过的人，别人谈论老虎，尽管三尺孩童都知道老虎可怕，但到底不似曾经被老虎伤害过的人神色那么恐惧，真的很害怕，因为他是真正见识过老虎的可怕。心中有所得，这称作德，不需要勉强。然而学习却必须努力。古人有为义理捐躯献身的，如果不是真正明白义理，怎么会如此做呢？应是确实明白道义重于生命，活着没有死去安心，所以才有"杀身成仁"，他也只是成就了这样一件事而已。

7.26 孟子辨舜、跖之分，只在义利之间①。言间者，谓相去不甚远，所争毫末尔。义与利，只是个公与私也。才出义，便以利言也。只那计较，便是为有利害。若无利害，何用计较？利害者，天下之常情也。人皆知趋利而避害，圣人则更不论利害，惟看义当为不当为，便是命在其中也。

（《二程遗书》卷十七）

◎ **注释** ①〔孟子辨舜、跖之分，只在义利之间〕语出《孟子·尽心上》。孟子本来是说利与善的区分，程颐代之以利与义的区分，"善"比"义"意义更宽泛。

◎ **大意** 孟子分辨圣人舜与盗跖的不同，（认为他们的区别）只在义与利之间。说"间"的意思，就是说相差不是很多，只在毫末之间罢了。义与利之间，只是个公与私的差别。刚刚脱离了义，就是从利上说了。遇事算计比较，就是因为有利害，如果没有利害，哪用算计比较？利害，是天下的常情。人都知道趋利避害，圣人更是从不论利害，只从义的角度考虑该做不该做，天命也就包含在其中了。

7.27 大凡儒者，未敢望深造于道①，且只得所存正，分别善恶，识廉耻。如此等人多，亦须渐好。（《二程遗书》卷十七）

◎ **注释** ①〔大凡儒者，未敢望深造于道〕尊崇儒学、通习儒家经书的读书人都可以称为儒者，但这些儒者同"希贤""学以至于至圣"的闻道、学道之士不同，所以对他们"未敢望深造于道"。

◎ **大意** 大凡普通的读书人，不要期望他们对圣人之道有很深的造诣。他们往往只能做到存心端正，能区分善恶，知廉识耻。但如果能坚持这样做的人多一些，社会风气也会渐渐好起来。

7.28 赵景平①问:"'子罕言利②',所谓利者,何利?"曰:"不独财利之利,凡有利心便不可。如作一事,须寻自家稳便处,皆利心也。圣人以义为利,义安处便为利。如释氏之学,皆本于利,故便不是。"(《二程遗书》卷十六《己巳冬所闻》)

◎ **注释** ①〔赵景平〕程门弟子,生平不详。②〔子罕言利〕语出《论语·子罕》。

◎ **大意** 赵景平问道:"《论语》说'孔子很少谈论利',所谓的利,指的是什么利?"程颐回答道:"不只是财利之利,但凡有利己之心,就不可以。例如做一件事,就考虑如何使自己方便,这样的都是利己之心。圣人以义为利,从义的角度看稳妥就是利。至于佛教学说,都是以利为根本而立论,所以是不对的。"

7.29 问①:"邢恕②久从先生,想都无知识,后来极狼狈。"先生曰:"谓之全无知则不可,只是义理不能胜利欲之心,便至如此也。"(《二程遗书》卷十九《杨遵道录》)

◎ **注释** ①〔问〕据《伊洛渊源录》卷十四,此是谢良佐之问。②〔邢恕〕即邢和叔,见卷四第十一条注①。

◎ **大意** 有人问:"邢恕长期跟随先生学习,想来他什么也没有弄懂,后来才落得与人朋比为奸而声名狼藉。"程颐说:"说他什么都不懂也是不对的。只是义理不能战胜利欲之心,所以才会如此。"

7.30 谢湜①自蜀之京师②,过洛而见程子。子曰:"尔将何之?"曰:"将试教官③。"子弗答。湜曰:"何如?"子曰:"吾尝买婢,欲试之,其母怒而弗许,曰:'吾女非可试者也。'今尔求为人师而试之,必为此媪笑也。"湜遂不行。(《二程遗书》卷二十一上《师说》)

◎ **注释** ①〔谢湜〕字持正,四川金堂人,元丰进士,官至国子博士。②〔京师〕这里指北宋京城开封(今河南开封)。③〔试教官〕即做试用教官。

◎ **大意** 谢湜从蜀地前往京师,路过洛阳见到了程颐。程颐说:你准备去哪?回答说:我要去做试用教官。程颐不回答。谢湜说:怎么样呢?程颐说:我曾经去买婢女,想先试用她,他的母亲非常生气,没有答应,说:"我的女儿不能试用。"现在你想为人之师却让人家试用,必然会被这位老婆婆耻笑。谢湜听了这话就没有前往。

7.31 先生在讲筵①,不曾请俸②。诸公③遂牒户部,问不支俸钱。户部索前任历子④,先生云:"某起自草莱⑤,无前任历子。"(本注:旧例,初入京官时,用下状出给料钱历。先生不请,其意谓朝廷起我,便当"廪人继粟,庖人继肉⑥"也。)遂令户部自为出券历。又不为妻求封。范纯甫⑦问其故,先生曰:"某当时起自草莱,三辞然后受命,岂有今日乃为妻求封之理!"问:"今人陈乞恩例,义当然否?人皆以为本分,不为害。"先生曰:"只为而今士大夫道得个乞字惯,却动不动又是乞也。"问:"陈乞封父祖如何?"先生曰:"此事体又别。"再三请益,但云:"其说甚长,待别时说。"(《二程遗书》卷十九《杨遵道录》)

◎ **注释**　①〔讲筵〕讲席。指担任崇政殿说书(宋代官名,负责为皇帝解释经义)。②〔请俸〕一般指支取薪俸。③〔诸公〕指大臣司马光(1019—1086)、吕公著(1018—1089)等。④〔历子〕即料粮院所给料钱(俸钱)历,据此文状上所标明的受官日月到户部领取俸钱。⑤〔草莱〕布衣,平民。⑥〔廪人继粟,庖人继肉〕喻指国君对投奔他的士人给予很好的照顾,让管仓库的送来谷米,让管膳食的送来肉类。语出《孟子·万章下》。⑦〔范纯甫〕即范祖禹,见卷三第六十九条注②。

◎ **大意**　程颐担任崇政殿说书时,不曾向朝廷请俸禄,几位做官的师友向户部递交呈文,询问为什么不支给程颐俸禄。户部向程颐要他原来任职的历子,程颐说:"我原本是一介平民,先前未仕,没有前任历子(本注:按照旧例,官员初入京为官时,要按接到的状子给户部作原先领俸钱的证明材料。程颐不请俸,意思是不需要自己请俸,朝廷应该像孟子说的那样主动地让人送来俸禄)。"于是就让户部给自己出了个历子。他也不为妻子请求封号。范纯甫问他为什么,他说:"我当初从草莽之间被起用,多次辞谢不得才受命,哪有现在还为妻子请求封号的道理呢!"范纯甫问:"今人陈乞恩例,从义上说是否当然?且人们都认为这是本分中的事,没有什么妨害。"程颐说:"只是因为当今的士大夫说这个'乞'习惯了,动不动又是个'乞'。"范纯甫于是又问乞封父祖应不应该,程颐说:"这件事与乞封妻不同。"范纯甫再三请教,程颐只是说:"这话说来太长,待别时再说吧。"

7.32 汉策贤良，犹是人举之①。如公孙弘②者，犹强起之乃就对。至如后世贤良，乃自求举尔。若果有曰"我心只望廷对，欲直言天下事"，则亦可尚已。若志富贵，则得志便骄纵，失志则便放旷与悲愁而已。（《二程遗书》卷一《端伯传师说》）

◎ **注释** ①〔汉策贤良，犹是人举之〕汉取士之科有四，贤良是其中之一。对策是在天子之前答其所问国家大事，应对者由人推荐之。②〔公孙弘〕少时家贫，年四十余乃学《春秋公羊传》。汉武帝初即位，招贤良，是时公孙弘年六十，以贤良征为太学博士。后出使匈奴，以上奏不合天子意，乃以病归。元光五年（前130年）复征贤良，国人力荐，乃就对。传见《前汉书》卷五十八。

◎ **大意** 汉代的对策贤良，是由人举荐的。比如公孙弘，还是朝廷强行召起，他才去对策的。至于后世的贤良，却是自己要求推荐。如果真有人说"我心里只希望在朝廷与皇帝对策，想有机会直言天下大事"，这样也是值得推崇的。假如是追求富贵，那么富贵后就会骄纵，未能求得富贵就会狂放而不拘礼法，或是悲愁不已。

7.33 伊川先生曰：人多说某不教人习举业①，某何尝不教人习举业也？人若不习举业而望及第，却是责天理而不修人事②。但举业既可以及第即已，若更去上面尽力求必得之道，是惑也。（《二程遗书》卷十八《刘元承手编》）

◎ **注释** ①〔举业〕为科举而进行的学业。②〔责天理而不修人事〕把责任归于天命而自己不努力。责,责问。郑晔《近思录释疑》卷七解"天理"作"天"。

◎ **大意** 程颐说:很多人说我不让人学习应举的学业,我何曾不让人学习应举的学业呢?人如果不学习应举的学业而希望科举及第,那他只是把责任归于天命而不尽自身努力。既然学习应举的学业已能让你科举及第,那么如果再进一步竭尽全力研究必定能及第的策略,就是糊涂了。

7.34 问:"家贫亲老,应举求仕,不免有得失之累①,何修可以免此?"伊川先生曰:"此只是志不胜气②,若志胜,自无此累。家贫亲老,须用禄仕,然得之不得为有命③。"曰:"在己固可,为亲奈何?"曰:"为己为亲,也只是一事。若不得,其如命何?孔子曰:'不知命,无以为君子④。'人苟不知命,见患难必避,遇得丧必动,见利必趋,其何以为君子?"(《二程遗书》卷十八《刘元承手编》)

◎ **注释** ①〔得失之累〕患得患失、心中不宁牵累其心。②〔志不胜气〕语出《孟子·公孙丑上》。③〔得之不得为有命〕语源自《孟子·万章上》。④〔不知命,无以为君子〕语出《论语·尧曰》。

◎ **大意** 有人问:"家境贫寒,双亲年老,应举求官,难免会患得患失,内心受其牵累,修习什么能免除牵累呢?"程颐说:"这只是心志不能战胜血气罢了。如果心志胜,那么就不会有此种牵累。家贫亲老,需要用俸禄奉养双亲,但能不能做官取得俸禄却在于命。"又问:"对自己来说得不得官固然都可以,但要奉养父母的话,应该怎么办呢?"程颐说:"为自己与为双亲,都只是一回事。如果不能做官,那是天命,他又能怎么办?孔子说:'不知道天命,不能成为君子。'人如果不知道天命，看见患难必定会躲避，遇见得失必会心动，看见利益必定会去追求，这样的人怎么能成为君子呢？"

7.35 或谓科举事业夺人之功，是不然。且一月之中，十日为举业，余日足可为学。然人不志此，必志于彼。故科举之事，不患妨功，惟患夺志①。（《二程外书》卷十一《师训》）

◎ **注释** ①〔夺志〕改变其追求道的志向。

◎ **大意** 有人说习科举之业会侵占学道的时间，这样的说法是不对的。一月之中，可以十日学举业，其余的日子可以学道。但人的志向不在此就在彼，所以科举之事，不担心它会妨碍学道的功夫，只担心它会改变人的志向。

7.36 横渠先生曰：世禄之荣，王者所以录有功，尊有德，爱之厚之，示恩遇之不穷也。为人后者，所宜乐职劝功①，以服勤②事任③，长廉远利④，以似述⑤世风。而近代公卿子孙，方且下比布衣，工声病⑥，售有司。不知求仕非义，而反羞循理为无能；不知荫袭为荣，而反以虚名为善继，诚何心哉！（张载《横渠文集佚存·策问》）

◎ **注释** ①〔乐职劝功〕乐于职守，努力建功立业。语出《礼记·王制》。②〔服勤〕勤勉地承担其职事。语出《礼记·檀弓上》。③〔事任〕担当职事。④〔长廉远利〕培育清廉而远避利欲。⑤〔述〕循。⑥〔工声病〕擅长诗赋之学。声病指诗赋之学，有所谓四声八病之说，四声即平、上、去、入四种声调的总称；八病指作诗时在运用四声方面所产生的平头、上尾、蜂腰、鹤膝、大韵、小韵、旁纽、正纽等八种声病。

◎ **大意** 张载说：世禄的荣耀，是帝王用来纪念有功的人、敬重有德的人的，表示眷爱他们，厚待他们，对他们的恩遇是没有穷尽的。作为世家后人，应该做的是忠于职守，力行事功，竭尽全力从事职事，培养清廉品德而远避利欲，这样来继承世族的家风。然而近世的公卿子孙，却要下比布衣寒士，工研诗赋技巧，以此获得官吏的录用。他们不知道求仕原本不合道义，反认为安分循理是无能；不知道荫袭是一种荣耀，而以科举虚名为善继先人之志，这究竟是出于什么心态呢？

7.37 不资其力而利其有，则能忘人之势①。

（张载《孟子说》）

◎ **注释** ①〔忘人之势〕语出《孟子·尽心上》。
◎ **大意** 不依赖他人的权力而从他人那里得到好处，就能忘怀他人的权势。

7.38 人多言安于贫贱，其实只是计穷力屈才短，不能营画耳。若稍动得，恐未肯安之。须是诚知义理之乐于利欲也，乃能。（张载《经学理窟·气质》）

◎ **大意** 人多说自己安于贫贱，其实只是无计可施才力不足，不能为自己谋划而已。如果稍能活动，恐怕未必能安于贫贱。只有实实在在懂得义理之乐胜于利欲之乐，才能安于贫贱。

7.39 天下事，大患只是畏人非笑。不养车马，食粗衣恶，居贫贱，皆恐人非笑。不知当生则生，当死则死，今日万钟①，明日弃之，今日富贵，明日饥饿亦不恤②，惟义所在③。（张载《经学理窟·自道》）

◎ **注释** ①〔万钟〕指优厚的俸禄，借以形容人之富有。②〔不恤〕不顾及。③〔惟义所在〕语出《孟子·离娄下》。

◎ **大意** 天下事最怕的是别人的讥笑。没有车马，饮食粗劣，衣服破烂不堪，居处寒酸，都怕人讥笑。却不懂得当生就生，当死就死，今日家有万钟，明日弃之一空，今日富贵，明日饥饿，都不应顾及，只要做事符合道义就好。

◎ **思考辨析题**

1. 人应该如何对待忧患和灾难？
2. 理学家是如何理解公私、义利的？
3. 如何理解和获得"义理之乐"？

卷八　治　体

　　《治体》讨论的是治国平天下之道，而非具体的制度设施。儒家有经世致用的传统，修身齐家最终的落脚点在于治国平天下。故儒家极其强调预先深明治道之纲领、出处之义，以待得时之时推行大道，实现天下大治的远大抱负。就治道而言，北宋四子主张德治，认为君主当推行王道仁政，反对霸政；要求君主以修身为根本，正己身以正家国天下。

8.1 濂溪先生曰：治天下有本，身之谓也；治天下有则，家之谓也①。本必端，端本，诚心而已矣；则必善，善则，和亲而已矣。家难而天下易，家亲而天下疏也。家人离，必起于妇人，故《睽》次《家人》，以二女同居，而志不同行②也。尧所以釐降二女于妫汭③，舜可禅乎？吾兹试矣。是治天下观于家，治家观身而已矣。身端，心诚之谓也。诚心，复其不善之动而已矣。不善之动，妄也。妄复则无妄矣，无妄则诚矣。故《无妄》次《复》，而曰"先王以茂对时，育万物④"，深哉！

（周敦颐《通书·家人睽复无妄》）

◎ **注释** ①〔治天下有则，家之谓也〕语出《孟子·离娄下》。则，楷模、准则。②〔二女同居而志不同行〕语出《周易·睽卦·象传》。睽卦卦体兑下离上，兑为少女，离为中女，合成一卦，所以说"二女同居"。③〔尧所以釐降二女于妫汭〕语出《尚书·尧典》。釐降，下嫁。二女，娥皇、女英。妫汭，舜所居之处。④〔先王以茂对时，育万物〕语出《周易·无妄卦·象传》。茂，勉力，努力。对时，顺应时令。

◎ **大意** 周敦颐说：治理天下有其根本，那就是治理者自身；治理天下有其楷模，那就是治理者的家庭。根本必须端正，端正的办法，不过是诚其心罢了；准则必须是好的，好的准则，就是能使亲人和顺罢了。治家难，治天下易，这是因为家人都很亲近而与天下人比较。家人不和必定由妇女引起，所以《周易·睽卦》紧接于家人卦后，其《象辞》说："二女同居，其志不同行。"尧之所以将二女下嫁给舜，是观察舜是否可以让自己把天下禅让给他。由此可知想要知道一个人能否治理天下，就观察他的家庭；想要知道一个人能否治理好家庭，就要观察他自身的修习。自身端正，说明他心诚；诚心，就是消除其不善的念头使之回归本心之善。不善的念头是虚妄的，消除虚妄、回归本心则可以达到无妄，无妄心就真诚了。所以《周易》中无妄卦紧接在复卦之后，无妄卦的《象传》还说："先王以其盛德配对上天，根据时令养育万物。"寓意深刻啊！

8.2 明道先生尝言于神宗①曰：得天理之正，极人伦之至者，尧舜之道也。用其私心，依仁义之偏者，霸者之事也。王道如砥②，本乎人情，出乎礼义，若履大路而行，无复回曲。霸者崎岖反侧于曲径之中，而卒不可与入尧舜之道。故诚心而王，则王矣；假之而伯，则伯矣③。二者其道不同，在审其初而已。《易》所谓"差若毫厘，缪以千里④"者，其初不可不审也。惟陛下稽先圣之言，察人事之理，知尧舜之道备于己，反身而诚之，推之以及四海，则万世幸甚。（《二程文集》卷一《论王霸札子》）

◎ **注释** ①〔明道先生尝言于神宗〕宋神宗熙宁二年（1069年），程颢以吕公著荐为太子中允，权监察御史里行，上此札子。此条阐释其关于王道与霸道的观点。②〔王道如砥〕语出《诗经·小雅·大东》。砥，磨刀石，比喻平直。③〔假之而伯，则伯矣〕这里的两个"伯"字，邵本作"霸"。④〔差若毫厘，缪以千里〕语出《易纬·通卦验》。缪，通"谬"。

◎ **大意** 程颢曾对神宗说：能得天理之正道，又能尽人伦之极致的，是尧舜之道。放任自己的私心，假借仁义之名来满足自己私心的，是春秋五霸所行之事。王道就像磨刀石，它以人之常情为本，从礼义出发，行王道就像在大路上行走，没有曲折。霸者的道路是崎岖的，辗转于曲折的小路，最终也无法与他同入尧舜之道。所以诚心诚意实行王道仁政，就能成就王道；假借王道的美名号令天下则成就霸道。要了解王道与霸道的不同，只要审视当初的一念之别就可以了。这就是《周易》所说的"差之毫厘，谬以千里"，所以最初的一念之微不可以不审查。希望陛下考查古代圣王之言，审查人事之理，明白尧舜之道本具备于自身，然后反身求己而使内心真诚，并将之推广而行于天下，那么这将是天下万世的福祉。

8.3 伊川先生曰：当世之务，所尤先者有三：一曰立志，二曰责任①，三曰求贤。今虽纳嘉谋，陈善算，非君志先立，其能听而用之乎？君欲用之，非责任宰辅，其孰承而行之乎？君相协心，非贤者任职，其能施于天下乎？此三者，本也；制于事者，用也。三者之中，复以立志为本。所谓立志者，至诚一心，以道自任，以圣人之训为可必信，先王之治为可必行，不狃滞②于近规③，不迁惑于众口，必期致天下如三代之世也。④（《二程文集》卷五《为家君应诏上英宗皇帝书》）

◎ **注释** ①〔责任〕责其事，专其任。②〔狃滞〕拘泥，局限。③〔近规〕近臣规谏。语出《国语·周语上》。④此条为治平三年（1060年），程颐代父应诏上书的一部分。书中所陈，终均未见施行。

◎ **大意** 程颐说，当世之务，尤其需要优先考虑的有三件：一是立志，二是委任，三是求贤。现在虽然有人献上好的谋略，陈述好的计划，如果君主不先立志，能听从和采纳吗？君主想采纳，而不责成专任于宰辅，那谁来接受并执行呢？君主与宰辅同心协力，如果没有贤明之人任职，又怎么能推广至天下呢？这三者是治国的根本，临事裁断则是具体的运用。三者之中，又以立志为根本。所谓立志，就是至诚一心，以实行圣人之道为己任，以圣人的垂训为必定可信，以先王的治法为必定可行，不拘泥于近世的规则习俗，不被众说纷纭迷惑，将使天下达到上古三代之治确立为目标。

8.4　《比》之九五曰："显比，王用三驱，失前禽①。"《传》曰：人君比天下之道，当显明其比道而已。如诚意以待物，恕己以及人，发政施仁，使天下蒙其惠泽，是人君亲比天下之道也。如是，天下孰不亲比于上？若乃暴其小仁，违道干誉，欲以求下之比，其道亦已狭矣，其能得天下之比乎？王者显明其比道，天下自然来比。来者抚之，固不煦煦②然求比于物。若田之三驱，禽之去者从而不追，来者则取之也。此王道之大，所以其民皞皞③而莫知为之者也。非惟人君比天下之道如此，大率人之相比莫不然。以臣于君言之，竭其忠诚，致其才力，乃显其比君之道也。用之与否，在君而已，不可阿谀逢迎，求其比己也。在朋友亦然，修身诚意以待之，亲己与否，在人而已，不可巧言令色，曲从苟合，以求人之比己也。于乡党④亲戚，于众人，莫不皆然，"三驱，失前禽"之义也。（《程氏易传·比传》）

◎ **注释** ①〔显比，王用三驱，失前禽〕语出《周易·比卦》九五爻辞。显，显明。比，亲辅。王用三驱，王者狩猎时不四面合围而开一面，去者不追，来者取之，宁失去一面之禽兽，比喻与人相亲辅之时，来者不拒，往者不追，而依靠得以适当。②〔煦煦〕和乐的样子。③〔暤暤〕心情舒畅的样子。④〔乡党〕乡里，乡亲。

◎ **大意** 比卦的九五爻辞说："显比，王用三驱，失前禽。"程颐解释道：人君使天下亲附的办法，应当是明确地将他的亲附之道展现于天下。如以诚意对待他物，以宽恕之意推己及人，实行仁政，使天下人受其恩泽，这就是人君使天下亲附的方法。像这样，天下人谁不亲附人君？如果只是显露小仁，违背道义而求虚名，想要让下面的人亲附，那他的道也就狭窄了，怎能得到天下人的亲附呢？人君充分显示亲比天下之意，天下人自然来亲附。来亲附的就安抚，不需要故意做出和乐的样子来求得他人的亲附。就像田猎时的三面驱兽，禽兽逃出去的不去追，自行来的就捉住它们。这是王者功德浩大，所以其民心情舒畅，其乐融融而不知所为。不仅人君亲附天下之道如此，大抵人之相互亲附莫不如此。就臣下对于君主来说，竭尽其忠诚，贡献其才力，才是显示其亲附君上之道。人君是否任用，在于人君而已，不能阿谀奉承君上，以求得君上亲近、任用自己。在朋友之间也是如此，修身诚意以待来者，与自己亲近与否，在于他人，不可花言巧语、屈从苟合，以求得他人的亲附。对待乡党亲戚、其他众人，全都如此，这就是"三驱，失前禽"的意思。

8.5 古之时，公卿大夫而下，位各称其德，终身居之，得其分也；位未称德，则君举而进之。士修其学，学至而君求之，皆非有预于己也。农工商贾，勤其事而所享有限。故皆有定志，而天下之心可一。后世自庶士至于公卿，日志于尊荣；农工商贾，日志于富侈。亿兆之心，交骛①于利，天下纷然，如之何其可一也？欲其不乱，难矣！②（《程氏易传·履传》）

◎ **注释** ①〔交骛〕交，交往。骛，追求。②本条是对《周易·履卦·象辞》的解说。

◎ **大意** 古时候，自公卿大夫以下，职位各与其德行相称，终身居其职，得其应得之分；职位低与其德高不相称的，国君就会提举之而进于高的职位。士人修习学业，学成了国君就会求其出仕。这都与个人没有关系。农工商人，都勤于自己的事务，享受他们应得的分限。所以人人都各有其坚定的志向，而天下之心就可以统一了。后世从庶民士人到公卿，天天想的是得到尊荣；农工商人，每天想的是如何能够富贵奢侈。亿兆人之心，一起追逐利欲，天下纷然，这样还能统一吗？想要其不乱，难呀！

8.6 《泰》之九二曰："包荒，用冯河①。"《传》曰：人情安肆②，则政舒缓，而法度废弛，庶事无节。治之之道，必有包含荒秽之量，则其施为，宽裕详密，弊革事理，而人安之。若无含弘之度，有忿疾之心，则无深远之虑，有暴扰之患。深弊未去，而近患已生矣，故在"包荒"也。自古泰治之世，必渐至于衰替，盖由狃习安逸，因循而然。自非刚断之君、英烈之辅，不能挺特奋发以革其弊也，故曰"用冯河"。或疑上云"包荒"，则是包含宽容，此云"用冯河"，则是奋发改革，似相反也。不知以含容之量施刚果之用，乃圣贤之为也。（《程氏易传·泰传》）

◎ **注释** ①〔包荒，用冯河〕语出《周易·泰卦》九二爻辞。包荒，包含荒秽，比喻人的气量宏大。冯河，徒步过河，喻指为人有刚毅果断之气性。②〔安肆〕安乐放纵。

◎ **大意** 泰卦九二爻辞说："包荒，用冯河。"程颐解释说：安泰之世，人情安逸不受约束，政令也就舒缓，法度废弛，事无节制。治理的办法，一定要有含容一切不良现象的气量，那么在施政时才能宽厚有余、详细周密，弊病革去，政事得治，这一切做得稳妥而不引起动荡，那么百姓就安定了。如果没有宽宏的气度，就会有愤恨而急于求成之心；没有深远谋略，就会有急暴纷乱之病。原有的深弊未革去，而眼前的患害已经产生，所以安定而革除弊病，在于有包容之量。自古太平之世，定会渐渐至于衰世，这大概是因为人们在太平之世习惯于安逸，因循旧例而不思作为造成的。除非有刚毅果决之君、英杰伟烈之辅臣，才能奋发有为而革除其弊，所以说要"用冯河"。有人怀疑上面说"包荒"，是要包含宽容，而此处说"用冯河"，是要奋发改革，似乎是相互矛盾的。却不知以含容之量，推行刚毅果断之措施，正是圣贤的作为。

8.7 《观》："盥而不荐，有孚颙若①。"《传》曰：君子居上，为天下之表仪，必极其庄敬②。如始盥之初，勿使诚意少散。如既荐之后，则天下莫不尽其孚诚，颙然瞻仰之矣。（《程氏易传·观传》）

◎ **注释** ①〔盥而不荐，有孚颙若〕语出《周易·观卦·彖传》。观卦卦辞以祭祀作比，讲人君如何让人敬仰。盥，祭祀前洗手。荐，奉酒食以祭神。孚，诚信。颙，恭敬。②〔君子居上，为天下之表仪，必极其庄敬〕据《程氏易传》原文开头"予闻之胡翼之先生曰"，本条是胡瑗（字翼之）之言，或是程颐从学时所闻。表仪，表率，仪范。

◎ **大意** 《周易·观卦》卦辞说："盥而不荐，有孚颙若。"程颐引用胡瑗的话说：君子居于高位，是天下人的榜样，一定要极力表现你的庄严谨敬。就如同祭祀时洗手那样，不要使自己的诚敬之心消散。就像献祭之后，天下人都会极尽其诚敬，十分尊敬地仰望着你。

8.8 凡天下至于一国一家，至于万事，所以不和合者，皆由有间也，无间则合矣。以至天地之生，万物之成，皆合而后能遂。凡未合者，皆为有间也。若君臣、父子、亲戚、朋友之间，有离贰怨隙者，盖谗邪间于其间也。去其间隔而合之，则无不和且治矣。《噬嗑》者，治天下之大用也。①

（《程氏易传·噬嗑传》）

◎ **注释** ①本条释《周易·噬嗑卦》。噬，啮咬。嗑，合也。"噬嗑"是说啮而后合，比喻去除隔阂。

◎ **大意** 大凡上至整个天下，下至一国一家，以至于万事，之所以有不能和合如一的，都是由于有隔阂。没有隔阂就能相合了。大自天地化生，小至万物长成，都是由于相合才能生成。凡是不能相合的，都是有隔阂。就像君臣、父子、亲戚、朋友之间，有离贰之心、怨恨不协的，大多是由于有谗邪之人在中间挑拨。消除间隔使之相合，则相互之间就全都和合融洽了。噬嗑卦的道理，对治理天下有非常大的作用。

8.9《大畜》之六五曰："豮豕之牙，吉①。"《传》曰：物有总摄，事有机会，圣人操得其要，则视亿兆之心犹一心。道之斯行，止之则戢②，故不劳而治，其用若"豮豕之牙"也。豕，刚躁之物。若强制其牙，则用力劳而不能止；若豮去其势，则牙虽存而刚躁自止。君子法"豮豕"之义，知天下之恶不可以力制也。则察其机，持其要，塞绝其本原，故不假刑法严峻，而恶自止也。且如止盗，民有欲心，见利则动，苟不知教，而迫于饥寒，虽刑杀日施，其能胜亿兆利欲之心乎？圣人则知所以止之之道，不尚威刑而修政教，使之有农桑之业，知廉耻之道，"虽赏之不窃③"矣。（《程氏易传·大畜传》）

◎ **注释** ①〔豮豕之牙，吉〕语出《周易·大畜卦》。豮豕，张伯行《近思录集解》卷八："豮，豕之去势者。豕性刚躁，牙足为害，则不可以强制，惟去其势，则有以柔其性，故牙虽存而刚躁自止。"②〔戢〕收敛，停止。③〔虽赏之不窃〕语出《论语·颜渊》。

◎ **大意** 《周易·大畜卦》六五爻辞说："豮豕之牙，吉。"程颐解释说：万物都有一个总领处，事物都有一个枢机关键。圣人掌握了事物的机要，在他看来，亿兆人之心就如同一心，引导就向前走，阻止就停息。所以天下不劳而治，它的运用就如同"豮豕之牙"的道理。雄猪，是刚烈而暴躁的，如果想强行制服它刚利的牙，那么只能是辛苦费力又不能制服它。如果割去它的生殖器，那么牙虽然存在，但其刚躁之性会自己平静下来。君子应当取法豮豕之义，知晓天下之恶不可以用暴力制止，寻查其机枢，把握其机要，塞绝其本原，所以不借助严刑峻法，暴恶自行止息。比如消除盗窃，百姓有私欲之心，见利而动。如果不进行教化，又为饥寒逼迫，即使官府天天以刑法诛杀，能抵挡住亿兆利欲之心吗？圣人则懂得阻止的办法，不重用威刑，而修政令教化，使百姓都有农桑之业，懂得礼义廉耻，"即使奖励偷窃，他们也不会去偷"。

8.10 《解》："利西南，无所往，其来复吉，有攸往，夙吉①。"《传》曰：西南坤方②，坤之体广大平易。当天下之难方解，人始离艰苦，不可复以烦苛③严急治之，当济以宽大简易，乃其宜也。既解其难而安平无事矣，是"无所往"也。则当修复治道，正纪纲，明法度，进复先代明王之治，是"来复"也，谓反④正理也。自古圣王救难定乱，其始未暇遽为也；既安定，则为可久可继之治。自汉以下，乱既除，则不复有为，姑随时维持而已，故不能成善治，盖不知"来复"之义也。"有攸往，夙⑤吉"，谓尚有当解之事，则早为之乃吉

也。当解而未尽者，不早去则将复盛；事之复生者，不早为则将渐大，故夙则吉也。（《程氏易传·解传》）

◎ **注释** ①〔利西南，无所往，其来复吉，有攸往，夙吉〕语出《周易·解卦》卦辞。②〔西南坤方〕坤卦在文王八卦中的方位为西南。③〔烦苛〕法令繁杂苛刻严厉。④〔反〕通"返"。⑤〔夙〕早。

◎ **大意** 《周易·解卦》卦辞说："利西南，无所往，其来复吉，有攸往，夙吉。"程颐解释说：西南，是象征大地的坤方，坤体广大平易。当天下的困苦刚得到解救，百姓刚脱离艰难困苦时，不可再以烦政苛法严加治理，应当以宽大简易之政修治，这才是合宜的。险难已经解除，天下安定无事，这就是"无所往"。此时当修复治平之道，刚正法纪，明法度，恢复古代圣王的清明政治，这就是"来复"，说的是要回归正理。自古圣王救难定乱，刚开始无法在短时间内做这些恢复工作，待安定之后，就可以进行长久延续的治理了。汉代以下，患乱消除后就不再有所作为，只是随时维持而已，所以不能成就善治，大概是不懂得"来复"之义吧。"有攸往，夙吉"，说的是如果还有应当解决的事，就应早点解决才吉利。应当解决而未彻底解决的问题，不早点解决，就会再次出现。而那些重新出现的问题，不早一点解决，就会逐渐变成大问题，所以说"夙则吉"。

8.11 夫"有物必有则①"。父止于慈，子止于孝，君止于仁，臣止于敬②，万物庶事③，莫不各有其所。得其所则安，失其所则悖。圣人所以能使天下顺治，非能为物作则也，惟止之各于其所而已。

（《程氏易传·艮传》）

◎ **注释** ①〔有物必有则〕语出《诗经·大雅·烝民》。则，法则。②〔父止于慈，子止于孝，君止于仁，臣止于敬〕语出《大学》："为人君止于仁，为人臣止于敬，为人子止于孝，为人父止于慈。"③〔庶事〕各种事物。

◎ **大意** 有一物必有一物的法则。做父亲就尽父母之道，慈爱儿女；做儿子就尽孝道，孝敬父母；做国君就尽为君之道，广施仁政，做大臣就尽为臣之道，敬事君王。由此推知，万事万物莫不各自有自己所当止之所。事物能止于其当止之处就安定，不能止于其当止之处就会悖乱。圣人之所以能够使天下得到安顺的治理，不是能为事物制定法则，只不过是让事物各自止于其当止之处罢了。

8.12 《兑》，说而能贞①，是以上顺天理，下应人心，说道之至正至善者也。若夫"违道以干百姓之誉②"者，苟③说之道，违道不顺天，干誉非应人，苟取一时之说耳，非君子之正道。君子之道，其说于民，如天地之施，感之于心而说服无斁④。（《程氏易传·兑传》）

◎ **注释** ①〔说而能贞〕以正道取悦人。说，悦。贞，正。本条是对《周易·兑卦》象辞的解说。②〔违道以干百姓之誉〕语出《尚书·大禹谟》。干，求。③〔苟〕不循礼法姑且行事。④〔说服无斁〕内心悦服而无丝毫厌弃。斁，厌。

◎ **大意** 兑卦，能以正道取悦人，这是上顺天理、下应人心，是至正至善的取悦人的方法。至于违背正道而去求得百姓赞誉的做法，是苟且取悦之道，它违背正道，所以不顺天；它有意求得赞誉，所以不应人心。这只不过尚且讨得人们的一时欢喜罢了，并不是君子的正道。真正的君子之道，其取悦于万民就如同天地施恩于万物，让百姓心悦诚服而不厌弃。

8.13 天下之事，不进则退，无一定之理。济之终不进而止矣,无常止也。衰乱至矣,盖其道已穷极也。圣人至此奈何?曰:唯圣人为能通其变于未穷,不使至于极,尧、舜是也,故有终而无乱。①(《程氏易传·既济传》)

◎ **注释** ①本条释《周易·既济卦·象传》。既济,成功之义。既济卦的终爻无复可进,象征着治之极盛,也象征着治道已经穷尽,不能再有所作为。物极必反,治极而乱。如何在治世保持繁荣,避免走向衰败与混乱,是此条阐述的内容。

◎ **大意** 天下之事,不进则退,没有定于一处的道理。既济卦到最后一爻不能前进就停止了,但不是永久的停止。停止之后衰乱就到了,这是由于治道到了穷尽的地步。圣人到了这个时候会怎么办呢?回答说:只有圣人能够在未至穷尽时通达其变化,使它不走入尽头,尧、舜就是这样的。所以圣人能使天下保持繁荣而无衰乱。

8.14 为民立君,所以养之也。养民之道,在爱其力。民力足则生养遂,生养遂则教化行而风俗美,故为政以民力为重也。《春秋》凡用民力必书,其所兴作不时害义,固为罪也,虽时且义必书,见劳民为重事也。后之人君知此义,则知慎重于用民力矣①。然有用民力之大而不书者,为教之意深矣。僖公②修泮宫③,复閟宫④,非不用民力也,然而不书。二者,复古兴废之大事,为国之先务,如是而用民力,乃所当用也。人

君知此义，知为政之先后轻重矣。（《程氏经说·春秋传》）

◎ **注释** ①〔后之人君知此义，则知慎重于用民力矣〕若干版本缺"后之"以下一句。②〔僖公〕鲁僖公，春秋时鲁国国君。③〔泮宫〕古代学校。④〔閟宫〕祭祀祖先的地方。

◎ **大意** （上天）为百姓确立君主，是要让他养护百姓。养护百姓的办法，在于爱惜民力。民力充足了，那么生息养育才能实现，能够生息养育，教化才能推行而使风俗善美。所以治国要以民力为重。《春秋》中凡是动用民力，就一定会记载其所兴建的事项，耽误农时而害于道义，固然会被认为是罪过；即使未违背农时且符合道义也一定要记载，以显示动用民力是重要的事。后世国君知道这一道理，就知道在使用民力时应当慎重了。然而《春秋》中也有大量使用民力而不记载的，这其中教导后人之意是深刻的。鲁僖公修筑泮宫，又修筑閟宫，并非没有动用民力，然而没有记载。因为这两件事是复古兴废的大事，是治理国家的优先之务，如此使用民力，才是应当的。国君懂得这一道理，也就懂得治理政事的先后轻重了。

8.15 治身齐家以至平天下者，治之道也。建立治纲，分正百职，顺天时以制事。至于创制立度，尽天下之事者，治之法也。圣人治天下之道，唯此二端而已。（《程氏经说·书解》）

◎ **大意** 修养自身，齐治一家，以至于平治天下，这是治政的大道；建立法治大纲，划分并摆正百官的职责，顺应天时以裁断事物。至于创设制度以穷尽天下之事，这是治政的法则。圣人治理天下的方法，只有这两个方面而已。

8.16 明道先生曰：先王之世以道治天下[①]，

后世只是以法把持天下。(《二程遗书》卷一《端伯传师说》)

◎ **注释** ①〔以道治天下〕即行王道仁政。道，圣人之道。

◎ **大意** 程颢说：前代圣王之时，以大道治理天下，而后世只是用法令控制天下。

8.17 为政须要有纪纲文章①，先有司②、乡官读法③、平价、谨权量④，皆不可阙也。人各亲其亲，然后能不独亲其亲⑤。仲弓⑥曰："焉知贤才而举之？"子曰："举尔所知。尔所不知，人其舍诸？"便见仲弓与圣人用心之大小。推此义，则一心可以丧邦，一心可以兴邦，只在公私之间尔。(《二程遗书》卷十一《师训》)

◎ **注释** ①〔纪纲文章〕纪纲，网罟的纲绳，引申为纲领。文章，礼乐制度。②〔先有司〕语出《论语·子路》。③〔乡官读法〕乡官，治理一乡事务的官吏。读法，按周代制度，官员于正月吉日集合民众，宣读一年之政令及司徒之十二教法，称读法，如邦法乡约之类。④〔权量〕测定物体大小、轻重的器具。⑤〔不独亲其亲〕语出《礼记·礼运》。⑥〔仲弓〕姓冉，名雍，孔子弟子，曾为季康子之家臣，亦为费邑长官。

◎ **大意** 处理政事必须要有大纪大纲和礼乐制度，比如率先垂范做好下属的表率、乡官读法、平抑物价、慎重审查度量衡等，都是不可缺少的事。人各自亲敬自己的父母，然后才能使天下人不仅仅亲敬自己的父母。仲弓曾问孔子说："怎样识别贤才并举荐他呢？"孔子说："只推荐自己了解的就可以了。

你不了解的，难道别人会舍弃吗？"从这便可以看出仲弓与圣人用心大小的区别。推广这种大小不同的用心，那么用心小者发展下去，此心可以亡国；用心之大者扩展出去，此心可以兴邦。这两种用心的不同，只在公私之间罢了。

8.18 治道亦有从本而言，亦有从事而言。从本而言，惟从格君心之非①，"正心以正朝廷，正朝廷以正百官②"。若从事而言，不救则已，若须救之，则须变，大变则大益，小变则小益。

（《二程遗书》卷十五《入关语录》）

◎ **注释** ①〔格君心之非〕语出《孟子·离娄上》。格，正。②〔正心以正朝廷，正朝廷以正百官〕董仲舒之语，见《汉书》卷五十六。

◎ **大意** 程颐说：治国之道有从根本上说的，也有从具体行事上说的。从根本上说，治国在于革除君心之非，"正君主之心以正朝廷，正朝廷以正百官"。如果从具体的行事上说，不救时弊则已，若需救弊，就必须变革。大变革就有大的收益，小变革则有小的收益。

8.19 唐有天下，虽号治平，然亦有夷狄之风。三纲①不止，无君臣、父子、夫妇，其原始于太宗②也。故其后世子弟皆不可使，君不君，臣不臣。故藩镇不宾③，权臣跋扈，陵夷④有五代⑤之乱。汉之治过于唐。汉大纲正，唐万目举。本朝⑥大纲正，万目亦未尽举。（《二程遗书》卷十八《刘元承手编》）

◎ **注释** ①〔三纲〕君为臣纲，父为子纲，夫为妻纲。②〔太宗〕即唐太宗李世民。③〔宾〕服从，归顺。④〔陵夷〕迤逦渐平，引申为衰微。⑤〔五代〕指后梁、后唐、后晋、后汉、后周。⑥〔本朝〕指宋朝。

◎ **大意** 唐朝拥有天下，虽号称治平，然而仍有夷狄之风。唐朝三纲不正，没有君臣、父子、夫妇伦常，其根源来自唐太宗。所以他的后世子孙都不可驱使，君不像君，臣不像臣，所以藩镇不宾服，权臣跋扈，国家逐渐衰败，以至发展为五代之乱。汉代之治优于唐代。汉代大纲正，唐朝万目举。至于宋朝，人伦纲纪有序，具体典章制度也未能尽举。

8.20 教人者，养其善心而恶自消；治民者，导之敬让而争自息。（《二程外书》卷十一《时氏本拾遗》）

◎ **大意** 教化人的方法，在于培养人的善心，如此则恶行自然消除；治理民众的方法，在于引导大家相敬相让，如此则争斗自然会平息。

8.21 明道先生曰：必有《关雎》《麟趾》①之意，然后可以行《周官》②之法度。（《二程外书》卷十二《传闻杂记》）

◎ **注释** ①〔《关雎》《麟趾》〕指《诗经·国风》中的《关雎》与《麟之趾》二篇。②〔《周官》〕又名《周官经》《周礼》，搜集周王室官制和战国时各国制度，添附儒家政治理想，增减排比而汇编成书。

◎ **大意** 程颢说：一定要有《关雎》《麟之趾》所表现出来的德化之意，然后才可以实行《周礼》所记载的法度。

8.22 "君仁莫不仁，君义莫不义①。"天下之治乱，系乎人君仁不仁耳。离是而非，则生于其心，必害于其政②，岂待乎作之于外哉？昔者，孟子三见齐王而不言事，门人疑之，孟子曰："我先攻其邪心③。"心既正，然后天下之事可从而理也。夫政事之失，用人之非，知者能更之，直者能谏之。然非心存焉，则一事之失，救而正之，后之失者，将不胜救矣。格其非心，使无不正，非大人其孰能之。（《二程外书》卷六《罗氏本拾遗》）

◎ **注释**　①〔君仁莫不仁，君义莫不义〕语出《孟子·离娄上》。②〔生于其心，必害于其政〕语出《孟子·公孙丑上》。③〔我先攻其邪心〕语出《荀子·大略》。攻其邪心，指以正色使其邪心端正过来。

◎ **大意**　程颢说：君主行仁就没有人不仁，君主行义就没有人不义，天下的治乱，取决于君主是仁还是不仁。君主之心一旦离开"是"，那么"非"就在心中产生了，有此非邪之心就会危害政事，哪里还用等到这非邪之心表现为外在的行为才算危害政事呢？往昔孟子三次见齐宣王都不谈政事，门人疑惑，孟子说："我先攻除他的邪心。"君心正了，然后天下之事可以随之而得到治理了。君主为政的失误、用人的错误，聪明人能加以改正，正直的人能够谏阻，但如果君主存心不正，那么一事的失误，尚可加以挽救修正，但后面接连不断的失误，将救不胜救。革除君主的非心，使之无所不正，除圣人之外谁又能为之！

8.23　横渠先生曰：道千乘之国，不及礼乐刑政，而云"节用而爱人，使民以时①"。言能如是则法行，不能如是则法不徒行。礼乐刑政，亦制数②而已。（张载《正蒙·有司》）

◎ **注释** ①〔节用而爱人，使民以时〕语出《论语·学而》。②〔制数〕指刑法、法制。

◎ **大意** 张载说：孔子谈论治理一个拥有千辆战车的国家时，没有谈到礼乐刑政，而是说"节省用度，爱护百姓，以农时役使民众"。这说的是治理国家能如此，法令就能推行；不如此，则法令不能单独推行。未能实行的礼乐刑政，也只不过是徒具形式的法条而已。

8.24 法立而能守，则德可久，业可大。郑声佞人①，能使为邦者丧其所守，故放远之。（张载《正蒙·三十》）

◎ **注释** ①〔郑声佞人〕语出《论语·卫灵公》："放郑声，远佞人；郑声淫，佞人殆。"郑声，郑国淫靡的乐曲。佞人，花言巧语、阿谀奉承的人。

◎ **大意** 张载说：法令设立后能够守持，那么德行就能保持长久，事业就能光大。淫靡的郑国音乐，巧言面谀的小人，能使治理国家的人丧失操守，所以要抛弃和远离他们。

8.25 横渠先生答范巽之书曰：朝廷以道学、政术为二事，此正自古之可忧者。巽之谓孔、孟可作，将推其所得而施诸天下邪？将以其所不为而强施之于天下欤？大都君相以父母天下为王道，不能推父母之心于百姓，谓之王道可乎？所谓父母之心，非徒见于言，必须视四海之民如己之子。设使四海之内皆为己之子，则讲治之术，必不为秦汉之少恩，必不为五伯①之假名。巽之为朝廷言，"人不足与适，政不足与间②"，能使吾君爱天下之人如赤子，则治德必日新，人之进者必良士，帝王之道不必改途而成，学与政不殊心而得矣。（张载《横渠文集佚存·答范巽之书》）

◎ **注释** ①〔五伯〕春秋时代的齐桓公、晋文公、秦穆公、楚庄王、宋襄公。②〔人不足与适，政不足与间〕语出《孟子·离娄上》。适，同"谪"，指责、谴责。间，非议。

◎ **大意** 张载给范育的回信说：朝廷把道学、政术当作两回事，这正是自古以来都值得忧虑的。假若孔、孟能够复生，他们会将自己的心得推广于天下呢，还是把他们自己没有研究过的东西即道学以外的东西勉强推行于天下呢？君主宰相总把像父母一样对待天下之民称为王道，如果不能将父母之心推广至百姓，那么能够称作王道吗？所谓父母之心，不只是表现在口头上，而是在内心深处将四海之民当作自己的孩子。假设四海之内都是自己的孩子，那么他们讲的治国之术必定不会像秦汉之政那样少恩，必定不会像春秋五霸那样空有仁义之名。你如果为朝廷考虑，"既不必指责朝廷用人不当，也不必非议他们为政的失误"，能够使国君爱天下之民如赤子，则其治德必会日日更新，被举荐的人必定是良士，三皇五帝之道，不必改辙易途而成。学问与政术同用一心就可得到，明于学问即明于政术。

◎ **思考辨析题**

1. 理学家治国平天下的主要思路有哪些？
2. 如何理解理学家的德位观？
3. 为何理学家将"格君心之非"作为治道之本？

卷九　治　法

此卷讨论的是治法，即具体的制度设施（治体、治法和下卷的政事共同构成儒家政治学说的主要内容）。治体虽然已经确立，但如果没有具体的礼乐刑政制度作辅助，治世仍不能实现。故治理国家首先应正风俗、重师道、育人才，其次要在纲常名教的维系下，辅以宽宥的刑罚制度，反对苛政暴政，以养民、教民为主，反对肆意刑杀。

9.1 濂溪先生曰：古圣王制礼法，修教化，三纲正，九畴叙①，百姓大和，万物咸若②。乃作乐以宣八风③之气，以平天下之情。故乐声淡而不伤，和而不淫，入其耳，感其心，莫不淡且和焉。淡则欲心平，和则躁心释。优柔平中，德之盛也；天下化中，治之至也。是谓道配天地，古之极也④。后世礼法不修，政刑苛紊，纵欲败度，下民困苦。谓古乐不足听也，代变新声，妖淫愁怨，导欲增悲，不能自止。故有贼君弃父，轻生败伦，不可禁者矣。呜呼！乐者，古以平心，今以助欲；古以宣化⑤，今以长怨。不复古礼，不变今乐，而欲致治者，远哉！（《周子通书·乐上第十七》）

◎ **注释** ①〔九畴叙〕语出《尚书·洪范》。九畴，九类大法，即：一，五行；二，五事；三，八政；四，五纪；五，皇极；六，三德；七，稽疑；八，庶征；九，五福六极。叙，排好次序。②〔若〕顺。③〔八风〕八方之风。东北方曰条风，东方曰明庶风，东南方曰清明风，南方曰景风，西南方曰凉风，西方曰阊阖风，西北方曰不周风，北方曰广风。详见《史记·律书》《易纬·通卦验》等。④〔古之极也〕语出《老子》。⑤〔宣化〕传布德化。

◎ **大意** 周敦颐说：古代圣王制订礼法，修明教化，三纲正，人伦关系各得其位，百姓和睦，万物和顺。于是制作音乐来宣引八方的风气，平顺天下人的性情。所以乐声淡而不至于哀伤，和而不至于随物流迁，入于人耳，感发人心，人心莫不淡泊和顺。淡泊则私欲之心平静，和顺则躁动之心消释。优游柔顺、平和得中，这是盛大的德性；天下化于中正，这是治平的极致。这就叫道与天地相称，是古代圣贤的极致。后世不修礼法，政刑烦苛混乱，居于上位者放纵私欲、败坏法度，使得民众困苦。他们称古乐不值得听，代代更换新声，而这新声妖淫愁怨，诱发人的欲望，增强人的愁苦，甚至会达到不能自我约束的地步。所以出现了贼害君上、抛弃父母、轻生败伦这样无法禁止的情形。唉！音乐，古人用它来平顺人心，今人用来助长欲望；古人用来宣布教化，今人用来助长怨愤。不恢复古礼，不改变今乐，而想实现大治，差得太远了！

9.2 明道先生言于朝曰①：治天下以正风俗、得贤才为本。宜先礼命近侍贤儒及百执事，悉心推访有德业充备、足为师表者，其次有笃志好学、材良行修者，延聘敦遣，萃于京师②，俾朝夕相与讲明正学。其道必本于人伦，明乎物理。其教自小学③洒扫应对以往，修其孝弟忠信，周旋礼乐。其所以诱掖激厉④、渐摩成就之道，皆有节序，其要在于择善修身，至于化成天下，自乡人而可至于圣人之道，其学行皆中于是者为成德。取材识明达可进于善者，使日受其业。择其学明德尊者，为太学之师，次以分教天下之学。择士入学，县升之州，州宾兴⑤于太学，聚而教之，岁论其贤者、能者于朝。凡选士之法，皆以性行端洁、居家孝悌、有廉耻礼逊、通明学业、晓达

治道者。(《二程文集》卷一《请修学校尊师儒取士札子》)

◎ **注释** ①〔明道先生言于朝曰〕本条是程颢《请修学校尊师儒取士札子》一文的一部分，该文作于宋神宗熙宁元年（1068年），程颢时为西监察御史里行。②〔延聘敦遣，萃于京师〕《请修学校尊师儒取士札子》原文曰："其高蹈之士，朝廷当厚礼延聘，其余命州县敦遣，萃于京师。"萃，聚集、汇集。③〔小学〕研究文字、训诂、音韵的学问，宋代把洒扫、应对这些日常活动也作为小学内容。④〔诱掖激厉〕诱掖，引导扶持。激厉，激励。⑤〔宾兴〕举荐人才礼遇之。兴，举。周代举贤，自乡小学荐举贤能而宾礼之，以升入国学。见《周礼·地官·大司徒》。科举时代，地方官设宴招待应举之士，也叫宾兴。

◎ **大意** 程颢向朝廷进言说：治理天下以正风俗、得贤才为本。如何得贤才？应先礼聘近侍、贤儒以及执事百官，要他们悉心推访，凡德业充实完备、足可为人师表的，其次笃实好学、品才兼优的，朝廷厚礼聘请，州县诚意遣送，把他们集中在京师，让他们从早到晚共同研究，阐明正学。他们的学问必定是本于人道、明于事理的。他们教人从小学的洒扫、应对开始，修明孝悌忠信、人事应酬中的礼乐等，其用以诱导、激励、浸润、砥砺后学直到成就其德业的方法，都有次序，其大要在于教人择善修身，推而广之至于化成天下，如此可以从一个普通人逐渐走上圣人之道。其中那些学业品行符合上述要求的就叫作成德。选取那些才识明达可以进于善道的人，让他们天天在这里学习。选择那些学业大明、德行崇高的人为太学之师，学问品行次于这些人的，让他们分别去教授各地的各级学校。选取优秀的士人入学学习，由县学升入州学，州学再把他们举荐到太学，太学聚集这些人来教育，每年都在朝堂上讨论太学中谁有德行，谁有才能。凡是选取人才，都要选取品性行为端庄高洁、在家孝悌、有廉耻知礼让、通明学业、知晓治国之道的人。

9.3 明道先生论十事①：一曰师傅，二曰六官②，三曰经界③，四曰乡党，五曰贡士④，六曰兵役，七曰民食，八曰四民⑤，九曰山泽（本注：修虞衡之职⑥），十曰分数⑦（本注：冠、婚、丧、祭、车服、器用等差）。其言曰：无古今⑧，无治乱，如生民之理有穷，则圣王之法可改。后世能尽其道则大治，或用其偏则小康⑨，此历代彰灼著明之效也。苟或徒知泥古而不能施之于今，姑欲徇名而遂废其实，此则陋儒之见，何足以论治道哉？然倘谓今人之情皆已异于古，先王之迹不可复于今，趣便目前，不务高远，则亦恐非大有为之论，而未足以济当今之极弊也。（《二程文集》卷一《论十事札子》）

◎ **注释** ①〔明道先生论十事〕此为《论十事札子》一文中的一部分。此疏是程颢于熙宁二年（1069年）呈给神宗的札子，时明道三十八岁，授太子中允，权监察御史里行。②〔六官〕《周礼》以天地、四时命名官名，分为天官、地官、春官、夏官、秋官和冬官。隋唐以后设吏、户、礼、刑、兵、工六部尚书，也统称六官。③〔经界〕划分土地的类别、用途与分界。语出《孟子·滕文公上》。④〔贡士〕此称始见于《礼记·射义》。原指诸侯推荐给天子的士，汉指郡国荐举的孝廉之才，唐、宋以州（府）及县科举考试（乡贡、乡举）中试者称乡贡士。⑤〔四民〕士、农、工、商。⑥〔虞衡之职〕掌管山泽及山泽之民的官职。语出《周礼·天官·太宰》。⑦〔分数〕依社会地位的高低，规定各种礼仪、车服、器用的限度。⑧〔无古今〕无论古今。⑨〔小康〕儒家社会理想中所谓政教清明、百姓富裕安乐的社会局面，指禹、汤、文、武、成王、周公之治，低于"大同"社会，语出《礼记·礼运》。

◎ **大意** 程颢论治国理政的十事：一是师傅，二是六官，三是经界，四是乡党，五是贡士，六是兵役，七是民食，八是四民，九是山泽（本注：修治山林川泽），十是分数（本注：冠、婚、丧、祭祀等典礼中不同等级的人所使用的车服、器用等的差别）。他说：不论古今，不论治乱，凡治国之道在教养百姓上行不通时，那么圣王之法也就可以更改了。后世若能极尽因时变异之道就能实现大治，或能用其中的一部分就能实现小康，这是经历代治国实践检验过而彰明有效的。如果有人只知道拘泥于古法而不能适应时代变化将之施行于今世，那只是追求虚名而废弃了它的实质，是陋儒的见解，不足以和他谈论治国之道！但倘若说今世的人情都与古时完全不同，先王的治迹已经不可能出现在今世，只追求眼前的利益，而不追求高远的目标，那么恐怕不会有大有作为的论断，也不能革除当今之世的积弊。

9.4 伊川先生上疏①曰：三代之时，人君必有师、傅、保之官。师，道之教训；傅，傅之德义；保，保其身体。后世作事无本，知求治而不知正君，知规过而不知养德。傅德义之道，固已疏矣；保身体之法，复无闻焉。臣以为傅德义者，在乎防见闻之非，节嗜好之过；保身体者，在乎适起居之宜，存畏慎之心。今既不设保、傅之官，则此责皆在经筵②。欲乞皇帝在宫中言动服食，皆使经筵官知之。有剪桐之戏③，则随事箴规；违持养之方，则应时谏止。（本注，《遗书》又云：某尝进言，欲令上于一日之中，亲贤士

大夫之时多，亲宦官宫人之时少，所以涵养气质，薰陶德性。）（《二程文集》卷六《论经筵第二札子》）

◎ **注释** ①〔伊川先生上疏〕此条为程颐《论经筵第二札子》的摘录。宋哲宗元祐元年（1086年），伊川五十四岁，担任西京国子监教授，上《论经筵第二札子》。②〔经筵〕帝王研读经史而特设的御前讲席。③〔剪桐之戏〕指帝王说话漫不经心。出自《史记·晋世家》。

◎ **大意** 程颐上疏朝廷说：上古三代之时，人君身旁必有师、傅、保等官。师，是开导教诲君主的；傅，是教导君主德义的；保，是保护君主身体的。后世做事没有根本之计，知道追求治平但不知道规正君心，知道规劝君主的过错却不知道培养其德性。教导君主道德信义的方法，固然已经荒废，保护身体之法，也再没有听闻过。我以为教导君主道德信义的方法，在于防止君主耳闻目见非礼之事，节制过分的嗜好；保护君主身体的方法，在于使君主日常生活起居适宜而不过分满足欲望，时刻保持敬畏谨慎之心。现今既然不设立保、傅的官职，那么保、傅君主的责任都应落在经筵官上，我想请求皇帝在宫中的一言一行、衣服饮食，都让经筵官知晓。凡君主在政事上有不当的言行，经筵官就随事箴规；君主在生活上有不利于养护身体的做法，经筵官就应该及时劝止。（本注，《遗书》又说：我曾经进言，想要使皇帝在一天之中亲近贤士大夫的时间多一点，亲近宦官、宫人的时间少一点，用这样的方式涵养气质，薰陶德性。）

9.5 伊川先生《看详三学条制》云①：旧制，公私试补②，盖无虚月。学校礼义相先之地，而月使之争，殊非教养之道。请改试为课③，有所未至，则学官召而教之，更不考定高下。制尊贤堂以延天下道德之士，及置待宾吏师斋④，立检察士人行检等法。又云：自元丰⑤后，设利诱之法，增国学解⑥额至五百人，来者奔凑，舍父母之养，忘骨肉之爱，往来道路，旅寓他土，人心日偷，士风日薄。今欲量留一百人，余四百人分在州郡解额窄处。自然士人各安乡土，养其孝爱之心，息其奔趋流浪之志，风俗亦当稍厚。又云：三舍⑦升补之法，皆案文责迹，有司之事，非庠序⑧育材论秀⑨之道。盖朝廷授法必达乎下，长官守法而不得有为，是以事成于下，而下得以制其上，此后世所以不治也。或曰：长贰⑩得人则善矣，或非其人，不若防闲⑪详密，可循守也。殊不知先王制法，待人而行，未闻立不得人之法也。苟长贰非人，不知教育之道，徒守虚文密法，果足以成人材乎？（《二程文集》卷七《学制》）

◎ **注释** ①〔伊川先生《看详三学条制》云〕《看详三学条制》一文今未见，此条摘编程颐《三学看详文》《论改学制事目》《论礼部看详状》而成。所谓三学，《伊川文集》卷三明言为太学（教授儒学及词赋）、律学（教授法律及条例）、武学（教授武艺及技击），但注家解释纷纭：或作太学、宗学、武学，或作文学、宗学、武学，或作县学、州学、太学，或作三舍（外舍、内舍、上舍），或作尊贤堂、待宾斋、吏师斋，或作国子学、太学、四门学，或以为三间学校。②〔补〕奖励。③〔课〕考查，考核。④〔置待宾吏师斋〕张伯行《近思录集解》卷九指出:"四方之士有行能可敬者,宾而待之,有通于治道可为吏之师者,馆而隆之,故于尊贤堂而外,更置待宾、吏师二斋,以广其教。"⑤〔元丰〕宋神宗年号之一。⑥〔解〕举进士者皆由地方发送入试,称为"解"。⑦〔三舍〕指太学之外舍、内舍、上舍。生徒初入外舍,月一私试,岁一公试,及格升入内舍。间岁一舍试,升入上舍,上舍上等授官。详《宋史》卷一五七《选举志三·学校试》。⑧〔庠序〕乡学在周代称为庠,在商代称为序。后代以庠序为教导学生的地方,即学校。⑨〔论秀〕选拔优秀人才。论,通"抡",选拔。⑩〔长贰〕长官及其副手。⑪〔防闲〕防备弊端。

◎ **大意** 程颐《看详三学条制》中说:按旧制,太学生参加公试和私试以升补,每月都需考试。学校是以礼义相推让的地方,而每月让他们去竞争,确实有违教养之道。我请求改考试为检验考核,发现学得不好的地方,学官召集学员进行教授,并且不再排定名次高低。设置尊贤堂,延请天下道德修养高的人,并设置侍宾斋、吏师斋,建立检查士人品行操守的制度。又说:自元丰年间以来,太学设立了以利益诱导生员的制度,将原来解送应省试的名额增加到了五百,全国学子都会聚于太学。他们抛舍父母之养,忘却骨肉之爱,路途奔波,旅居他乡,以追求名利,使得人心日益苟且,士风日渐浅薄。现在打算在太学中只保留一百人,其余四百名额,分配给解送名额少的各个州郡,如此士人自然各自安居乡土,全养他们的孝爱之心,平息他们的奔趋流浪之心,风俗也能渐渐淳厚。又说:三舍升补的方法,都是仅依文卷考查人的实绩,这是处理政事的办法,不符合学校育人择士之道。朝廷授予法令,一定要贯彻到下层。长官守着法令却不能有所作为,所以事情在下面做成了,下层之人都能挟制上层人,这是后世不能实现治平的原因。有人说:长官及其副手任用了合适的人,自然是好的,如果任用了不合适的人,那就不如防范得严密些,还是由下而上推选人才的办法有规可循。殊不知先王制定法令,必有合适的人才能实行,没有听说过制定不得人心的法令。如果长官和副职都不是称职的人,不懂得教育之道,只是空守着法令条文,还能培养出人才吗?

9.6 《明道先生行状》云①:先生为泽州晋城令②,民以事至邑者,必告之以孝悌忠信,入所以事父兄，出所以事长上。度③乡村远近为伍保④，使之力役相助，患难相恤，而奸伪无所容。凡孤茕⑤残废者，责之亲戚乡党，使无失所。行旅出于其途者，疾病皆有所养。诸乡皆有校，暇时亲至，召父老与之语；儿童所读书，亲为正句读⑥；教者不善，则为易置；择子弟之秀者，聚而教之。乡民为社会⑦，为立科条⑧，旌别⑨善恶，使有劝⑩有耻。

（《二程文集》卷十一《明道先生行状》）

◎ **注释** ①〔《明道先生行状》云〕此条为《明道先生行状》一文的小部分。行状，人去世后描叙其一生行为事迹的文章，该文为程颐在元丰八年（1085年）六月程颢卒后所撰。②〔为泽州晋城令〕宋英宗治平二年（1065年）至神宗熙宁元年（1068年），程颢担任泽州晋城（在今山西晋城）县令。③〔度〕估量。④〔伍保〕五家为伍，五伍为保，都是地方组织，同一伍保，可以相互监督，共同守卫。⑤〔孤茕〕孤独，无依无靠。⑥〔句读〕文辞休止与停顿处，即断句。⑦〔社会〕乡民自发结成的组织或团体，称作某某社或某某会。⑧〔科条〕条例，章程。⑨〔旌别〕识别，甄别。⑩〔有劝〕劝，鼓励。有劝指有上进心。

◎ **大意** 程颐《明道先生行状》中说：程颢担任泽州晋城令时，百姓因事到城中去的，程颢遇见他们，必定以孝悌忠信告诫他们，让他们懂得在家如何侍奉父兄，外出如何对待长上。估量乡村的距离，分别组成伍保，让他们有出力服役的事就相互帮扶，有患难相互救助，如此，奸逆虚伪的人就没有容身之所。凡是孤独残疾的，要求他的亲族与乡里负责，使他们不流离失所。行路的人从其境内经过，凡有疾病的都能有所奉养。各乡都建有学校，农闲时程颢先生亲自前往学校，召集当地父老与他们交谈；小孩读的书，亲自为他们订正句读。老师不称职，就给学生另行配备老师，选择子弟中优秀的集中起来加以教育。乡民们组织社团，程颢为他们订立约规，以辨别善恶，使他们都有上进心和羞耻心。

9.7《萃》："王假有庙①。"《传》曰：群生至众也，而可一其归仰；人心莫知其乡②也，而能致其诚敬；鬼神之不可度③也，而能致其来格④。天下萃合人心、总摄众志之道非一，其至大莫过于宗庙，故王者萃天下之道至于有庙，则萃道之至也。祭祀之报，本于人心，圣人制礼以成其德耳。故豺獭能祭⑤，其性然也。（《程氏易传·萃传》）

◎ **注释** ①〔王假有庙〕王到宗庙里祭祀。语出《周易·萃卦·象传》。萃，聚集。假，通"格"，到。有，语助词。②〔乡〕通"向"，方向。③〔度〕揣度。④〔来格〕祭祀时，祖先神灵降临享用祭品。格，至。⑤〔豺獭能祭〕语出《礼记·月令》。豺，是以肉为食的动物，到了秋末，为了准备过冬，捕许多兽，也将兽一一陈列，如同行祭礼，所以也称"豺祭兽"。獭，即水獭，是以鱼为食的动物，初春捕鱼后，先将鱼一一陈列于地上，然后吃掉，好像行祭礼，所以称"獭祭鱼"。

◎ **大意**《周易·萃卦》卦辞说："王假有庙。"程颐解释说：天下众生是极多的，祭祀却能够统一他们的信仰；人心来去无定，无法把握其去向，而祭祀能使其诚敬；鬼神神秘难以测度，而祭祀却能使其降临享受祭品。天下聚合人心、统摄众志的方法有很多，其中最重要的莫过于通过宗庙，所以王者通过宗庙聚合人心，这是聚合之法的极致。祭祀中报偿先祖，根源于人的内心，圣人制定祭祀的礼仪文节不过借以成就人们这种报本的美德。所以像豺狼、水獭都能祭祀，是它们的本性使它们这样做的。

9.8 古者戍役①，再期②而还。今年春暮行，明年夏代者至，复留备秋，至过十一月而归。又明年仲春遣次戍者。每秋与冬初，两番③戍者皆在疆圉④，乃今之防秋⑤也。⑥（《程氏经说·诗解》）

◎ **注释** ①〔戍役〕戍守边疆的兵役。②〔再期〕两年。期，一周年。③〔两番〕两批。番，轮番。④〔疆圉〕边疆，边境。圉，边陲。⑤〔防秋〕北方胡人一般秋天大举南犯，所以秋冬边疆要做好防范，称"防秋"。⑥本条是《程氏经说·诗解》中《诗经·小雅·采薇》解说的最后一段。

◎ **大意** 古人戍边服兵役，两年返回。比如今年的三月出发，明年夏季代替的人到了，这时被代替的人不能立刻回去，需再留一段时间备秋，等过了十一月才能回去。又到明年的二月遣发下一拨戍边的人。每年的秋天与初冬，两拨戍边的人都在边疆，这就是今天说的"防秋"。

9.9 圣人无一事不顺天时，故至日闭关①。

（《二程外书》卷三《陈氏本拾遗》）

◎ **注释** ①〔至日闭关〕语出《周易·复卦·象传》。至日，冬至。

◎ **大意** 圣人做的每一件事都顺应天时，所以到冬至日这天就关闭城门。

9.10 韩信多多益办①，只是分数明②。（《二程遗书》卷七）

◎ **注释** ①〔韩信多多益办〕韩信最初跟随项羽，但不为项羽重用，于是离开项羽归附汉王刘邦。因有战功，封齐王，不久又改封为楚王。后因谋反，被贬为淮阴侯，终为吕后所杀。韩信曾经对刘邦夸口，谓带兵"多多益善"。详见《史记》卷九十二及《汉书》卷三十四的传文。②〔分数明〕指法度分明，治理有方。分，每个人所承担的职责。数，士兵行伍的数目多寡。

◎ **大意** 韩信带兵越多，越能妥善处理，其原因只是每个人的职分与限数都十分明确。

9.11 伊川先生曰：管辖人亦须有法，徒严不济事。今帅千人，能使千人依时及节得饭吃，只如此者亦能有几人？尝谓军中夜惊，亚夫坚卧不起①。不起善矣，然犹夜惊何也？亦是未尽善。

（《二程遗书》卷十《洛阳议论》）

◎ **注释** ①〔亚夫坚卧不起〕亚夫，即周亚夫（？—前143），西汉名将，沛县（今属江苏）人。汉景帝时七王反，周亚夫将兵击之。军中夜惊，扰至帐下，亚夫坚卧不起，有顷遂定。事见《史记》卷五十七，又见《汉书》卷四十。

◎ **大意** 程颐说：管理、统辖人也需要有法度，只依靠禁令严不能成事。比如现在统率千人，仅仅使这千人都能按时吃饭，能做到的又能有几人？我曾经说过，周亚夫善于统兵，军中夜惊，他作为主帅硬是躺着不起来。仓促中能镇定不起是很好了，然而为什么会出现军中夜惊的情况呢？还是他统军不能做到尽善。

9.12 管摄天下人心，收宗族，厚风俗，使人不忘本，须是明谱系①，收世族，立宗子法②。（本注：一年有一年工夫。）（《二程遗书》卷六）

◎ **注释** ①〔谱系〕把世代宗族人等记录下来的册籍叫"谱"，宗族中相联的关系叫"系"。②〔宗子法〕即宗法。古时候的宗法制度，由嫡长子继承大宗，为族人兄弟所共尊，称为宗子。其他宗族依亲疏关系各有不同的称谓、身份及职守，这种法则称为宗子法。

◎ **大意** 要统摄天下人的心，统收宗族，淳厚风俗，使人不忘记自己的血缘传承，就必须修明谱牒，辨明宗派，收系世代族氏之人，确立宗子法。（本注：实行一年就有一年的成效。）

9.13 宗子法坏，则人不自知来处，以至流转四方，往往亲未绝，不相识。今且试以一二巨公之家行之，其术要得拘守得，须是且如唐时立庙院①，仍不得分割了祖业，使一人主之。

（《二程遗书》卷十五《入关语录》）

◎ **注释** ①〔庙院〕家庙与斋院。唐制庙垣为东门、南门，斋院在庙垣东门之外稍北。

◎ **大意** 宗子法废坏，人们就不知道自身从何处沿袭而来，以至于人迁移于各地，往往是血缘未断，亲人却不相识。现在应先在一两个显贵大人之家试行宗子法，实行宗子法的关键在于坚守勿失，而要想如此，就必须像唐朝一样建立家庙宗院，并且不得分割祖业，从家族中选取一人来主管这份产业。

9.14 凡人家法，须月为一会以合族。古人有"花树韦家宗会法"①，可取也。每有族人远来，亦一为之。吉凶嫁娶之类，更须相与为礼，使骨肉之意常相通。骨肉日疏者，只为不相见，情不相接尔。（《二程遗书》卷一《端伯传师说》）

◎ **注释** ①〔花树韦家宗会法〕王应麟《困学纪闻》卷十八在评诗时提到："宗会法，今不传。岑参有《韦员外家花树歌》。"《岑嘉州诗》卷二记载岑参该诗曰："今年花似去年好，去年人到今年老。始知人老不如花，可惜落花君莫扫。君家兄弟不可当，列卿太史尚书郎。朝回花底常会客，花扑玉缸春酒香。"该诗描述了韦员外在家举行花下酒宴、会宗族的情景。

◎ **大意** 但凡人们管理家族的法则，应该是每个月聚会一次以聚合本族人心人情。古人有花树韦家宗会法，可以取法。每当有族中人从远方来，就聚会一次。族中有吉凶嫁娶之类的事，更应该在一起举行典礼，使血缘亲情长相通。骨肉亲情之所以日益疏远，只是因为互不相见，情感不相交接罢了。

9.15 冠婚丧祭，礼之大者，今人都不理会①。豺獭皆知报本②，今士大夫家多忽此，厚于奉养而薄于先祖，甚不可也。某尝修六礼③，大略家必有庙（本注：庶人立影堂④）。庙必有主⑤，（本注：高祖以上即当祧⑥也。主式见《文集》⑦。又云：今人以影祭，或一髭发不相似，则所祭已是别人，大不便。）月朔必荐新⑧，（本注：荐后方食。）时祭用仲月，（本注：止于高祖，旁亲无后者，祭之别位。）冬至祭始祖，（本注：冬至，阳之始也。始祖，厥初生民之祖也。无主，于庙中正位设一位，合考妣享之。）立春祭先祖，（本注：立春，生物之始也。先祖，始祖而下，高祖而上，非一人也。亦无主，设两位分享考妣。）季秋祭祢⑨，

（本注：季秋，成物之时也。）忌日迁主，祭于正寝⑩。凡事死之礼，当厚于奉生者。人家能存得此等事数件，虽幼者可使渐知礼义。（《二程遗书》卷十八《刘元承手编》）

◎ **注释** ①〔理会〕注意，在意。②〔豺獭皆知报本〕见卷九第七条注⑤。③〔六礼〕即冠、昏、丧、祭、乡饮酒、士相见之礼。详见《礼记·王制》。④〔影堂〕供奉祖先遗像的家庙。⑤〔主〕神主，用栗木制作的先人神位。⑥〔祧〕隔了几代的祖宗，依制将其神主迁入远祖之庙，迁移神主称"祧"。⑦〔《文集》〕这里指《伊川文集》。⑧〔荐新〕以新熟的五谷或其他时新食物祭祀祖考。⑨〔祢〕父庙。⑩〔正寝〕泛指房屋的正厅或正室。

◎ **大意** 冠礼、婚礼、丧礼、祭礼，是礼中最重要的，今人都不在意。豺和水獭都知道祭祀以报本，现今的士大夫大多忽视这些，对自身奉养丰厚，对于祖先却非常菲薄，尤为不应该。我曾经修订六礼，大略是说每家必有庙（本注：庶民百姓立影堂），庙中必有受享的神主（本注：高祖以上的神主就应当撤去埋在葬处。神主的样式见《伊川文集》。又说：今人用画像祭祀祖先，有一根须发不像祖先，那么所祭的就是别人，极为不便），每月初一必须以时新食物祭祀先祖（本注：祭祀过先祖后自己才能吃），四时之祭在每一季的第二个月（本注：祭祀高祖以下的先祖，旁支没有亲人后代的，另立牌位进行祭祀），冬至日这天祭祀始祖（本注：冬至日是阳气始生之时，始祖，其初生民的最早祖先。始祖在庙中没有神主，那么就在庙中正中设立神主，考妣合在一块祭祀），立春祭祀先祖（本注：立春，是一年中万物生长的开始。先祖，指始祖以下，高祖以上的先祖，不是某个人。先祖也没有神主，就设两个神位分别祭祀男女先祖），九月祭祀父庙（本注：九月是万物成熟的时候），忌日这天将神主移到家中正寝祭祀。凡是事奉死者的礼节，应该比奉养活着的人要丰厚。一家人如果能坚持做以上几件事，即使是孩子也可以使他渐渐地知晓礼义。

9.16 卜其宅兆①，卜其地之美恶也。地美则其神灵安，其子孙盛。然则曷②谓地之美者？土色之光润，草木之茂盛，乃其验也。而拘忌者惑以择地之方位，决日③之吉凶，甚者不以奉先为计，而专以利后为虑，尤非孝子安措④之用心也。惟五患者，不得不慎：须使异日不为道路，不为城郭，不为沟池，不为贵势所夺，不为耕犁所及。（本注，一本所谓五患者，沟渠、道路，避村落，远井、窑⑤。）（《二程文集》卷十《葬说》）

◎ **注释** ①〔宅兆〕埋葬死者的坟地，当成死者的家，故称宅兆。②〔曷〕同"何"。③〔决日〕选择葬日。④〔安措〕安葬。⑤〔沟渠，道路，避村落，远井、窑〕本注无"城郭"二字，而分井窑为二，以足五患之数。

◎ **大意** 选择墓地，是选择其所在地的美或不美。地美则祖先的神灵可以得到安宁，子孙就会很繁盛。那么什么样的墓地可以称之为美呢？土壤色泽光润，草木生长茂盛，这是地美的征兆。然而那些拘泥于禁忌的人有的只考虑选择墓地的方位风水，抉择葬日的吉凶，更有甚者不以供奉先人为计，而专门考虑如何对后人有利，这更不是孝子安置先人应怀有的用心。选择墓地有五种患害不得不慎重：即要保证墓地以后不成为道路，不成为城郭，不成为沟地、池塘，不被权贵势家侵夺，不被占为耕地。（本注，一本作：所谓五患者，指沟渠，道路，避开村落，远离井、窑。）

9.17 正叔①云：某家治丧，不用浮图②。在洛，亦有一二人家化之。（《二程遗书》卷十《洛阳议论》）

◎ **注释** ①〔正叔〕程颐的字。②〔浮图〕又作"浮屠",梵语音译,指佛塔、佛陀。这里指僧侣。

◎ **大意** 程颐说:我家治丧,不用僧侣。在洛阳也有一两家人随之而改变的。

9.18 今无宗子,故朝廷无世臣①。若立宗子法,则人知尊祖重本。人既重本,则朝廷之势自尊。古者子弟从父兄,今父兄从子弟,由不知本也。且如汉高祖欲下沛时②,只是以帛书与沛父老,其父兄便能率子弟从之。又如相如使蜀③,亦移书责父老,然后子弟皆听其命而从之。只有一个尊卑上下之分,然后顺从而不乱也。若无法以联属之,安可?且立宗子法,亦是天理。譬如木,必有从根直上一干,亦必有旁枝。又如水,虽远必有正源,亦必有分派处,自然之势也。然又有旁枝达而为干者,故曰:"古者天子建国,诸侯夺宗④"云。(《二程遗书》卷十八《刘元承手编》)

◎ **注释** ①〔世臣〕世代有功勋的旧臣。②〔汉高祖欲下沛时〕秦二世元年(前209年),汉高祖想要攻下沛城,沛令闭城固守,于是汉高祖把书帛射到城中,沛城父老见之,乃率子弟杀沛令,打开城门迎接高祖。沛,在今江苏沛县。详事见《汉书》卷一上《高帝纪》。③〔相如使蜀〕汉武帝元光五年(前130年)派遣唐蒙通西北。唐蒙动员数万人,发巴蜀(今成都)。军中有逃亡者,唐蒙用军法诛其大部,这使巴蜀百姓大为惊恐。于是汉武帝乃使司马相如(前179—前118)责唐蒙,并告知巴蜀之民,唐蒙所为并不是上意,劝父老教诲子弟。④〔古者天子建国,诸侯夺宗〕语出《左传·桓公三年》。张伯行《近思录集解》卷九:"古者天子建立侯国,则天子为一宗;诸侯既主其国,则诸侯亦得别自为宗。"

◎ **大意** 现在家族中没有宗子,朝廷也就没有了世臣。如果确立宗子法,那么人们都懂得要敬重先祖重视自己的本源。人能重视自身之本,那么朝廷的威严自会得到尊重。古时子弟听从父兄,现在父兄听从子弟,这是由于今天的人不懂得重本。就像汉高祖想要攻下沛县时,只是把帛书射给沛县父老,沛县父老就能率领子弟跟从高祖。又如司马相如出使蜀地,也是写信责劝蜀中父老,然后蜀中子弟都听从其父兄之命而服从司马相如。要有一个尊卑上下的区分,然后才能顺从而不乱。如果没有一套联结相属的办法,怎么能行呢?况且确立宗子法,也是天理。宗族就像树木一样,必定有从根上径直长起来的主干,也必定有旁枝。又比如水,即使流得再远也必有正源,也必定有分流处,这是自然之势。然而又有旁支显达而成为主干的,所以前人说:"古时天子建立诸侯国,诸侯分别成为宗祖。"

9.19 邢和叔叙明道先生事云:尧、舜、三代①帝王之治,所以博大悠远,上下与天地同流②者,先生固已默而识③之。至于兴造礼乐制度文为④,下至行师用兵战阵之法,无所不讲,皆造其极。外之夷狄情状,山川道路之险易,边鄙防戍城寨斥候⑤控带⑥之要,靡不究知。其吏事操决,文法⑦簿书⑧,又皆精密详练。若先生,可谓通儒全才矣。(《二程遗书》附录《门人朋友叙述并序》)

◎ **注释** ①〔三代〕指夏、商、周。②〔上下与天地同流〕语出《孟子·尽心上》。③〔识〕记住。④〔文为〕"文章"（指具体礼乐法度）所为，即各种法令条文。语出《礼记·仲尼燕居》。⑤〔斥候〕侦察，也指侦察兵。斥，探测。⑥〔控带〕控，山川操控的形式。带，河川联系的关系。⑦〔文法〕法制，法规。⑧〔簿书〕官署中的文书簿册。

◎ **大意** 邢恕讲述程颢事迹时说：尧、舜及夏商周三代圣帝明王之治，之所以广博悠远，上下皆与天地同其流的原因，程颢先生已经默识于心。至于制定礼乐、制度文章，下至行军打仗、布阵之法，先生无不涉及，且都达到了极致。又如外方各国的人情物状，山川道路的险阻，边境防御，城寨警哨，山脉所控之地，河流环绕之处等军事要害，也都穷究而详知。政事的操持决断，文书法令簿籍书简，又都十分精密而详练。像程颢先生，可以称作通儒全才了。

9.20 介甫①言律②是八分书③，是他见得。（《二程外书》卷十《大全集拾遗》）

◎ **注释** ①〔介甫〕即王安石（1021—1086），字介甫，号半山，谥文，初封舒国公，后改封荆国公，世人又称王荆公，北宋临川（今江西临川）人。中国历史上杰出的政治家、文学家、思想家、改革家，唐宋八大家之一。有《王临川集》《临川集拾遗》等存世。②〔律〕刑律，刑书。③〔八分书〕又称八分、八书，相传为秦代上谷人王次仲所造，这里喻指刑律，意为有八分可取，二分应舍。

◎ **大意** 王安石说古代的律书是八分书，这是他的见解。

9.21 横渠先生曰：兵谋①师律②，圣人不得已而用之。其术见三王③方策，历代简书。惟志士仁人，为能识其远者大者，素求预备而不敢忽忘。

（张载《近思录拾遗·文集》）

◎ **注释** ①〔兵谋〕军事计谋，用兵谋略。②〔师律〕军队的纪律。语出《周易·师卦》。③〔三王〕三代之王，见卷三第四十七条注①。

◎ **大意** 张载说：用兵的谋略和行军的律令，圣人不得已而使用它们，这些权术方法记载在三代圣王的典籍中，记载在历朝历代的书册中。只有志士仁人，才能认识到这些谋略和军律的远大之处，平素精求其理，预为戒备而不敢忽略遗忘。

9.22 肉辟于今世死刑中取之，亦足宽民之死，过此，当念其散之之久。（吕大临《横渠先生行状》）

◎ **大意** 肉刑是对当今死刑犯所施的刑法，这样也可以让一些百姓免于死刑，要处以比这更严苛的刑罚，应当考虑（这些人犯罪）是否是居于上位者教化无方，民心涣散得太久而导致的。

9.23 吕与叔撰《横渠先生行状》云：先生慨然有意三代之治①，论治人先务，未始不以经界为急。尝曰："仁政必自经界始。贫富不均，教养无法，虽欲言治，皆苟②而已。世之病难行者，未始不以亟③夺富人之田为辞。然兹法之行，悦之者众，苟处之有术，期以数年，不刑一人而可复，所病者特上之未行耳。"乃言曰："纵不能行之天下，犹可验之一乡。"方与学者议古之法，共买田一方，画为数井④，上不失公家之赋役，退以其私正经界,分宅里,立敛法⑤,广储蓄,兴学校,成礼俗,救灾恤患,敦本抑末⑥,足以推⑦先王之遗法,明当今之可行。此皆有志未就。(吕大临《横渠先生行状》)

◎ **注释** ①〔三代之治〕儒家认为夏、商、周三代,圣人在位,为古代理想之治。②〔苟〕一时之计。③〔亟〕急切。④〔画为数井〕古制,八家为一井。⑤〔敛法〕税收之法。⑥〔敦本抑末〕即加强农耕,抑制工商业。⑦〔推〕推行。

◎ **大意** 吕大临《横渠先生行状》说,张载先生慨然有志于恢复三代圣王之治。论治民应该优先做的事,没有不以恢复井田、划定田界为紧要的。他曾说:"施行仁政必定从恢复井田、划定疆界开始。贫富不均,教化养育民众没有法度,即使想要谈论治理天下,也只是一时之计罢了。世上担心井田制难以推行的人,没有不以"推行井田制会突然剥夺富人田地,因而行不通"为说辞的。然而井田制的推行,喜欢的人多,如果处理得当,几年之后,不用处罚任何人就可以恢复井田制,所需担心的只不过是在上位者不去推行。"他又说:"纵使不能推行于天下,尚可在一乡验证。"他与学者研究讨论古代井田之法,共同买一块地,划分为数井,聚家耕种,对上不耽误国家的赋税差役,回到私田上就划定田界,区分乡里籍贯,设立税收之法,增加储备和积蓄,兴办学校,化成礼让风俗,共同救济灾患,敦促民众以农业为本,抑制杂业末技,如此足以推行先王的遗法,证明井田之法在当今可以推行。这些都是张先生有志要做却未能如愿的事。

9.24 横渠先生为云岩①令,政事大抵以敦本②善俗为先。每以月吉③具酒食,召乡人高年会县庭,亲为劝酬④,使人知养老事长之义。因问

民疾苦，及告所以训戒子弟之意。（张载《近思录拾遗·乐说》）

◎ **注释** ①〔云岩〕在今陕西宜川西北。张载于嘉祐二年（1057年）担任云岩县令。②〔本〕人伦之本，如孝悌之类。③〔月吉〕月朔，初一。④〔劝酬〕互相劝酒，敬酒。酬，即劝酒、敬酒。

◎ **大意** 吕大临《横渠先生行状》说：张载先生做云岩县令时，处理政事大抵以敦厚人伦之本、改善民风民俗为先。每逢初一这天就置办酒食，召集乡中年老者到县廷聚会，亲自向他们劝酒，以使人们懂得养老事长的道理。也有借机询问民间疾苦，以及告诉大家要如何训诫子弟等意思。

9.25 横渠先生曰：古者有东宫，有西宫，有南宫，有北宫，异宫而同财①。此礼亦可行。古人虑远，目下虽似相疏，其实如此乃能久相亲。盖数十百口之家，自是饮食衣服难为得一。又异宫乃容子得伸其私，所以"避子之私也，子不私其父，则不成为子②"。古之人曲尽人情，必也同宫，有叔父、伯父，则为子者何以独厚于其父？为父者又乌得而当之？父子异宫，为命士③以上，愈贵则愈严。故异宫犹今世有逐位④，非如异居也。（张载《经学理窟·周礼》）

◎ **注释** ①〔异宫而同财〕语出《仪礼·丧服》。异宫，同一围墙内的不同房间。张载改"异居"为"异宫",是担心后人疑为后世的异居(即不住在一起)。②〔避子之私也,子不私其父,则不成为子〕语出《仪礼·丧服》。③〔命士〕指在朝廷为官之人。④〔逐位〕依序排列位次,如兄在东、弟在西。

◎ **大意** 张载说:古时有东宫、西宫、南宫、北宫,一大家族分别住在不同的房子里,但财产却是共有的。这种礼仪规矩今天也可以实行。古人考虑得长远,(家族分居)眼下虽看似疏远,但这样才能使家族长久和睦。因为在一个几十甚至上百口人的大家庭,饮食衣服都很难统一。分开住才能容得儿子们表达自己对父亲的特殊感情,用这办法可以使各自儿子能够对父亲单独尽孝,回避其叔伯。所以"儿子如果对自己的父亲不偏爱,那就不成其为儿子"。古代的人细致入微地体会人情,如果一定要住在同一所房子里,有叔父有伯父,那么作为儿子怎么能单单对自己的父亲偏厚呢?作为父亲又怎么能单独占有儿子的孝敬呢?至于父子分开,这是对朝廷命士的要求,地位越尊贵就越严格。所以所谓的"易宫",就如今世兄弟们各住一边,而不是分家各自居住。

9.26 治天下不由井地①,终无由得平。周道②止是均平。(张载《经学理窟·周礼》)

◎ **注释** ①〔井地〕即井田。②〔周道〕大道。语出《诗经·小雅·大东》。

◎ **大意** 治理天下不用井田之法,最终是无法达到平均的。大路之所以好走,正因为它是平坦的。

9.27 井田卒归于封建①,乃定。(张载《经学理窟·周礼》)

◎ **注释** ①〔封建〕即封邦建国的分封制。

◎ **大意** 恢复井田制最终要通过回归分封制来实现,这样才能使秩序最终安定。

◎ **思考辨析题**

1. 理学家关于革新政治的重要主张有哪些?
2. 理学家为何重视祭祀?

卷十　政　事

此卷讲述的是为政处事的方法。只有明晓治道，通达治法，才能在具体的政事上有所作为。但凡为官任职、事上抚下、待同列、选贤才、待人接物，皆有道可循。为人处世只要尊于道、合于义即可。

10.1

伊川先生上疏曰①：夫钟，怒而击之则武，悲而击之则哀②，诚意之感而入也。告于人亦如是，古人所以斋戒③而告君也。臣前后两得进讲，未尝敢不宿斋预戒，潜思存诚，觊④感动于上心。若使营营⑤于职事，纷纷其思虑，待至上前，然后善其辞说，徒以颊舌感人，不亦浅乎？（《二程文集》卷六《上太皇太后书》）

◎ **注释** ①〔伊川先生上疏曰〕元祐元年（1086年），程颐五十四岁，为通直郎充崇政殿说书，六月，上书太皇太后。该文甚长，这里所选是其中一部分。②〔夫钟，怒而击之则武，悲而击之则哀〕语出《说苑》卷十九。武，雄武。③〔斋戒〕举行重大仪式前沐浴更衣，整洁身心，以示虔诚。斋，修身反省，使身心洁净。戒，防患。④〔觊〕希望，企图。⑤〔营营〕忙忙碌碌没有休止。语出《庄子·庚桑楚》。

◎ **大意** 程颐上疏朝廷说：钟，人愤怒时敲打它，它的声音就雄武；悲伤时敲打它，它的声音就哀怨，这是人的真诚之意融入了钟声之中。与他人说话也是如此，古人要斋戒后才向君主进言。我曾先后两次有幸向皇帝进讲，不敢不在前一天进行斋戒，使心思安定以存诚意，希望自己所进之言能感动皇帝的心。假如每天围着所任官职的事务忙碌，思虑纷乱，不进行斋戒，等来到皇帝面前，就即兴修饰自己的言辞，只是用口舌感动人，岂不是太肤浅了？

10.2

伊川《答人示奏稿①书》云：观公之意，专以畏乱为主。颐欲公以爱民为先，力言百姓饥且死，丐②朝廷哀怜，因惧将为寇乱，可也。

不惟告君之体当如是，事势亦宜尔。公方求财以活人，祈之以仁爱，则当轻财而重民；惧之以利害，则将恃财以自保。古之时，得丘民则得天下③，后世以兵制民，以财聚众，聚财者能守，保民者为迂。惟当以诚意感动，觊其有不忍之心而已。（《二程文集》卷九《答人示奏稿书》）

◎ **注释** ①〔奏稿〕奏牍。②〔丐〕乞求。③〔得丘民则得天下〕语出《孟子·尽心下》。丘民，乡民、国民。

◎ **大意** 程颐《答人示奏稿书》说：看您奏稿中意思，只是以担心动乱为主。但我想请您以爱护百姓为先，极力向皇帝进言百姓快要饿死了，乞求朝廷同情与哀怜，由此再说明担心因百姓穷困而引发内忧外患，这样写是可以的。不仅上告国君的话当如此，事的情势也当如此说。您如果乞求财物以救人，以仁爱之心向皇帝请示，皇帝自然就会轻财而重民了；如果用利害之说使他警惧，那么皇帝会倚仗财物以自保。古时候，得到民众的拥护就能得到天下，后世则用军队挟制民众，用钱财聚合民众，聚敛财物的能够自己守护，安抚民众的被视为迂腐。作为大臣应当以诚意感动君上，希望他有不忍人之心。

10.3 明道为邑①，及民之事，多众人所谓法所拘者，然为之未尝大戾②于法，众亦不甚骇。谓之得伸其志则不可，求小补，则过今之为政者远矣。人虽异之，不至指为狂也。至谓之狂，则大骇

矣。尽诚为之，不容而后去，又何嫌乎？（《二程文集》卷九《答吕进伯简三》）

◎ **注释** ①〔明道为邑〕明道，程颢的号。元丰元年至三年（1078—1080），程颢四十七岁至四十九岁，其时王安石正施行新法，程颢因为与他政见不合，外出做官，知扶沟县（在今河南），详事见《明道先生行状》。为邑，做县令。②〔戾〕违背。

◎ **大意** 程颢做地方官的时候，涉及民众的事，一般大多人认为限于法令而不能做的，程颢做了却从未违背法令，也没有引起民众多大的惊骇。虽不能说实现了他的志愿，求得少许补益，却已经远远超过了当今的为官者。人们虽然感到很奇异，却不至于指责他是狂怪之人。到了被称作狂的地步，就会引起惊涛骇浪。竭尽诚意做自己应该做的事，不被世人所容就离去，又有什么怨恨呢？

10.4 明道先生曰：一命之士①，苟存心于爱物，于人必有所济②。（《二程文集》卷十一《明道先生行状》）

◎ **注释** ①〔一命之士〕最低级的官员。②〔济〕帮助，援助。
◎ **大意** 程颢说：即使是职位最低的官员，只要有仁民爱物之心，也一定会做对百姓有帮助的事。

10.5 伊川先生曰：君子观天水违行之象①，知人情有争讼之道。故凡所作事，必谋其始，绝讼端②于事之始，则讼无由生矣。谋始之义广矣，若慎交结、明契券③之类是也。（《程氏易传·讼传》）

◎ **注释** ①〔君子观天水违行之象〕语出《周易·讼卦·象传》。讼卦卦体坎下乾上,坎为水,就下,乾为天,上行,天阳上行,水势就下,其行相违,所以"违行"。②〔讼端〕诉讼的事端。③〔契券〕契据,契约。

◎ **大意** 程颐说:君子看到天与水相背而行的卦象,就知道人情会发生争讼。所以但凡做事,一定要在开始时周密思考,将争讼的隐患杜绝在事情的萌芽阶段,那么争讼就不会发生了。"谋划于开始"的含义是广泛的,也包括像慎于人事交往、经济往来中明确文书契约之类的事情。

10.6 《师》之九二,为师之主①。恃专则失为下之道,不专则无成功之理,故得中为吉。凡师之道,威和并至则吉也。(《程氏易传·师传》)

◎ **注释** ①〔《师》之九二,为师之主〕本条释《周易·师卦》之九二爻辞。师卦卦体坎下坤上,唯有九二爻为阳爻,这阳爻在众阴中,象征军中主帅。师,军队。

◎ **大意** 《周易·师卦》的九二爻,象征军队的主帅。主帅依恃专权便肆无忌惮,相对于君主来说就违背了在下之道,不专权行事就没有成功之理,所以做到中道才是吉利的。但凡治军之道,应威势与和顺并用,刚柔并济,如此,就吉利了。

10.7 世儒①有论鲁祀周公②以天子礼乐③,以为周公能为人臣不能为之功,则可用人臣不得用之礼乐。是不知人臣之道也。大居周公之位,则为周公之事。由其位而能为者,皆所当为也。周公乃尽其职耳。(《程氏易传·师传》)

◎ **注释** ①〔世儒〕当代儒者，郑晔《近思录释疑》卷十认为此文是针对王安石的《礼记明堂位解义》（该文今已不存）而作的，所以"世儒"或作王安石。②〔周公〕周武王之弟，名旦，辅武王伐纣。成王年幼而立，周公摄政当国，制礼作乐，儒家认为他是传统文化之始祖，孔子极崇敬之。相传作《周易》的爻辞。③〔天子礼乐〕语出《礼记·明堂位》，成王命鲁公"世世祀周公以天子之礼乐"。

◎ **大意** 当代儒者有评论鲁国用天子礼乐祭祀周公这件事的，认为周公能建立一般人臣所不能立的功勋，就可以用一般人臣不能用的礼乐。这是不懂得做人臣的道理。周公既然居于周公的职位，那么就应该做这个职位的事。这个职位能够做的事，都是应该做的事。周公只不过是尽其职分而已。

10.8《大有》之九三曰："公用亨于天子，小人弗克①。"《传》曰：三当大有之时，居诸侯之位，有其富盛，必用亨通于天子，谓以其有为天子之有也，乃人臣之常义也。若小人处之，则专其富有以为私，不知公己奉上之道，故曰"小人弗克"也。（《程氏易传·大有传》）

◎ **注释** ①〔公用亨于天子，小人弗克〕语出《周易·大有卦》九三爻辞。公，公侯。亨，亨通。克，能够。

◎ **大意** 《周易·大有卦》九三爻辞说："公侯以其所有求天子亨通，小人是做不到的。"程颐解释说：九三这一爻在富有之时，位居诸侯之位，拥有的财富充裕，一定要献给天子享用，以求天子亨通，认为自己所有的就是天子所有的，这是作为臣子的永恒道理。如果小人处理这件事，就会独占这财富，将其作为自己的私产，不懂得将自己所拥有的财富供奉天子的道理，所以说"小人无法做到"呀。

10.9 人心所从,多所亲爱者也。常人之情,爱之则见其是,恶之则见其非。故妻孥①之言,虽失而多从;所憎之言,虽善为恶也。苟以亲爱而随之,则是私情所与,岂合正理?故《随》之初九,出门而交,则有功②也。(《程氏易传·随传》)

◎ **注释** ①〔妻孥〕妻子儿女。孥,子女。②〔出门而交,则有功〕心尚未被私情所系,能正确地选择所交的对象,所交不失其正,所以能有功。

◎ **大意** 人心所信从的,大多是自己亲近喜爱的人。常人之情,爱一个人就只看到他的好,厌恶一个人则只看到他的过错。所以妻儿的话,即使是错的也大多会听从;其所憎恶的人的话,纵使是好的也被视为坏的。如果与谁关系亲近就听从谁,那是按自己的私情去与人交往,哪能合乎正理?所以《周易·随卦》的初九爻出门与人交往,内心不被私情牵绊,所交不失其正,因而有功。

10.10 《随》九五之《象》曰:"孚于嘉吉,位正中也①。"《传》曰:随以得中为善,随之所防者过也。盖心所说②随,则不知其过矣。(《程氏易传·随传》)

◎ **注释** ①〔孚于嘉吉,位正中也〕语出《周易·随卦》九五《象传》。孚于嘉,笃信于善道。孚,诚信。嘉,善。随卦卦体震下兑上,九五爻以阳爻居阳位为正,又居上卦之中,所以为善。与之相应的六二爻,以阴爻居阴位得正,又居下卦之中,所以也为善。两爻相应,善与善相应。所以"孚于嘉"。②〔说〕通"悦"。

◎ **大意** 《周易·随卦》九五爻的《象传》说:"笃信善道,吉,是因为相应的位置既中又正。"程颐解释说：追随他人以得中为善，追随他人时所要提防的是追随错了人。因为心中喜欢谁就跟随谁，那就不能发现错误。

10.11　《坎》之六四曰："樽酒簋贰用缶，纳约自牖，终无咎①。"《传》曰：此言人臣以忠信善道结于君心，必自其所明处乃能入也。人心有所蔽，有所通，通者明处也。当就其明处而告之，求信则易也，故曰"纳约自牖"。能如是，则虽艰险之时，终得无咎也。且如君心蔽于荒乐②，唯其蔽也故尔，虽力诋其荒乐之非，如其不省何？必于所不蔽之事，推而及之，则能悟其心矣。自古能谏其君者，未有不因其所明者也。故讦直③强劲者，率多取忤④；而温厚明辨者，其说多行。非唯告于君者如此，为教者亦然。夫教必就人之所长，所长者心之所明也。从其心之所明而入，然后推及其余，孟子所谓"成德""达才"⑤是也。（《程氏易传·坎传》）

◎ **注释**　①〔樽酒簋贰用缶，纳约自牖，终无咎〕语出《周易·坎卦》之六四爻辞。樽，酒杯。簋，竹子编成的食器。缶，瓦器。约，俭约的食品。牖，窗户。②〔荒乐〕耽于逸乐。③〔讦直〕亢直敢言。④〔取忤〕使人愤怒而反对。忤，不顺从，反对。⑤〔"成德""达才"〕出自《孟子·尽心上》。才，通"材"。

◎ **大意** 《周易·坎卦》六四爻辞说:"一樽酒,两簋食,用瓦缶盛着,从窗户送进这俭朴的食物,最终不会有灾难。"程颐解释说:这是人臣以忠信善道结君心,一定要从君主明达的地方劝谏才能深入其心中。人心有被遮蔽的地方,也有通达的地方,通达的地方就是明处,应当从他明白的地方告诉他,求得他的信任就容易了,所以说"纳约自牖"。能如此,即使在艰难危险的时候,也不会有什么灾祸。如果君主的心被荒淫逸乐所蔽塞,正因为他的心被蔽塞,所以纵然极力指责其荒淫逸乐的不对,如果他不自我反省怎么办?一定要从他明白的地方进言而扩展到他不明白的地方,才能使他的心醒悟。自古善于劝谏其君主的人,都要借助于君主明白的地方。所以那些强言直谏的人,大多忤逆君意;而温厚敦明的人,其意见大多能够被采取。不仅进谏国君当如此,教导人也应如此。教导人一定要从对方的长处入手,对方所长之处就是其心中明达之处。从他心中明达之处入手,然后推广到其他方面,这就是孟子所说的"成德"与"达材"。

10.12 《恒》之初六曰:"浚恒,贞凶①。"《象》曰:"浚恒之凶,始求深也。"《传》曰:初六居下,而四为正应。四以刚居高,又为二三所隔,应初之志,异乎常矣。而初乃求望之深,是知常而不知变也。世之责望故素②而至悔咎者,皆"浚恒"者也。(《程氏易传·恒传》)

◎ **注释** ①〔浚恒,贞凶〕语出《周易·恒卦》初六爻辞。浚,深。恒,恒久。②〔故素〕故旧,故交。素,旧。

◎ **大意** 《周易·恒卦》初六爻辞说:"浚恒,贞凶。"《象辞》说:"浚恒之所以危险,是因为先前的要求太多了。"程颐解释说:初六爻处于下位,而与九四爻为正应。九四爻以其刚阳之性居于高位,又被九二爻和九三爻阻隔了与初六的相应,所以它与初六相应的志趣,已经不同于正常的相应之理了。而初六对九四的要求和希望却很深切,这是懂得常理而不懂得权变呀。世人对旧交要求过于深切,最终导致交情破裂、后悔咎怨,这都属于"浚恒"啊。

10.13 《遯》之九三曰:"系遯,有疾厉,畜臣妾,吉①。"《传》曰:系恋之私恩,怀小人、女子之道也,故以畜养臣妾则吉。然君子之待小人,亦不如是也。(《程氏易传·遯传》)

◎ **注释** ①〔系遯,有疾厉,畜臣妾,吉〕语出《周易·遯卦》之九三爻辞。意思是有所系恋的遯,是遯之不速而不远者,这种遯就像有严重的疾病;但以这种方式畜养仆妾,则是吉祥的,因为仆妾之辈,稍示以眷恋,就可用。系,拘系,拖累。遯,隐退。臣妾,古代男奴隶是臣,女奴隶是妾。

◎ **大意** 《周易·遯卦》的九三爻辞说:"系念的退隐,就像有疾病,用这系念的方法对待仆人、小妾,吉利。"程颐解释说:牵挂眷念这种小的私恩,是畜养小人、女子的方法,所以用这种方法去畜养仆人则吉利。但是君子对待小人并不是这样。

10.14 《睽》之《象》曰:"君子以同而异①。"《传》曰:圣贤之处世,在人理②之常,莫不大同,于世俗所同者,则有时而独异。不能大同者,乱常拂理之人也;不能独异者,随俗习非之人也。要在同而能异耳。(《程氏易传·睽传》)

◎ **注释** ①〔君子以同而异〕语出《周易·睽卦·象传》。睽卦离上兑下,离为火,兑为泽,故其象辞说:"火动而上,泽动而下。"动则同,上、下则异,故云"同而异"。②〔人理〕又本作"天理"。

◎ **大意** 《周易·睽卦》的《象传》说:"君子处世同而有异。"程颐解释说:圣贤处世,在人之常理方面,与普通人都是一样的,对于世俗共同的追求,则有时独异。不能在常理方面与人大同的人,是违背常道、忤逆常理的人;不能保持独异的人,是顺从俗习、惯常为非的人。关键在于能在大同中保持独异。

10.15 《睽》之初九①,当睽之时,虽同德者相与,然小人乖异者至众,若弃绝之,不几尽天下以仇君子乎?如此则失含弘之义,致凶咎之道也,又安能化不善而使之合乎?故必"见恶人,则无咎"也。古之圣王所以能化奸凶为善良,革仇敌为臣民者,由弗绝也。(《程氏易传·睽传》)

◎ **注释** ①〔《睽》之初九〕《周易·睽卦》之初九爻辞:"初九,悔亡。丧马勿逐自复,见恶人,无咎。"睽,乖离,违背。

◎ **大意** 《周易·睽卦》的初九爻辞说,当人心背离时,尽管有同心同德的人与你相交,但与你不相合的小人也有很多,如果因为他们是小人而不与他们相交,那不是几乎整个天下的人都来仇视君子了吗?这样君子也就失去了包容宽宏之量,从而招致凶险灾祸,又怎么能感化恶人使他们与你相合呢?所以一定要做到"与恶人相见也没什么凶险"。古代的圣王,之所以能化奸凶为善良,革除仇敌使之成为臣民,原因就是不拒绝他们。

10.16 《睽》之九二,当睽之时,君心未合,贤臣在下,竭力尽诚,期使之信合而已。至诚以感动之,尽力以扶持之，明义理以致其知，杜蔽惑以诚其意，如是宛转以求其合也。"遇"非枉道逢迎也，"巷"非邪僻由径也，故《象》曰："遇主于巷，未失道也[1]。"（《程氏易传·睽传》）

◎ **注释** ①〔遇主于巷，未失道也〕臣下争取与君主相遇的努力，应该至诚、尽力、杜弊害，而不能以邪僻之道去迎合。

◎ **大意** 《周易·睽卦》的九二爻辞说：当背离之时，君主之心与你不和，贤臣处在下位，应该竭尽忠心，全力辅佐，期望国君相信自己而与自己相合。用至诚去感动他，竭力辅佐他，讲明义理以使国君推极其知识，杜绝蔽塞惑乱君主心志的东西以使国君心意真诚，这样委婉曲折地求国君与自己相合。这一爻的《象传》说的"遇"不是专门绕弯去逢迎，"巷"不是邪僻的小道。所以《象传》说："遇君于巷，没有失去为臣之道。"

10.17 《损》之九二曰："弗损益之[1]。"《传》曰：不自损其刚贞，则能益其上，乃益之也。若失其刚贞而用柔说，适足以损之而已。世之愚者，有虽无邪心而惟知竭力顺上为忠者，盖不知"弗损益之"之义也。（《程氏易传·损传》）

◎ **注释** ①〔弗损益之〕语出《周易·损卦》九二爻辞。

◎ **大意** 《周易·损卦》的九二爻辞说："不损而益。"程颐解释说：不损伤自己的刚贞以应和君上，就能对君上有益，这就是"益之"。如果失去自己的刚贞而以柔邪之道取悦君上，恰恰是对君主的损害。世上有些愚钝的人，虽然没有邪心，却只知道竭力顺从君上，还认为这是忠，这是不懂得"不损而益"的道理呀。

10.18　《益》之初九曰："利用为大作，元吉①，无咎。"《象》曰："元吉，无咎，下不厚事②也。"《传》曰：在下者，本不当处厚事。厚事，重大之事也。以为在上所任，所以当大事，必能济大事而致元吉，乃为无咎。能致元吉，则在上者任之为知人，己当之为胜任。不然，则上下皆有咎也。（《程氏易传·益传》）

◎ **注释**　①〔元吉〕大善。②〔厚事〕大事。

◎ **大意**　《周易·益卦》的初九爻辞说："利用他做大事，做得绝对好，才能无咎。"《象传》说："做得绝对好才无咎，是因为在下者不担当重大任务。"程颐解释说：在下者，本不应该处理"厚事"。厚事，即重大的事。在下位者是接受在上位者的委任才承担大事，所以一定要能成就大事，使之臻于完美，才能没有咎害。能做得完美，那么在上者任用了你就是知人善任，自己承担了此事就是能胜任。如果不能如此，那么在上位者与在下位者都有过错。

10.19　革而无甚益，犹可悔也，况反害乎？古人所以重改作也。①（《程氏易传·革传》）

◎ **注释**　①本条释《周易·革卦》卦辞。

◎ **大意**　改革如果没有带来多人的益处，尚且应该后悔，何况反过来有害呢？所以古人对改革更张这样的事十分谨慎。

10.20 《渐》之九三曰:"利御寇①。"《传》曰:君子之与小人比②也,自守以正。岂惟君子自完其己而已乎?亦使小人得不陷于非义。是以顺道相保,御止其恶也。(《程氏易传·渐传》)

◎ **注释** ①〔利御寇〕御寇,程颐解释说:"非理而至者,寇也;守正以闲邪,所谓御寇也。"②〔比〕相从,相处。

◎ **大意** 《周易·渐卦》的九三爻辞说:"有利于抵御贼寇。"程颐解释说:君子与小人相处,君子以正道自守其身。难道君子只自我完善其身吗?君子同时也使小人不陷于非义。这是以顺道保全自己,又防止小人作恶。

10.21 《旅》之初六曰:"旅琐琐①,斯其所取灾。"《传》曰:志卑之人,既处旅困,鄙猥②琐细,无所不至,乃其所以致悔辱,取灾咎也。(《程氏易传·旅传》)

◎ **注释** ①〔旅琐琐〕旅,羁旅。琐琐,卑微琐细。②〔鄙猥〕低俗。

◎ **大意** 《周易·旅卦》的初六爻辞说:"羁旅中的卑微琐细,正是招致灾祸的原因。"程颐解释说:志趣卑下的人,又处在旅途困顿之中,就更加低俗卑琐,到了无所不至的地步,这也是他们招致悔恨羞辱、自取灾祸的原因。

10.22 在旅而过刚自高,致困灾之道也。(《程氏易传·旅传》)

◎ **大意** 旅途之中过于刚戾自傲,是招致困厄灾祸的原因。

10.23 《兑》之上六曰："引兑①。"《象》曰："未光也。"《传》曰：说既极矣，又引而长之，虽说之之心不已，而事理已过，实无所说。事之盛则有光辉，既极而强引之长，其无意味甚矣，岂有光也？（《程氏易传·兑传》）

◎ **注释** ①〔引兑〕指引诱他人一起欢欣喜悦。

◎ **大意** 《周易·兑卦》的上六爻辞说："引诱他人一起欢欣喜悦。"《象传》说："还是不够光明正大啊。"程颐解释说：喜悦已经到了极点，又想牵引着把喜悦继续延长，虽然喜悦之心尚未完结，但在事理上已经过当，其实已经没有什么可喜悦的。事物达到鼎盛时则有光辉，极盛之后而又勉强使之延续下去，那是非常没有意思的，怎么会有光辉呢？

10.24 《中孚》之《象》曰："君子以议狱缓死①。"《传》曰：君子之于议狱，尽其忠而已；于决死，极其恻②而已。天下之事，无所不尽其忠，而议狱缓死，最其大者也。（《程氏易传·中孚传》）

◎ **注释** ①〔君子以议狱缓死〕语出《周易·中孚卦·象传》。议狱，断案。缓死，减缓死刑。②〔恻〕恻隐。

◎ **大意** 《周易·中孚卦》的《象传》说："君子以诚信之心断案，减缓死刑。"程颐解释说：君子对于断案，竭尽忠诚就可以了；对于判决死刑，怀有极大的恻隐之心就可以了。君子对于天下的事情，没有不竭尽忠心的，而断案减缓死刑是其中最重大的。

10.25 事有时而当过,所以从宜,然岂可甚过也?如过恭、过哀、过俭,大过则不可,所以小过为顺乎宜也。能顺乎宜,所以大吉。(《程氏易传·小过传》)

◎ **大意** 事情有时应该做得过头点,那是为了顺从时宜,但怎么能太过分呢?比如行为过于谦恭、丧事过于悲哀、生活过于节俭,太过分就不行了,所以小有过分是为了顺应时宜。能顺应时宜,也就非常吉祥。

10.26 防小人之道,正己为先。(《程氏易传·小过传》)

◎ **大意** 提防小人的方法,首是先要做到端正自身。

10.27 周公至公不私,进退以道,无利欲之蔽。其处己也,夔夔然①存恭畏之心;其存诚也,荡荡焉②无顾虑之意。所以虽在危疑之地,而不失其圣也。《诗》曰:"公孙硕肤,赤舄几几③。"(《程氏经说·诗解》)

◎ **注释** ①〔夔夔然〕戒谨恭顺的样子。②〔荡荡焉〕平易、坦荡的样子。③〔公孙硕肤,赤舄几几〕语出《诗经·豳风·狼跋》。硕肤,很美的意思。硕,大。肤,美。赤舄,红色的鞋子。几几,步履稳重的样子。

◎ **大意** 周公大公无私,进退有道,心不受利欲的蔽塞。他处身行己戒谨恭顺且有恭敬畏惧之心；他心存诚意，坦坦荡荡没有疑虑之意。所以周公即使处在危险困惑的境地，也没有失去圣人的气度。《诗》云："周公谦恭，高大又美好；赤舄礼服，步履稳重真大度。"

10.28 采察求访，使臣之大务。（《程氏经说·诗解》）

◎ **大意** 访察风土民情、访求贤士，是使臣的重要任务。

10.29 明道先生与吴师礼①谈介甫之学错处，谓师礼曰：为我尽达诸介甫，我亦未敢自以为是。如有说，愿往复。此天下公理，无彼我。果能明辨，不有益于介甫，则必有益于我。（《二程遗书》卷一《端伯传师说》）

◎ **注释** ①〔吴师礼〕字安仲，杭州人，太学上舍赐第。详见《宋史》卷三四七、《宋元学案》卷六。

◎ **大意** 程颢先生与吴师礼谈论王安石学问的不足之处，对吴师礼说：你替我全部转达给王安石，我不敢自以为是。如果（王安石）有所辩说，希望转达回来。这是天下的公理，不分彼此。如果真的辨明了，不是有益于王安石，就一定有益于我。

10.30 天祺①在司竹②，常爱用一卒长，及将代，自见其人盗笋皮，遂治之，无少贷③。罪已正④，待之复如初，略不介意。其德量如此。（《二程遗书》卷二上《元丰己未吕与叔东见二先生语》）

◎ **注释** ①〔天祺〕即张戬，见卷四第二十一条注③。据《伊洛渊源录》，天祺在司竹，举家不食笋。②〔司竹〕管理竹林的官吏。③〔自见其人盗笋皮，遂治之，无少贷〕据五井兰洲《近思录纪闻》下，此治法为百杖。贷，饶恕。④〔正〕治罪。

◎ **大意** 张天祺做司竹监丞时，曾喜欢用一名卒长，快到任满将要被代替时，亲眼看到这名卒长盗窃竹笋皮，于是依法治其罪，丝毫没有宽免。治罪之后，对待这个人还如当初一样好，一点都不介意。他的德量就是如此宏大。

10.31 明道因论"口将言而嗫嚅①"云：若合开口时，要他头也须开口（本注：如荆轲于樊於期②），须是"听其言也厉③"。（《二程遗书》卷三《谢显道记忆平日语》）

◎ **注释** ①〔嗫嚅〕欲言又止的样子。②〔如荆轲于樊於期〕指荆轲为了刺杀秦王向樊於期"借"人头。详事见《史记》卷八十六。③〔听其言也厉〕语出《论语·子张》。厉，严厉。

◎ **大意** 程颢在讨论"人欲言又止的情状"时说道：如果是在应该开口说话的时候，即使要他的头也要开口（本注：就像荆轲为了刺杀秦王向樊於期"借"人头一样），应该是听到他的话就让人感到义正词严。

10.32 须是就事上学。《蛊》"振民育德①"，然有所知后，方能如此。何必读书，然后为学②？（《二程遗书》卷三《谢显道记忆平日语》）

◎ **注释** ①〔振民育德〕语出《周易·蛊卦·象传》。②〔何必读书，然后为学〕语出《论语·先进》。

◎ **大意** 应该在为人处世中加强学习。所以《周易·蛊卦》说:"振奋民众,培育美德。"但要明白了道理后,才能这样做。为什么一定要读书才算是治学呢?

10.33 先生见一学者忙迫,问其故。曰:"欲了几处人事①。"曰:"某非不欲周旋人事者,曷尝②似贤③急迫?"(《二程遗书》卷三《谢显道记忆平日语》)

◎ **注释** ①〔人事〕人际交往应酬之事。②〔曷尝〕何曾。③〔贤〕代词,你。

◎ **大意** 程颐看见一位学生匆忙急迫,就问他原因。那位学生回答说:"想要了结几处人事。"程颐说:"我也不是不要应酬人事,何曾像你这么急迫?"

10.34 安定①之门人,往往知稽古②爱民矣,则于为政也何有③?(《二程遗书》卷四《游定夫所录》)

◎ **注释** ①〔安定〕指胡瑗,见卷三第五十四条注①。②〔稽古〕考察古代典章制度。③〔于为政也何有〕语出《论语·雍也》。

◎ **大意** 胡瑗的弟子大都懂得考察古代典章制度,爱养民众,那么他们要从政的话,还有什么困难呢?

10.35 门人有曰:"吾与人居①,视其有过而不告,则于心有所不安,告之而人不受,则奈何?"曰:"与之处而不告其过,非忠也。要使诚意之交通②,在于未言之前,则言出而人信矣。"又曰③:

"责善④之道，要使诚有余而言不足，则于人有益，而在我者无自辱矣。"（《二程遗书》卷四《游定夫所录》）

◎ **注释** ①〔居〕相处。②〔交通〕交流沟通。③"又曰"以下的内容，《二程遗书》另为一段。④〔责善〕劝勉从善。语出《孟子·离娄下》。

◎ **大意** 有位弟子说：我和别人相处，看见他有过错而不告诉他，自己就会心中不安。告诉他，他却不接受，应该怎么办呢？程颐说：与人相处却不告知其过错，这是对朋友的不忠。所以要在未说之前就相互真诚地交往，那么话说出来后别人就会相信你。又说：朋友间劝勉从善的方法，要使诚意有余而自认为劝善的话说得不充分，则对人有益，也不会自取其辱。

10.36 职事不可以巧免。（《二程遗书》卷七）

◎ **大意** 职责中应该做的事，不能靠耍小聪明逃避。

10.37 "居是邦不非其大夫①"，此理最好。（《二程遗书》卷六）

◎ **注释** ①〔居是邦不非其大夫〕语出《孔子家语》。《荀子·子道篇》类似语句中"邦"作"邑"。

◎ **大意** 子贡说："住在一个邦国中就不能非议这个国家的大夫。"这个道理讲得最好。

10.38 "克勤小物①"最难。(《二程遗书》卷十一《师训》)

◎ **注释** ①〔克勤小物〕不忽视小事,可谓谨慎之至。语出《尚书·毕命》。小物,小事。

◎ **大意** 能够勤勤恳恳地做一些小事是最难能可贵的。

10.39 欲当大任,须是笃实。(《二程遗书》卷十一《师训》)

◎ **大意** 想要担当大任,就必须笃厚诚实。

10.40 凡为人言者,理胜则事明,气忿则招怫①。(《二程遗书》卷十一《师训》)

◎ **注释** ①〔招怫〕招来别人的愤怒。怫,愤怒。

◎ **大意** 但凡对人说话,道理充分明晰就能把事讲清楚,气盛激愤就会招来别人的愤怒。

10.41 居今之时,不安今之法令,非义也。若论为治,不为则已,如复为之,须于今之法度内处得其当,方为合义。若须更改而后为,则何义之有?(《二程遗书》卷二上《元丰己未吕与叔东见二先生语》)

◎ **大意** 处在当今这个时代,却不安守今世的法令,那就不合于义。如果要讨论治理国家,不做官就罢了,若还要出来为官,就应该在当今的法度内把事处理得当,这样才符合义。如果需要更改法令之后才去做,那还有什么道义可言呢?

10.42 今之监司①,多不与州县一体,监司专欲伺察②州县,州县专欲掩蔽。不若推诚心与之共治,有所不逮,可教者教之,可督者督之。至于不听,择其甚者去一二,使足以警众可也。(《二程遗书》卷二上《元丰己未吕与叔东见二先生语》)

◎ **注释** ①〔监司〕监察州县的地方长官的总称,宋代有诸路转运使、提点刑狱公事、提举常平等官,有监察各州县官吏之责。②〔伺察〕观察,侦察。

◎ **大意** 今天的监司,大多不与州县协力为治,监司专门负责侦察州县官员的过错,州县官员则一心想掩盖自己的过错。作为监司,不如推置诚心与州县官员共同图治,州县官员做得不够的,可以教导的就教导,可以督责的就督责。至于那些不听从教导督查的,罢免其中一两个特别严重的,使之足以警诫其他人就可以了。

10.43 伊川先生曰:人恶多事,或人悯之。世事虽多,尽是人事。人事不教人做,更责谁做?(《二程遗书》卷十五《入关语录》)

◎ **大意** 程颐说:有的人厌恶要做的事太多,人们或许会怜悯他。世事虽然多,但都是人事。人事不由人来做,又要谁去做呢?

10.44 感慨杀身者易，从容就义者难。(《二程遗书》卷十一《师训》)

◎ **大意** 慷慨激昂地去死容易，从容不迫地为正义去死则很难。

10.45 人或劝先生以加礼近贵，先生曰："何不见责以尽礼，而责之以加礼？礼尽则已，岂有加也？"(《二程遗书》卷十七)

◎ **大意** 有人劝说程颐对皇帝身边的亲贵特加礼敬，程颐说：为什么不要求我尽于礼，而要求我特加礼敬？礼做到不缺失就可以了，哪还有可以增加的？

10.46 或问："簿，佐令者也①。簿所欲为，令或不从，奈何？"曰："当以诚意动之。今令与簿不和，只是争私意。令是邑之长，若能以事父兄之道事之，过则归己，善则唯恐不归于令，积此诚意，岂有不动得人？"(《二程遗书》卷十八《刘元承手编》)

◎ **注释** ①〔簿，佐令者也〕宋代诸县设令、丞、簿、尉。县令是一县之长，县主簿总领县廷文书，所以是"佐令者也"。

◎ **大意** 有人问："主簿，是辅佐县令的。主簿想要做的事，县令不允许，该怎么办？"程颐回答说："应该用诚意去打动他。现在县令与主簿不和，只是因私意相争。县令是地方长官，主簿如果能够以事奉父兄的原则对待他，有过错自己承担，有好的名声唯恐不能归于县令，积累这样的诚意，哪能不感动人呢？"

10.47 问:"人于议论,多欲直己,无含容之气①,是气不平否?"曰:"固是气不平,亦是量狭。人量随识长,亦有人识高而量不长者,是识实未至也。大凡别事,人都强得,惟识量不可强。今人有斗筲②之量,有釜斛③之量,有钟鼎之量,有江河之量。江河之量亦大矣,然有涯,有涯亦有时而满,惟天地之量则无满。故圣人者,天地之量也。圣人之量,道也;常人之有量者,天资也。天资有量须有限,大抵六尺之躯,力量只如此,虽欲不满,不可得也。如邓艾④位三公,年七十,处得甚好,及因下蜀有功,便动了。谢安闻谢玄破苻坚,对客围棋,报至不喜,及归折屐齿,强终不得也。更如人大醉后益恭谨者,只益恭谨便是动了,虽与放肆者不同,其为酒所动一也。又如贵公子位益高益卑谦,只卑谦便是动了,虽与骄傲者不同,其为位所动一也。然惟知道者,量自然宏大,不待勉强而成。今人有所见卑下者,无他,亦是识量不足也。"(《二程遗书》卷十八《刘元承手编》)

◎ **注释** ①〔含容之气〕以宽广胸襟包含容纳他人的气度。②〔斗筲〕斗可容十升，筲容一斗二升，都是量小的容器。③〔釜斛〕量器。釜的容量是六斗四升，斛的容量是十斗。④〔邓艾〕字士载，三国时魏名将。邓艾多年在西北前线防备蜀汉姜维，后来作为灭蜀的主要将领之一，偷渡阴平，迫使蜀汉投降，建立奇功。汉亡，他向蜀汉士大夫夸耀说："诸君赖遭某，故得有今日耳。"后擢为太尉，其位等于大司马、大司徒、大司空之三公。参看《三国志·魏志》卷二十八。

◎ **大意** 有人问："人在辩论的时候，大多想要直截了当地表明自己的观点而说服别人，缺少包容他人的气度，是因为气性不平吗？"程颐说："固然是因为气性不平，也是因为器量狭小。人的器量一般会随着见识而增长，也有人的见识高但器量不随之长的，这实际是见识还没有达到一定地步。大凡其他的事，人都可以勉强，唯独见识与器量不能勉强。人有斗筲一样的器量，有釜斛一样的器量，有金鼎一样的器量，有江河一样的器量。江河一样的器量可以说是大的，但还是有边际，有边际就有满的时候，只有天地之量不会满。所以圣人有天地一样的器量。圣人的器量，与道为一；常人所拥有的器量，是上天赐予的，天赐予的器量是有限的。大抵六尺之躯的人，力量就这么大，即使想要不满足，也是不可能的。如邓艾位至三公，年到七十，为人处世极好。等到因为平蜀有功，心意便动摇了。谢安听到谢玄战胜苻坚的消息时，正在与客人下围棋，驿报送到时他脸上没有喜色，等到下完棋回去时，激动得把屐齿都折断了，器量的大小终究勉强不来。又如人大醉后更加恭谨，只要更加恭谨了就是被酒动摇了心意，虽然与醉后肆意妄为的人不一样，但他们被酒动摇心性是一样的。又如一些贵公子，官位越高，越谦下，只要谦下就是被官位动摇了心性，虽然与那些骄纵傲慢的人不一样，但他们被官位动摇了心性是一样的。只有深明大道的人，器量才自然宏大，不需要勉强就是大器量。有人见解卑下，没有别的原因，也是由于见识与器量不足。"

10.48 人才有意于为公，便是私心。昔有人典选，其子弟系磨勘①，皆不为理，此乃是私心。人多言古时用直，不避嫌得。后世用此不得，自是无人，岂是无时？（本注：因言少师②典举、明道荐才事③。）（《二程遗书》卷十八《刘元承手编》）

◎ **注释** ①〔磨勘〕唐宋官员考核升迁的制度。宋代文武官吏皆按年份考核其功绩，以转升官阶。②〔少师〕程颐高祖父程羽，字冲远，官尚书兵部侍郎，赠太子少师。③〔明道荐才事〕宋神宗曾让程颢推择人才，程颢推荐数十人，而以表叔张载及弟弟程颐为首。

◎ **大意** 人只要着意为公，就是有私心。往昔有人主管官吏考核，他的子弟有在考核之列的，他为了避嫌，全都不加理会，这就是有私心。人多说古代用直，可以不避嫌。后世不用直，自是因为没有人如此，怎么会是因为没有那样的时代呢？（本注：程颐因为谈到了其高祖父当年主持考试和其兄程颢推荐人才这两件事，说了上面的话。）

10.49 君实①尝问先生云："欲除一人给事中②，谁可为者？"先生曰："初若泛论人才却可，今既如此，颐虽有其人，何可言？"君实曰："出于公口，入于光耳，又何害？"先生终不言。（《二程遗书》卷十九《杨遵道录》）

◎ **注释** ①〔君实〕即司马光，见卷四第二十一条注④。②〔给事中〕宋代门下省官员，掌驳正政令之违失。

◎ **大意** 司马光曾问程颐："想擢升一个人为给事中，谁可以担当此任？"程颐说："若像当初泛泛议论人才，我是可以说的，到了现在这样的情况，我即使有合适的人，又怎么能说呢？"司马光说："从您口中说出，进入我的耳朵里，别人不知道，又有什么妨害呢？"程颐最终都没说。

10.50 先生云：韩持国①服义最不可得。一日，颐与持国、范夷叟②泛舟于颍昌③西湖，须臾，客将④云："有一官员上书谒见大资⑤。"颐将为有甚急切公事，乃是求知己。颐云："大资居位，却不求人，乃使人倒来求己，是甚道理？"夷叟云："只为正叔太执，求荐章⑥，常事也。"颐云："不然，只为曾有不求者不与，来求者与之，遂致人如此。"持国便服。（《二程遗书》卷十九《杨遵道录》）

◎ **注释** ①〔韩持国〕名维，字持国，韩琦之子。《宋史》卷三一五有传。其学说载《宋元学案》卷十九。②〔范夷叟〕范纯礼（1031—1106），字夷叟，范仲淹第三子。详见《宋史》卷三一四。③〔颍昌〕今之许昌。④〔客将〕茅星来《近思录集注》卷十谓客将即牙将，指军中的中下级军官。⑤〔大资〕即资政殿大学士。凡位高者皆可称大，宋代资政殿大学士称"大资"。韩维当年（1086年）以资政殿大学士知颍昌府。⑥〔荐章〕推荐人才的奏章，举荐文书。

◎ **大意** 程颐说：韩持国服从义理，最为难得。一天，我与持国、范纯礼在颍昌的西湖泛舟，不一会儿牙将说："有一位官员上书，拜见资政殿大学士。"我以为有什么很急切的公事，原来是求韩资政了解自己。我说："大学士居官任职，不去访求贤才，反倒让人来求自己，是什么道理呢？"范纯礼说："只是您太固执了，向大官呈送求取荐举的表章，这是很常见的事。"我说："不对，只是因为曾有'不求的就不给，来求的就给'这样的事，才使得有人来求取。"韩持国听了，当即表示服气。

10.51 先生因言：今日供职，只第一件便做他底不得。吏人押①申转运司②状，颐不曾签。国子监③自系台省④，台省系朝廷官。外司有事，合行申状⑤，岂有台省倒申外司⑥之理？只为从前人只计较利害，不计较事体，直得恁地。须看圣人欲正名处，见得道名不正时，便至礼乐不兴⑦，是自然住不得⑧。（《二程遗书》卷十九《杨遵道录》）

◎ **注释** ①〔押〕签字。②〔转运司〕转运使司转运使、盐运使司盐运使的简称。③〔国子监〕古代中央教育管理机关和国家最高学府。④〔台省〕指政府的中央机构。台，御史台。⑤〔申状〕下级向上级陈述事实的文书。⑥〔外司〕中央政府以外的政府机构，包括地方政府和中央外派机构。⑦〔礼乐不兴〕语出《论语·子路》。⑧〔住不得〕当为"做不得"，以应开头。

◎ **大意** 程颐说：现在去任职，只这第一件事就不能做。国子监中吏人要在送往转运司的文书上签字，我没有签。国子监归属于台省管辖，台省所属都是朝廷官。朝外的官署有事，应当呈送文状，哪有台省反倒呈送文书到朝外官署的道理呢？只是因为从前的人只考虑到利害关系，而不考虑内外尊卑的体统，就只得那么做了。应该看到，圣人想要正名分的地方，名分不正，就使得礼乐不昌明，事关乎此，自然就做不得了。

10.52 学者不可不通世务。天下事譬如一家，非我为则彼为，非甲为则乙为。（《二程遗书》卷二十二下《附杂录后》）

◎ **大意** 学者不可以不通晓世务。天下的事情就像一家人的事，不是你做就是我做，不是甲做就是乙做。

10.53 "人无远虑，必有近忧①。"思虑当在事外。

（《二程外书》卷二《朱公掞问学拾遗》）

◎ 注释　①〔人无远虑，必有近忧〕语出《论语·卫灵公》。

◎ 大意　"人没有长远的思虑，必定会有近的忧患。"人的思虑应该超出当前所做的事。

10.54 圣人之责人也常缓，便见只欲事正，无显人过恶之意。（《二程外书》卷七《胡氏本拾遗》）

◎ 大意　圣人要求他人时常常很宽缓，由此可以看出圣人只是要使事情归之于正，而没有要暴露他人过错、罪恶的意思。

10.55 伊川先生云：今之守令，惟"制民之产"一事不得为①，其他在法度中甚有可为者，患人不为耳。（《二程遗书》卷十二《传闻杂记》）

◎ 注释　①〔"制民之产"一事不得为〕制民之产，孟子的经济思想，其实质是划分田界，实行井田制，让百姓拥有自己的耕地。语出《孟子·梁惠王上》。叶采《近思录集解》云："制民之产，谓井田贡助之法。"井田制在当时的历史条件下是无法实施的，所以说"不得为"。

◎ 大意　程颐说：现在的州县守令，只有"开井田"这样的事不能做，其他在法度中可做的事，只担心没人去做罢了。

10.56 明道先生作县，凡坐处，皆书"视民如

伤①"四字,常曰:"颢常愧此四字。"(《二程外书》卷十二《传闻杂记》)

◎ **注释** ①〔视民如伤〕对待老百姓就像对待受了伤的人一样,关怀、抚慰他们。语出《左传·襄公元年》。

◎ **大意** 程颢做县令,凡是常坐的地方都写有"视民如伤"四个字,并且常说:"我面对这四个字常感到惭愧。"

10.57 伊川每见人论前辈之短,则曰:"汝辈且取他长处。"(《二程外书》卷十二《传闻杂记》)

◎ **大意** 程颐每次见到有人议论前辈的短处,就说:"你们且去吸取他们的长处。"

10.58 刘安礼①云:王荆公②执政,议法改令,言者攻之甚力。明道先生尝被旨赴中堂③议事,荆公方怒言者,厉色待之。先生徐曰:"天下之事,非一家私议,愿公平气以听。"荆公为之愧屈。(《二程遗书》附录《门人朋友叙述》)

◎ **注释** ①〔刘安礼〕名立之,字安礼,二程门人。详见《伊洛渊源录》卷十四、《宋元学案》卷三十。②〔王荆公〕即王安石,见卷九第二十条注①。③〔中堂〕中书省政事堂。

◎ **大意** 刘安礼说:王安石执掌政事时,议新法改旧令,上言论事的人非常严厉地批评他。程颢曾经被召到政事堂议事,王安石正恼恨上言论事的人,神色严厉地等着他。程颢从容地说:"天下之事,并非一家的私议,希望您平心静气地听。"王安石为此感到惭愧屈服。

10.59 刘安礼问临①民,明道先生曰:使民各得输②其情。问御吏,曰:正己以格③物。(《二程遗书》附录《门人朋友叙述》)

◎ **注释** ①〔临〕统管,治理。②〔输〕陈述,表达。③〔格〕正。

◎ **大意** 刘安礼问如何管理民众。程颢说:使民众都能够表达自己的感情。刘安礼又问如何统御官吏,程颢说:使自己的品行端正后,方可纠正他人。

10.60 横渠先生曰:凡人为上则易,为下则难。然不能为下,亦未能使下,不尽其情伪①也。大抵使人常在其前,己尝为之,则能使人。(张载《经学理窟·义理》)

◎ **注释** ①〔情伪〕真伪。情,真情、实情。

◎ **大意** 张载说:大凡人做上级容易,做下级难。然而不能做下属,也就不能差遣下属,这是因为不能了解下属的真实情况。大抵差遣他人,前提是自己曾经做过同样的事,如此才能够差遣他人。

10.61 《坎》"维心亨",故"行有尚"①。外虽积险,苟处之心亨不疑,则虽难必济,而"往有功也"。今水临万仞之山,要下即下,无复凝滞之。

在前②，惟知有义理而已，则复何回避？所以心通。

（张载《横渠易说·习坎》）

◎ 注释　①〔"维心亨""故行有尚"〕语出《周易·坎卦·彖辞》。维，惟。亨，亨通。尚，赏。②〔在前〕又作"险在前"，叶采等本"险"作"之"，而以"在前"断句，为"无复凝滞之在前"。陈荣捷先生认为："《张子全书》卷十二，原文作'险'。故以读'险'为正。"

◎ 大意　《周易·坎卦·彖辞》说"只因内心亨通"，所以"行为可以崇尚"。外面虽然集聚着重重危险，但如果身处险境而内心亨通不疑，即使艰难必然也会渡过，并能"往而有功。"现在是水临万丈之山，要落下就落下，再也不会凝滞不畅。面对艰险，只要知道有义理存在就可以了，又有什么好回避的呢？这就是内心通达的原因。

10.62 人所以不能行己者，于其所难者则惮，其异俗者，虽易而羞缩。惟心宏则不顾人之非笑，所趋义理耳，视天下莫能移其道。然为之，人亦未必怪。正以在己者义理不胜，惮与羞缩之病，消则有长，不消则病常在，意思龌龊，无由作事。在古气节之士，冒死以有为，于义未必中，然非有志概者莫能，况吾于义理已明，何为不为？①

（张载《横渠易说·大壮》）

◎ 注释　①本条是对《周易·大壮卦·彖辞》的解说。

◎ 大意　人之所以不能推行自己的主张，就是因为在那些困难的事情上怠惰，那些与世俗不同的事，即使容易也羞怯退缩而不敢做。只有心胸宽广的人，才能不顾忌他人的非议与讥笑。你所追求的是义理，义理当行，整个天下谁都不能改变你所行的道。然而你做了，别人也未见得一定感到很奇怪。之所以不能做，正是由于自己本身的义理之心不能够战胜懒惰与羞怯，懒惰羞怯之病减少则义理之心增长，不减少就会病根常在，没有宽广的心胸，无法干成任何事。古时候崇尚气节之士，冒着生命危险去有所作为，其行为未必合于义，然而除非有志之士，其他人都不能做到，何况我们已经明白了义理，为什么不去做呢？

10.63 《姤》初六："羸豕孚蹢躅①。"豕方羸时，力未能动，然至诚在于蹢躅，得伸则伸矣。如李德裕②处置阉宦，徒知其帖息③威伏，而忽于志不忘逞，照察少不至，则失其几④也。（张载《横渠易说·姤》）

◎ **注释** ①〔羸豕孚蹢躅〕语出《周易·姤卦》初六爻辞。羸，弱、瘦。豕，猪。孚，信。蹢躅，徘徊。②〔李德裕〕字文饶，赵郡（今河北赵县）人，宰相李吉甫之子，唐武宗时任宰相。③〔帖息〕安静平息。④〔几〕通"机"，机会。

◎ **大意** 《周易·姤卦》初六爻辞说："瘦弱的猪心中浮躁徘徊。"猪瘦弱的时候，力量不足以动，然而心中实实在在想的是躁动，到能够伸张志愿的时候就要动起来了（这就像小人处于困顿之中而时刻想着得逞其志）。例如唐代的李德裕处置宦官，只知道他们已经屈服平息了，却忽视了他们念念不忘追求心志满足，一时照察不到，结果失去了消除祸患苗头的机会。

10.64 人教小童，亦可取益。绊己不出入，一益也。授人数数，己亦了此文义，二益也。对之必正

衣冠，尊瞻视，三益也。常以因己而坏人之才为忧，则不敢惰①，四益也。（张载《经学理窟·义理》）

◎ **注释** ①〔惰〕又本作"堕"。

◎ **大意** 人教小孩，也可以使自己有收获。将自己绊住，不能外出，这是第一个益处；教人多次，自己也明白了文义，这是第二个益处；在小孩子面前一定要衣冠端正，一瞻一视都要严肃，这是第三个益处；时常担心因为自己教育不好而耽误人家之才，就不敢怠惰了，这是第四个益处。

◎ **思考辨析题**

1. 理学家的为官之道有哪些可以借鉴之处？
2. 胡瑗创办的"治道斋"有何特色和影响？

卷十一　教　学

儒家主张君子出仕则推行圣人之道以觉醒天下，退隐则深明圣人之道以育天下英才。此卷讲述了"北宋四子"教学育人的方法，如效仿孔子的有教无类，因材施教；为学当正心诚意；为学先立志，以追求圣人之境为目标，而非博取功名利禄；为学当遵循一定的次序——先小学，次大学。与此同时，也谈及了为学改变气质的可能性、必要性。

11.1 濂溪先生曰：刚善，为义，为直，为断，为严毅①，为干固②；恶，为猛，为隘，为强梁。柔善，为慈，为顺，为巽③；恶，为懦弱，为无断，为邪佞。惟中也者，和也，中节也，天下之达道也④，圣人之事也。故圣人立教，俾人自易其恶，自至其中而止矣。（周敦颐《通书·师》）

◎ **注释** ①〔严毅〕果敢刚毅。②〔干固〕干练而坚定。③〔巽〕原义为风，后为顺的意思。④〔惟中也者，和也，中节也，天下之达道也〕语出《中庸》。中节，适度，符合义理的标准。

◎ **大意** 周敦颐说：刚之性表现为善，是正义，是刚直，是决断，是果敢刚毅，是干练坚定；表现为恶，是猛悍，是狭隘，是强梁。柔之性表现为善，是仁慈，是和顺，是谦让；表现为恶，是懦弱，是无断，是邪佞。中的意思，是和，是适度，是通行天下的大道，是圣人才能做到的。所以圣人设教，是要使人自行抛弃刚柔之恶，自行达到并保持中和的状态。

11.2 伊川先生曰：古人生子，能食能言而教之①。大学②之法，以豫为先③。人之幼也，知思未有所主，便当以格言至论日陈于前，虽未晓知，且当薰聒④，使盈耳充腹，久自安习，若固有之，虽以他说惑之，不能入也。若为之不豫，及乎稍长，私意偏好生于内，众口辩言铄⑤

于外，欲其纯完，不可得也。（《二程文集》卷二《上太皇太后书》）

◎ **注释** ①〔能食能言而教之〕语出《礼记·内则》。②〔大学〕古人十五岁入大学，修习格物致知，追求成就大人之德。③〔以豫为先〕语出《礼记·学记》。豫，预先、预防。④〔薰聒〕熏陶。聒，一遍遍论说。⑤〔铄〕以火销金，引申为渐次影响。

◎ **大意** 程颐说：古人生了孩子，在孩子能吃饭说话的时候就开始教育他们。大学教育人的方法，以预防为先。人幼年的时候，认知与思虑没有偏好，就应该每天让他听到圣人的格言至论，虽然不知晓其中的大义，但应当让他受熏陶，使他满耳听到的都是这些话，时间久了，他自然会按照格言去做，其品性就像是天生所固有的一样，即使用别的邪说去迷惑他，他也听不进去。如果不及时加以培养熏陶，等到稍微长大一些，内心产生私意偏好，外面又有众人用巧辩的语言渐次影响着他，想要他心性纯而不杂、完而无缺，那是不可能的。

11.3 《观》之上九曰："观其生，君子无咎①。"《象》曰："观其生，志未平也。"《传》曰：君子虽不在位，然以人观其德，用为仪法，故当自慎省。观其所生，常不失于君子，则人不失所望而化之矣。不可以不在于位故，安然放意，无所事也。

（《程氏易传·观传》）

◎ **注释** ①〔观其生，君子无咎〕语出《周易·观卦》上九爻辞。观，展示，瞻仰。君子将美德、道义展示出来，民众必然会瞻仰之。

◎ **大意** 《周易·观卦》的上九爻辞说："观其生，君子无咎。"《象传》说："观其生，志未平也。"程颐解释说：君子虽然不在其位，但人们观仰他的德行，以之作为天下的仪表和法式，所以也应当自慎自省。观察他的生活方式，时常符合君子的标准，那么人们就不会失去他们仰望中的榜样而随之迁化了。不能因为自己不在其位，就放松自己的心志而无所事事。

11.4 圣人之道如天然，与众人之识甚殊邈也①。门人弟子既亲炙②，而后益知其高远。既若不可以及，则趋望之心怠矣，故圣人之教，常俯而就之③。事上临丧，不敢不勉，君子之常行。不困于酒④，尤其近也。而以己处之者，不独使夫资之下者勉思企及，而才之高者亦不敢易乎近矣。(《程氏经说·论语解》)

◎ **注释** ①〔圣人之道如天然，与众人之识甚殊邈也〕扬雄《法言·五百》说："圣人之言远如天。"吕祖谦认为："正恐当时以为圣人之道如天，天不可阶而升，道便于此穷极断绝了。"殊邈，非常遥远。②〔亲炙〕亲自受教。③〔俯而就之〕根据普通人能够接受的水平而教诲之。④〔不困于酒〕出自《论语·子罕》。

◎ **大意** 圣人之道就像天，普通人的见识与之相去甚远。门人弟子既然亲自受过圣人的教诲，就更加了解圣人之道的高远了。但若让人感觉他的学问高不可及，那么向往之心就会怠惰。所以圣人教人，常常根据所教对象的水平施教。事上、临丧，不敢不勤勉，这是君子的日常行为。不困于酒，更是与普通人切近。用他自己处理这些事的方式去教导人，不仅使那些天资低下的人努力想去做到，而且使那些才智高的人也不敢由于这些事情浅近而轻视它们。

11.5 明道先生曰：忧子弟之轻俊①者，只教以经学念书，不得令作文字②。子弟凡百玩好皆夺志。至于书札③，于儒者事最近，然一向好著，亦自丧志。如王、虞、颜、柳④辈，诚为好人则有之，曾见有善书者知道否？平生精力一用于此，非惟徒废时日，于道便有妨处，足知丧志也。（《二程遗书》卷一《端伯传师说》）

◎ **注释** ①〔轻俊〕飘逸潇洒。②〔不得令作文字〕不能让他作诗文等。③〔书札〕这里指学习书法。④〔王、虞、颜、柳〕指书法家王羲之、虞世南、颜真卿、柳公权。王羲之，字逸少，琅琊（今属山东临沂）人，官右军将军，会稽内史。虞世南（558—638），字伯施，越州余姚（今属浙江）人，官弘文馆学士。颜真卿（709—784），字清臣，京兆万年（今陕西西安）人，官吏部尚书，谥文忠。柳公权（778—865），字诚悬，京兆华原（今陕西铜川）人，官散骑常侍。此四人，都是中国书法史上有代表性的书法家。

◎ **大意** 程颢说：担心子弟心性飘逸潇洒而不沉静，就只让他们学习经典，而不能让他们作诗文等。孩子的各种玩好都会改变其学道的志向。至于书法，是和儒者最切近的事，然而一旦爱好上，也会使人丧失学道的志向。像王羲之、虞世南、颜真卿、柳公权等人，说他们是好人是可以的，曾见过书法家深明大道的吗？如果把平生的精力都用在书法上，不仅白白地浪费时间，对学道也有妨害之处，据此就足以明白书法也可以使人丧失学道的志向。

11.6 胡安定①在湖州②，置"治道斋"，学者有欲明治道者，讲之于中，如治民、治兵、水利、算数之类。尝言刘彝③善治水利，后累为政，皆兴水利有功。（《二程遗书》卷二上《元丰己未吕与叔东见二先生语》）

◎ **注释** ①〔胡安定〕即胡瑗，人称安定先生，曾为湖州教授，其教学设数科，每一科为一斋，如治事斋、经义斋等。②〔湖州〕州名，治所在乌程（今浙江吴兴）。③〔刘彝〕字执中，福州（今福建长乐）人，胡瑗的学生，登庆历进士第，《宋史》卷三三四有传。

◎ **大意** 胡瑗在湖州做官的时候，修置"治道斋"，学者想要明晓治道的，就在"治道斋"学习研究，所学内容有治民、治兵、水利、算数之类。他曾说刘彝擅长水利，刘彝后来多次做官，都因兴修水利而立功。

11.7 凡立言①，欲涵蓄意思，不使知德者厌，无德者惑。（《二程遗书》卷二上《元丰己未吕与叔东见二先生语》）

◎ **注释** ①〔立言〕著书立说。《左传·襄公二十四年》："太上有立德，其次有立功，其次有立言，虽久不废，此之谓不朽。"叶采解曰："知德者玩其理而不厌，无德者守其说而不惑。"

◎ **大意** 但凡著书立说，要使文章意思含蓄深厚，不让明白德义的人厌恶，不让不懂德义的人疑惑。

11.8 教人未见意趣，必不乐学。欲且教之歌舞，如古《诗》三百篇，皆古人作之。如《关雎》①之类，正家之始，故用之乡人，用之邦国，日使人闻之。此等诗，其言简奥，今人未易晓。欲别②作诗，略言教童子洒扫应对事长之节，今朝夕歌之，似当有助。（《二程遗书》卷二上《元丰己未吕与叔东见二先生语》）

◎ **注释** ①〔《关雎》〕《诗经》的首篇。《诗序》说:"《关雎》,后妃之德也。风之始,所以风天下而正夫妇也。故用之乡人焉,用之邦国焉。"②〔欲别〕或作"别欲"。

◎ **大意** 在教学过程中,如果学生没有感受到学习的意趣,那他一定不乐意学习。想要用歌舞教他们,正如《诗》三百篇,都是古人创作了用来教人的。像《关雎》一类的,是正家风化之始,所以周公把它用到乡人身上以教化民众,用到邦国中以教朝臣,使他们每日都能听到。这样的诗,语言简洁却意蕴深奥,今人不容易理解。所以我想另作新诗,大略说明教育童子洒扫、应对、事长的节次,让他们早晚歌唱,应当对他们的学习有所帮助。

11.9 子厚①以礼教学者最善,使学者先有所据守②。(《二程遗书》卷二上《元丰己未吕与叔东见二先生语》)

◎ **注释** ①〔子厚〕张载之字。②〔使学者先有所据守〕《论语·季氏》:"不学礼,无以立。"叶采曰:"礼以恭敬辞让为本,而有节文度数之详。学者从事乎此,则日用言动之间皆有依据持守之地。"

◎ **大意** 张载用礼来教学生是最好的办法,这样能使学生先有一个守身持心的依据。

11.10 语学者以所见未到之理,不惟所闻不深彻,反将理低看了。(《二程遗书》卷三《谢显道记忆平日语》)

◎ **大意** 对学生讲他们见识尚未达到还不能够理解的道理,会使他们不仅不能透彻理解,还会将高深之理看得浅薄。

11.11 舞射①便见人诚。古之教人,莫非使之成己②。自洒扫应对上,便可到圣人事。(《二程遗书》卷五)

◎ **注释** ①〔舞射〕都是上古教育的内容。②〔成己〕成就自己的德行。

◎ **大意** 通过舞蹈、射术,就能看到一个人的诚心。古代圣贤教人,都是为了让其成就自己的德行。从洒扫、应对依次循序而上培养自己的诚意,就能做到圣人应做的事。

11.12 自"幼子常视无诳①"以上,便是教以圣人事。(《二程遗书》卷六)

◎ **注释** ①〔幼子常视无诳〕"无",本作"毋"。语出《礼记·曲礼上》,视,同"示"。诳,欺骗。

◎ **大意** 从"平时不可让孩子看到你在说谎"以上的教育,都是以做圣人之事来教育人的。

11.13 先传后倦①,君子教人有序。先传以小者近者,而后教以大者远者,非是先传以近小,而后不教以远大也。(《二程遗书》卷八)

◎ **注释** ①〔先传后倦〕语出《论语·子张》。倦,这里指教诲。

◎ **大意** 先传授什么后传授什么,君子教育人有一定的次序。先传授那些小的近的,而后传授那些大的远的。并不是先传授小的近的,而后就不传授他们远的大的了。

11.14 伊川先生曰：说书①必非古意，转使人薄。学者须是潜心积虑，优游②涵养，使之自得。今一日说尽，只是教得薄。至如汉时说"下帷讲诵③"，犹未必说书。(《二程遗书》卷十五《入关语录》)

◎ **注释** ①〔说书〕讲说古书。②〔优游〕从容而不急迫。③〔下帷讲诵〕出自《汉书·董仲舒传》。下帷，放下室内悬挂的帷幕。

◎ **大意** 程颐说：解说古书肯定不能完全符合古义，反而使人浅薄。学者应该潜心用力，反复思考，从容不迫地游于其间，涵泳持养，自然会有所得。现在一次将之说完，只是把书教得浅薄了。至于汉时说的董仲舒放下帐子讲诵，也未必是解说古书。

11.15 古者八岁入小学，十五入大学①，择其才可教者聚之，不肖者复之农亩。盖士农不易业，既入学则不治农，然后士农判。在学之养，若士大夫之子，则不虑无养；虽庶人之子，既入学则亦必有养。古之士者，自十五入学，至四十方仕②，中间自有二十五年学，又无利可趋，则所志可知，须去趋善，便自此成德。后之人，自童稚间已有汲汲趋利之意，何由得向善？故古人必使四十而仕，然后志定。只营衣食却无害，惟利禄之诱最害人。(本

注：人有养，便方定志于学。)(《二程遗书》卷十五《入关语录》)

◎ **注释** ①〔古者八岁入小学，十五入大学〕语出《汉书·食货志》。②〔至四十方仕〕语出《礼记·曲礼上》。

◎ **大意** 古人八岁入小学，十五岁入大学学习，选择那些天分好而可教的聚集在大学中教之，那些不成器的让他们回到田间务农。古代士和农身份都是不能轻易转换的，进入大学学习后就不再从事农业，这样就把士与农区分开。在学校的供养方面，如果是士大夫的儿子，就不用担心他没有供养；即使是平民的儿子，既然入学也必定有供养。古代的士人，从十五岁入大学学习，到四十岁出仕，中间自有二十五年的时间用来学习，没有利可去追求，那么他们的志向就可以知道了，应该去追求善，由此成就自己的德业。后代之人从孩童时就已经有了急切追求利欲之意，怎么能够向善？所以古人一定要使他们四十岁才出仕，然后从善之志才能坚定。只是去营求衣食，当然没有害处，利禄的引诱却最害人。(本注：人有了供养才能安心向学。)

11.16 天下有多少才，只为道不明于天下，故不得有所成就。且古者"兴于《诗》，立于礼，成于乐①"，如今人怎生会得？古人于《诗》，如今人歌曲一般，虽闾巷童稚，皆习闻其说而晓其义，故能兴起于《诗》。后世老师宿儒②，尚不能晓其义，怎生责得学者？是不得"兴于《诗》"也。古礼既废，人伦不明，以至治家皆无法度，是不得"立于礼"也。古人有歌咏以养其性情，声音以养其耳

目，舞蹈以养其血脉，今皆无之，是不得"成于乐"也。古之成材也易，今之成材也难。(《二程遗书》卷十八《刘元承手编》)

◎ **注释** ①〔兴于《诗》，立于礼，成于乐〕出自《论语·泰伯》。②〔老师宿儒〕年老辈尊的经师，修养有素的儒士。

◎ **大意** 天下有多少人才呀，只因为圣人之道没有昌明于天下，所以这些人不能有所成就。况且古代培养人，"用《诗》使人振奋向学，用礼使人能够立身，用乐使人得以成就。"现在的人怎么能够做到这样呢？古人对待《诗》，就像今人对待歌舞一样，即使是街上的孩童，都熟知其说，明晓其义，所以能由诗振奋兴起。后世年老辈尊、修养有素的经师儒士，尚且不能知晓其义，怎么要求学生呢？这就不能"振奋兴起于《诗》"了。古代的礼制已经废除，人伦不能昭明于天下，以至于人治家都无法度可循，这就不能"学礼立身"了。古人用歌咏涵养性情，用音乐涵养耳目，用舞蹈涵养血气，今人都做不到，这就不能"成就于乐"了。古代成就人才容易，当今成就人才困难。

11.17 孔子教人，"不愤不启，不悱不发①"。盖不待愤悱而发，则知之不固；待愤悱而后发，则沛然矣。学者须是深思之，思之不得，然后为他说便好。初学者须是且为他说，不然，非独他不晓，亦止人好问之心也。(《二程遗书》卷十八《刘元承手编》)

◎ **注释** ①〔不愤不启，不悱不发〕出自《论语·述而》。愤，心求通而未能通。悱，口欲言而不能表达。

◎ **大意** 孔子教人，"不到他似通非通的时候不去启发他，不到他似能说又不能说的时候不去引导他"。因为不到这种"愤""悱"的时候去启发他，他掌握的知识就不会牢固；等到"愤""悱"之时而后去启发他，他就会豁然大悟。学者应该深思，深思之后不能明白，然后给他说透就好了。但初学者应该给他讲，不然不仅会让他不明白，而且还会阻碍他的好问之心。

11.18 横渠先生曰："恭敬撙节退让以明礼"①，仁之至也，爱道之极也。己不勉明，则人无从倡，道无从弘，教无从成矣。（张载《正蒙·至当》）

◎ **注释** ①〔恭敬撙节退让以明礼〕语出《礼记·曲礼上》。撙节，节制。

◎ **大意** 张载说："以恭敬、节制、退让昌明礼"，这是仁的极致，是爱人之道的极致。自己不勉力以明礼，那么众人没有表率，圣人之道就不能弘扬，教化就无法成就。

11.19 《学记》曰："进而不顾其安，使人不由其诚，教人不尽其材。"人未安之，又进之；未喻之，又告之，徒使人生此节目。不尽材，不顾安，不由诚，皆是施之妄也。教人至难，必尽人之材，乃不误人。观可及处，然后告之。圣人之教，直若庖丁之解牛，皆知其隙，刃投余地，无全牛矣①。人之材②足以有为，但以其不由于诚，则不尽其才。若曰勉率而为之，则岂有由诚哉？（张载《横渠语录》卷下附《语录抄》）

◎ **注释** ①〔刃投余地，无全牛矣〕语出《庄子·养生主》。②〔材〕又作"才"。

◎ **大意** 《礼记·学记》说："做老师的如果只顾推进学习的进度而不顾学生是否已熟悉学习的内容，会使学生不用忠诚之心对待学习，老师就不能充分使学生的才能得到充分发展。"学生还未熟悉学过的东西，又让他学习新的东西；还没明白之前的道理，又告知他新的道理，这种方法无益于学习，只会使人生出不安、不诚等毛病。不能充分发挥学生的材性，不考虑学生是否熟知，使学生不用忠诚之心对待学习，这都是胡乱施教。教育人是最难的事情，一定要让学生的才智得到充分发展，才不会误人。观察学生可达到的层次，然后把相应的东西告诉他。圣人教人，简直就像庖丁解牛一样，知道骨节间隙在哪，投刃于骨节之间的空隙，眼中没有一头完整的牛。人的才能足以有所作为，但由于他不用自己的诚心，因而就不能充分发挥其才智。如果说勉强草率地去做，那怎么能说是用了他的诚心呢？

11.20 古之小儿便能敬事①。长者与之提携，则两手奉长者之手。问之，掩口而对。盖稍不敬事，便不忠信。故教小儿，且先安详恭敬。（张载《横渠语录》卷下附《语录抄》）

◎ **注释** ①〔敬事〕恭敬侍候，小心处事。

◎ **大意** 古时候，小孩就能恭敬侍候，小心处世。年长的人牵着他的手走路，他就两手捧着长者的手。问他话，他就掩着口回答。因为态度稍有一点不恭敬，就是不忠信了。所以教育小孩，首先要教导他做事稳重从容，对人谦恭有礼貌。

11.21 孟子曰："人不足与适也，政不足与间也，唯大人为能格君心之非①。"非惟君心，至于朋游学者之际，彼虽议论异同，未欲深较。惟整理其心，使归之正，岂小补哉！

◎ **注释** ①〔人不足与适也，政不足与间也，唯大人为能格君心之非〕语出《孟子·离娄上》。适，同谪，指责。间，非议。格，正。

◎ **大意** 孟子说："有些人不值得去指责，他们的政令也不值得去非议，只有大德之人才能纠正君主思想上的错误。"不仅君心如此，在和同学朋友交往的时候，即使他与你观点不同，也不要一味深入地辩论校正。要做的只是帮助他整顿调理心智，使他的心进入正确的轨道，这对人岂止是小的补益呢！

◎ **思考辨析题**

1. 理学作为一种新儒学，在教学思想方面有哪些特色？
2. 张载的"以礼教学"对现代教育有何借鉴意义？
3. 如何理解大学与小学的关系？

卷十二　警　戒

　　孟子说人性本善，但这只是指人有为善的潜质，因为其中也包含着为恶的可能。由于所禀受气质的清浊、厚薄不同，再加上后天环境、人欲的影响，人心极易被蔽塞，而善日消、恶日积。故此，朱熹、吕祖谦选取此章以论戒谨之道，要人修己治人，常存戒惧之心，以恢复、扩充人的本然之性，为善去恶。

12.1 濂溪先生曰：仲由①喜闻过②，令名③无穷焉。今人有过，不喜人规，如护疾而忌医，宁灭其身而无悟也。噫！（周敦颐《通书·过》）

◎ **注释** ①〔仲由〕即子路。②〔喜闻过〕语出《孟子·公孙丑上》。③〔令名〕美好的名声。

◎ **大意** 周敦颐说：子路喜欢听别人指出他的过错，因而有无穷的美名。今人有过错，不喜欢别人规劝，就像护着身上的病而忌讳医治，宁肯死也不醒悟。唉！

12.2 伊川先生曰：德善日积，则福禄日臻。德逾于禄，则虽盛而非满。自古隆盛，未有不失道而丧败者也。①（《程氏易传·泰传》）

◎ **注释** ①本条释《周易·泰卦》九三爻辞。泰久必否，君子处泰之时，应该戒惧。

◎ **大意** 程颐说：每天积累德与善，那么福与禄就会慢慢地自己到来。德行高出了享有的禄位，那么即使所享受的禄位达到极盛也不能称作满。自古以来官隆福盛之家，往往因丧失道义而衰败。

12.3 人之于豫乐①，心说②之，故迟迟，遂至于耽恋不能已也。《豫》之六二，以中正自守，其介如石，其去之速，不俟终日，故贞正而吉也③。处豫不可安且久也，久则溺矣。如二可谓"见几而作"

者也。盖中正，故其守坚，而能辨之早、去之速也。

（《程氏易传·豫传》）

◎ **注释** ①〔豫乐〕安乐。②〔说〕同"悦"。③〔故贞正而吉也〕语出《周易·豫卦》。

◎ **大意** 人对于安乐，心中喜悦，不愿舍去，所以迟之又迟，终至于迷恋安乐不能自拔。《周易·豫卦》的六二爻，中正自守，其品质高介如石，不等过完一天，就能迅速地舍弃安逸，所以坚贞中正而吉利。人不能安心长久地处在逸乐中，时间长了就会沉湎其中不能自拔。就像豫卦第二爻，可以说是看到征兆就迅速行动的了。由于它处在中正之位，所以能守身坚定，又能及早地辨别逸乐之害，而迅速将其舍弃。

12.4 人君致危亡之道非一，而以豫为多。①

（《程氏易传·豫传》）

◎ **注释** ①此条释《周易·豫卦》六五爻辞。

◎ **大意** 人君致使国家危亡的原因有很多，而以逸豫安乐为多。

12.5 圣人为戒，必于方盛之时。方其盛而不知戒，故狃①安富则骄侈生，乐舒肆则纲纪坏，忘祸乱则萌孽萌②，是以浸淫不知乱之至也。③

（《程氏易传·临传》）

◎ **注释** ①〔狃〕贪恋。②〔萌孽萌〕萌生。③本条释《周易·临卦》，旨在提示应于兴盛之时防范祸患。

◎ **大意** 圣人防范祸乱，一定要在正当兴盛的时候。当其兴盛的时候不知道戒惧，故而贪念富贵安乐就会产生骄侈之心，乐于舒适肆意就会败坏纲纪，忘记祸乱事端就会萌动，因此祸乱就会像水一样渐渐积累，在不知不觉中到来。

12.6《复》之六三①，以阴躁处动之极，复之频数而不能固者也。复贵安固，频复频失，不安于复也。复善而屡失，危之道也。圣人开其迁善之道，与②其复而危其屡失，故云"厉无咎"。不可以频失而戒其复也。频失则为危，屡复何咎？过在失而不在复也。（本注：刘质夫③曰：频复不已，遂至迷复。）（《程氏易传·复传》）

◎ **注释** ①〔《复》之六三〕复卦卦体为震下坤上，六三爻以阴爻处阳位，所以不当位，又处震体之上，不得中。阴性躁，又震为动，在下卦之上，是动之极。所以这一爻躁动不安，复于善又不能固守，以致屡次失去，失而又复，所以"频复"。②〔与〕赞同。③〔刘质夫〕名绚，字质夫，程颐门人。参看《伊洛渊源录》卷八、《宋史》卷四二八、《宋元学案》卷三十。

◎ **大意**《周易·复卦》的六三爻，以阴躁之性处在下卦震动的极点上，是频繁地复于善却不能固守于善的象征。复善改过贵在安定稳固，频繁地复又频繁地失，是不能安居于复善的。复于善又屡次失去，这是危险的啊。圣人向人指明了改过向善的道路，赞赏、鼓励人们复于善而又让他们明白屡次失于善的危险，所以六三爻辞说"厉无咎"。不能因为频繁失于善而阻止他复于善，频繁失于善是危险的，但屡次改过又有什么不对呢？过错在于失于善而不在于改过自迁。（本注，刘质夫说：频繁地失误而没完没了，终会迷失自己，不能复归本来的善心。）

12.7 伊川先生曰：睽极则怫戾①而难合，刚极则躁暴而不详,明极则过察而多疑。《睽》之上九,有六三之正应,实不孤,而其才性如此,自"睽孤②"也。如人虽有亲党,而多自疑猜,妄生乖离,虽处骨肉亲党之间,而常孤独也。③(《程氏易传·睽传》)

◎ **注释** ①〔咈戾〕违背,乖戾。②〔睽孤〕孤独,孤立。这里说睽卦上九本不孤立,其孤独、孤立是自己造成的。③本条释《周易·睽卦》上九爻辞。

◎ **大意** 乖离到了极点就会乖戾而难与人相合,刚强到了极点就会暴躁而不安详,聪明机敏到了极点就会过多审察而走向多疑。《周易·睽卦》的上九爻,有六三爻与之正相应,其实并不孤立,但它的特性乖戾、暴躁、多疑,是自我孤立起来了。就像人,虽有亲戚族人,但如果多疑猜测,妄生乖离之心,那么即使在至亲骨肉之间,也时常是孤独的。

12.8《解》之六三曰:"负且乘,致寇至,贞吝①。"《传》曰:小人而窃盛位,虽勉为正事,而气质卑下,本非在上之物,终可吝也。若能大正,则如何?曰:大正,非阴柔所能也。若能之,则是化为君子矣。(《程氏易传·解传》)

◎ **注释** ①〔负且乘,致寇至,贞吝〕语出《周易·解卦》六三爻辞。六三爻是阴爻处阳位,所以不当位,并且处在下卦之上,所以"贞吝"。就像地位低下的人,背负着东西却乘坐在只有身份高贵的人才能坐的车上,自然会招致盗贼的觊觎和抢夺。

◎ **大意** 《周易·解卦》的六三爻辞说："负且乘，致寇至，贞吝。"程颐解释说：小人窃居高位，即使勉力去做正事，也会由于气质卑下，原本不是在上位的人，最终难免于悔吝。或许有人说：假若他能够变成极正派的人，又会怎么样呢？回答说：极其正派，不是本性阴柔之人所能做到的。如果能，那就是变化气质，成了君子。

12.9 《益》之上九曰："莫益之，或击之①。"《传》曰：理者，天下之至公；利者，众人所同欲。苟公其心，不失其正理，则与众同利，无侵于人，人亦欲与之。若切于好利，蔽于自私，求自益以损于人，则人亦与之力争。故莫肯益之，而有击夺之者矣。

（《程氏易传·益传》）

◎ **注释** ①〔莫益之，或击之〕语出《周易·益卦》上九爻辞。益卦卦体震下巽上，上九爻，以阳爻处极，不能有益于人，而求益己，所以"莫益之，或击之"。莫，没有人。或，有的人。

◎ **大意** 《周易·益卦》的上九爻辞说："没有人增益它，却有人攻击它。"程颐解释说：理，是天下最公正的；利，是众人共同追求的。如果能使自己的心公正，不失于正理，那就可以与众人同享利益，不侵害他人，别人也就愿意与你分享。如果好利心切，心被私欲蔽塞，追求自己的利益而损害他人，那么别人也会与你力争。这样就没有人愿意给你益处，反而有人去攻击你并且夺取你的东西。

12.10 《艮》之九三曰："艮其限，列其夤，厉薰心①。"《传》曰：夫止道贵乎得宜，行止不能以时，而定于一，其坚强如此，则处世乖戾，与物睽绝，其危甚矣。人之固止一隅，而举世莫与宜者，则艰蹇②忿畏焚挠③其中，岂有安裕之理？"厉薰心"，谓不安之势薰烁其中也。（《程氏易传·艮传》）

◎ **注释** ①〔艮其限，列其夤，厉薰心〕语出《周易·艮卦》九三爻辞。艮，止。限，界限。列，同"裂"。夤，腰部脊背的肉。厉，不安。薰，熏烤。②〔艰蹇〕处境艰困。③〔挠〕搅扰使之烦恼。

◎ **大意** 《周易·艮卦》的九三爻辞说："九三爻将艮的上下卦分开，就像人被割裂了脊骨上的肉，内心不安如同被火熏烤着一样。"程颐解释说：居止之道贵在得宜，行动与安静不能按时，却定于一处，他是如此的坚定强硬，这样去处世就会行为乖戾，不合情理，与他人背离断绝，这是非常危险的。人固执地坚守在一个角落，整个世上没有与他合得来的人，那就会处境艰险困迫、愤恨畏惧，心被熏烤、烦扰，哪里还有安闲宽裕的道理？"厉薰心"，说的就是这种不安的态势熏烤、烦扰着他的心。

12.11 大率以说而动，安有不失正者？①（《程氏易传·归妹传》）

◎ **注释** ①本条释《周易·归妹卦》的象辞。归妹卦卦体兑下震上，兑为悦、为少女，震为动、为长男。男女以悦而动，又以动而悦，程颐认为这不得其正，因为不符合夫妻尊卑内外等伦理准则，有恣情纵欲的偏失。

◎ **大意** 大抵因为喜欢而行动的，哪有不失于正理的呢？

12.12 男女有尊卑之序，夫妇有倡随之理，此常理也。若徇情肆欲，唯说是动，男牵欲而失其

刚，妇狃说①而忘其顺，则凶而无所利矣。(《程氏易传·归妹传》)

◎ **注释** ①〔狃说〕贪图欢爱。说，通"悦"。

◎ **大意** 男女之间有男尊女卑的秩序，夫妇间有夫唱妇随的情理，这是恒常不变的道理。如果徇情肆欲，为喜爱的人而动，那么男人被情欲牵引就会失去其刚正，女人贪图欢爱就会忘记柔顺，那就只有凶险而没有什么好处了。

12.13 虽舜之圣，且畏巧言令色①，说②之惑人易入而可惧也如此。(《程氏易传·兑传》)

◎ **注释** ①〔巧言令色〕花言巧语和伪善的面貌。语出《尚书·皋陶谟》《论语·学而》。②〔说〕通"悦"。

◎ **大意** 即使像舜这样的圣人，也畏惧花言巧语和伪善的态度，可见以取悦的手段迷惑人是多么容易攻入人心而可怕呀。

12.14 治水，天下之大任也，非其至公之心，能舍己从人，尽天下之议，则不能成其功，岂方命圮族①者所能乎？鲧虽九年而功弗成，然其所治，固非他人所及也。惟其功有叙②，故其自任益强，咈庚③圮类益甚，公议隔而人心离矣，是其恶益显，而功卒不可成也。(《程氏经说·书解》)

◎ **注释** ①〔方命圮族〕指鲧违背天理行事，毁败族类。语出《尚书·尧典》。程颐《经说》卷二解"方命"为不顺正理，叶采《近思录集解》卷十二等从之。方，违抗。命，正理。圮，毁坏。族，族类。②〔其功有叙〕依等级论定其功绩。③〔咈戾〕违背，乖违。

◎ **大意** 治水，是天下的重任，除非怀有至公之心，能够舍弃一己之明而听从他人，充分采纳天下的公议，否则就不能成功，难道治水是恃一己之能、悖理行事、败坏族类的人所能承担的吗？鲧虽治水九年却没有成功，然而他所治理的，自然不是一般人能赶得上的。正因为他取得了一些值得表彰的功绩，所以就对个人的能力更加自信，性情更加乖戾，毁败族类更加严重，天下的公议听不到了，众人也与他离心了，这样一来，他的罪恶就暴露得更加明显，到最后也就不可能成功了。

12.15 "君子敬以直内①"。微生高②所枉虽小，而害则大。（《程氏经说·论语解》）

◎ **注释** ①〔君子敬以直内〕语出《周易·坤卦·文言传》。②〔微生高〕微生高，鲁人，姓微生，名高，向来以直闻名，有人向他借些醋，自己家里没有，就从邻居那里借来再给人家。孔子认为有就是有，没有就是没有，这才是直。微生高是曲意逢人，不能算直。

◎ **大意** "君子以诚敬让自己内心正直"。微生高借醋虽是小事，但这种做法对人心的危害很大。

12.16 人有欲则无刚，刚则不屈于欲①。（《程氏经说·论语说》）

◎ **注释** ①〔刚则不屈于欲〕语出《论语·公冶长》。

◎ **大意** 人有私欲就无法做到内心刚毅，内心刚毅就不会屈服于欲望。

12.17 人之过也，各于其类。君子常失于厚，小

人常失于薄；君子过于爱，小人伤于忍①。(《程氏经说·论语解》)

◎ 注释　①〔小人伤于忍〕又本"伤"作"过"，为"小人过于忍"。忍，残忍。

◎ 大意　人犯什么样的过错，各自归因于他是什么类型的人，同类人犯同类的错误。君子常常失于过分敦厚，小人常常失于浅薄；君子总是过分爱人，小人则过于残忍。

12.18　明道先生曰：富贵骄人，固不善；学问骄人①，害亦不细。(《二程遗书》卷一《端伯传师说》)

◎ 注释　①〔骄人〕傲视他人。

◎ 大意　程颢说：依仗富贵而对人傲慢固然是不好的，依仗学问而傲视他人的危害也不小。

12.19　人以料事为明，便骎骎①入逆诈、亿、不信②去也。(《二程遗书》卷一《端伯传师说》)

◎ 注释　①〔骎骎〕渐进的样子。②〔逆诈、亿、不信〕语出《论语·宪问》。逆，预知。亿，通"臆"。

◎ 大意　一个人把能预料事情当作明晓事理，便会渐渐地陷入猜臆测、不诚实的状态之中。

12.20　人于外物奉身①者，事事要好，只有自家一个身与心，却不要好。苟得外面物好时，却不知

道自家身与心却已先不好了也。(《二程遗书》卷一《端伯传师说》)

◎ 注释　①〔奉身〕奉养身体。

◎ 大意　人对于奉养自己的外物，事事都要好的，自己这个身心却不要好的。假若外面奉身之物都好了的时候，却不知道自己的身与心已经先不好了。

12.21 人于天理昏者，是只为嗜欲乱着他。庄子言："其嗜欲深者，其天机浅①。"此言却最是。(《二程遗书》卷二上《元丰己未吕与叔东见二先生语》)

◎ 注释　①〔其嗜欲深者，其天机浅〕语出《庄子·大宗师》。天机，天赋的悟性。

◎ 大意　人对于天理昏暗不明，是因为欲望扰乱他。庄子说："欲望深重的人，天赋的悟性低。"这话说得非常正确。

12.22 伊川先生曰：阅机事之久，机心必生①。盖方其阅时，心必喜，既喜，则如种下种子。(《二程遗书》卷三《谢显道记忆平日语》)

◎ 注释　①〔阅机事之久，机心必生〕语出《庄子·天地》。机事，机巧之事。机心，智巧变诈之心。

◎ 大意　程颐说：经历机巧之事久了，就会产生智巧变诈之心。因为当他看到机巧之物的时候，心中一定是欢喜的，内心因机巧之事而欢喜，那就像在心里种下了智巧变诈的种子。

12.23 疑病者，未有事至时，先有疑端在心。周罗①事者，先有周事之端在心。皆病也。(《二程遗书》卷三《谢显道记忆平日语》)

◎ 注释　①〔周罗〕包揽。

◎ 大意　生性多疑的人，在没有遇到事情的时候，就先有一个怀疑的念头在心中。爱包揽事的人，先有一个揽事的念头在心中。这些都有害啊。

12.24 较事大小，其弊为枉尺直寻①之病。

(《二程遗书》卷三《谢显道记忆平日语》)

◎ 注释　①〔枉尺直寻〕语出《孟子·滕文公下》。

◎ 大意　计较事情大小（只按功利的大小决定事情应做还是不做），其弊病在于在小处委曲退让，以求得较大的好处。

12.25 小人、小丈夫，不合小了他，本不是恶。

(《二程遗书》卷六)

◎ 大意　小人、小丈夫，不应该瞧不起他们，他们原本不是坏人。

12.26 虽公天下事，若用私意为之，便是私。

(《二程遗书》卷五)

◎ 大意　即使是天下大公之事，如果怀着私意去做，也是有私心。

12.27 做官夺人志。(《二程遗书》卷十五《入关语录》)

◎ **大意** 做官使人丧失志向和志趣。

12.28 骄是气盈,吝是气歉。人若吝时,于财上亦不足,于事上亦不足,凡百事皆不足,必有歉歉①之色也。(《二程遗书》卷十八《刘元承手编》)

◎ **注释** ①〔歉歉〕不足的样子。

◎ **大意** 骄纵的人是气太满,吝啬的人是气不足。人如果吝啬时,在钱财上显得不足,在做事上也显得不足,所有的事都显得不足,脸上总带有不满足的神情。

12.29 未知道者如醉人,方其醉时,无所不至①,及其醒也,莫不愧耻。人之未知学者,自视以为无缺,及既知学,反思前日所为,则骇且惧矣。(《二程遗书》卷十八《刘元承手编》)

◎ **注释** ①〔无所不至〕无所不为。语出《论语·阳货》。

◎ **大意** 不懂圣人之道的人,就像醉酒的人,当他醉酒时,什么事都做得出来,等到他醒来时,没有不感到愧恨羞耻的。人在不知道学道的时候,自认为自己无所不知,等到知道学道的时候,反思过去的所作所为,就会感到惊骇而又恐惧。

12.30 邢恕①云："一日三点检。"明道先生曰："可哀也哉！其余时理会甚事？"盖仿三省②之说错了，可见不曾用功。又多逐人面上说一般话，明道责之，邢曰："无可说。"明道曰："无可说，便不得不说？"（《二程外书》卷十二《传闻杂记》）

◎ **注释** ①〔邢恕〕一作"邢七"，即邢和叔，见卷四第十一条注①。②〔三省〕语出《论语·学而》。

◎ **大意** 邢恕说："每日多次检点自己。"程颢说："多么可悲！其他时间考虑什么事？"这大约是效仿曾子"吾日三省吾身"之说而搞错了，可见不曾用功学习。邢恕又多次跑到人面前说大话，程颢责备他，邢恕说："我没有什么可说的"。程颢说："既然没有什么可说的，那些话难道是不得不说的吗？"

12.31 横渠先生曰：学者舍礼义，则饱食终日，无所猷为①，与下民一致，所事不逾衣食之间、燕游②之乐尔。（张载《正蒙·中正》）

◎ **注释** ①〔无所猷为〕无所作为。猷，谋划。②〔燕游〕宴饮游乐。

◎ **大意** 张载说：学者舍弃礼义，饱食终日，无所作为，就会与困惑而不知学道的下等人一样，所做的不过是谋求衣食以及宴饮佚游的乐趣罢了。

12.32 郑、卫之音悲哀，令人意思留连，又生怠惰之意，从而致骄淫之心。虽珍玩奇货，其始感人也，亦不如是切，从而生无限嗜好。故

孔子曰必放①之，亦是圣人经历过，但圣人能不为物所移耳。（张载《近思录拾遗·礼乐说》）

◎ **注释** ①〔放〕抛弃，禁绝。

◎ **大意** 郑国、卫国的音乐悲凉哀怨，令人听了流连难舍，又产生怠惰之情，从而导致骄奢淫逸之心。即使是珍玩奇物，其最初感发人心，也不像郑卫之音那样深切，而产生无限的嗜好。所以孔子说一定要禁止它，圣人也曾经历过，但圣人能够不被外物所改变。

12.33 孟子言反经①，特于乡原②之后者，以乡原大者不先立，心中初无主，惟是左右看，顺人情，不欲违③，一生如此。（张载《近思录拾遗·孟子说》）

◎ **注释** ①〔反经〕语出《孟子·尽心下》，指归于常道。反，通"返"②〔乡原〕也作"乡愿"，没有原则的伪君子、老好人。③〔不欲违〕一味取悦于人，不能坚守自己的原则。

◎ **大意** 孟子论回归常道，特意将它安排在乡愿之后，是因为乡愿不先确立大的是非原则，心中没有主见，只是左顾右盼，顺从人情，不想违逆任何人，一生都这样。

◎ **思考辨析题**

1. 如何保持戒慎恐惧之心？
2. 怎样明善改过？
3. 如何理解"直"？

卷十三　异　端

　　所谓"异端",指的是儒家学说之外的其他各家言论。朱熹、吕祖谦为此专设一卷,既是对当时儒学面临佛道挑战的回应,也显示出其编写意图:该卷试图通过儒学与佛道对比批判佛道理论的虚妄,从而彰显儒学的精深完美,以昌明儒学,维护儒学的正统地位,坚定学者对儒学的信仰。

13.1 明道先生曰：杨、墨①之害，甚于申、韩②；佛、老之害，甚于杨、墨。杨氏"为我"，疑于义；墨氏"兼爱"，疑于仁③；申、韩则浅陋易见。故孟子只辟杨、墨，为其惑世之甚也。佛、老其言近理，又非杨、墨之比，此所以为害尤甚。杨、墨之害，亦经孟子辟④之，所以廓如也⑤。（《二程遗书》卷十三《亥八月见先生于洛所闻》）

◎ **注释** ①〔杨、墨〕指杨朱和墨翟。②〔申、韩〕指申不害与韩非，战国时期法家代表人物。③〔杨氏"为我"，疑于义；墨氏"兼爱"，疑于仁〕叶采《近思录集解》卷十三作"杨氏为我疑于仁，墨氏兼爱疑于义。"谓："杨氏为我，可谓自私而不仁矣，然而犹似于无欲之仁。墨氏兼爱，可谓泛滥而无义矣，然犹似于无私之义。"朱熹《孟子集注》引程子此语，与此处同。茅星来、江永、陈沆等从之。张伯行《近思录集解》卷十三从叶采本，唯在按语指出："一本作'为我疑于义，兼爱疑于仁'……"语势更顺。今本《二程全书》内之《二程遗书》卷十五，程子确云："杨子为我亦是义，墨子兼爱则是仁"。陈荣捷先生认为："意者初本《二程全书》偶误，而叶采不察。后乃依《近思录》改正。"④〔辟〕批判、辨明。⑤〔所以廓如也〕语出扬雄《法言》卷二《吾子》。廓如，澄清。

◎ **大意** 程颢说：杨朱、墨翟学说的危害，比申不害、韩非大；佛、老的危害又比杨、墨大。杨朱主张"为我"，在义的方面有疑惑；墨翟主张"兼爱"，在仁的方面有疑惑。申、韩的学说则更加浅陋，容易看出其错处。所以孟子只批驳杨、墨，因为他们的学说迷惑世人非常严重。佛、老的学说接近于理，这是杨、墨学说比不上的，因此对世人的危害更为严重。杨、墨的危害，经过孟子的驳斥，已经廓然大明于天下了。

13.2 伊川先生曰：儒者潜心正道，不容有差，其始甚微，其终则不可救。如"师也过，商也不及①"，于圣人中道，师只是过于厚些，商只是不及些。然而厚则渐至于兼爱，不及则便至于为我，其过不及同出于儒者，其末遂至杨、墨。至如杨、墨，亦未至于无父无君，孟子推之便至于此，盖其差必至于是也。（《二程遗书》卷十七）

◎ **注释** ①〔师也过，商也不及〕语出《论语·先进》。师，颛孙师，即子张；商，卜商，即子夏，后为魏文侯师。两人都是孔子弟子。

◎ **大意** 程颐说：儒者潜心于正道，不容许有所偏差，若有偏差，开始看来偏差甚微，最终则会发展到不可挽救的地步。比如"子张有些过头，子夏有点不及"，对于圣人的中正之道，子张只是过于厚了点，子夏只是差一点点还不够。但是厚这一点就会渐渐地发展为"兼爱"，不够则会发展为"为我"。过与不及，同出于儒者，其末流则会发展为杨朱那样的"为我"和墨翟那样的"兼爱"。至于杨、墨，也还未到无父无君的程度，孟子加以推理便得到了这样的结论，那是因为偏差发展下去必然会如此。

13.3 明道先生曰：道之外无物，物之外无道，是天地之间，无适而非道也。即父子而父子在所亲，即君臣而君臣在所严①，以至为夫妇、为长幼、为朋友，无所为而非道，此道所以"不可须臾离也②"。然则毁人伦、去四大③者，其岂于道也远矣。故"君子之于天下也,无适也,无莫也,义之与比",若有适有莫,则于道为有间,非天地之全也。彼释氏之学,于"敬以直内"则有之矣,"义以方外"则未之有也。故滞固者入于枯槁,疏通者归于恣肆,此佛之教所以为隘也。吾道则不然,率性而已。斯理也,圣人于《易》备言之。又曰:佛有一个觉④之理,可以"敬以直内"矣,然无"义以方外",其直内者,要之其本亦不是。(《二程遗书》卷四《游定夫所录》)

◎ **注释** ①〔即君臣而君臣在所严〕严,又本作"敬",为"即君臣而君臣在所敬"。②〔不可须臾离也〕语出《中庸》。③〔四大〕佛教用语,指地、水、火、风,佛教认为四者乃是组成宇宙、人身的基本元素。④〔觉〕觉悟。

◎ **大意** 程颢说:道之外没有物,物之外没有道,因此天地之间,无处不体现着道。就父子来说,父子之道在则父子互相亲爱,就君臣来说,君臣之道在则君臣之分严明,以至于在夫妇之道、长幼之道、朋友之道等方面,没有任何一件事不体现遵循着道,这是道一刻也不能远离的原因。而佛教毁坏人伦,抛却"四大",背离道就很远了。所以"君子对于天下的事,既不执着于一定要怎么做,也不坚持不能怎么做,怎么做合乎义就怎么做"。如果一定要限定怎么做或不能怎么做,就与道有了差距,不是完整的天地之本性。佛教学说有"敬以直内"方面的内容,但没有"义以方外"方面的内容,所以那些偏执固守的人选择苦行,那些疏旷放达的人则流于恣意放肆,这些都是佛教学说偏执狭隘的体现。儒家之道就没有这些弊病,就是让人遵循天地万物的本性去做而已。这个理,圣人已经在《周易》中说得很详备了。又说,佛教有一个觉悟的道理,姑且可以称作"敬以直内",然而没有"义以方外",还要使内心正直,从根本上说就不对了。

13.4 释氏本怖死生为利,岂是公道?唯务上达而无下学①,然则其上达处岂有是也?元不相连属,但有间断,非道也。孟子曰:"尽其心者,知其性也②。"彼所谓"识心见性"是也,若存心养性一段事则无矣。彼固曰出家独善,便于道体自不足。或曰:释氏地狱之类,皆是为下根之人设此怖,令为善。先生曰:至诚贯天地,人尚有不化,岂有立伪教而人可化乎?(《二程遗书》卷十三《亥八月见先生于洛所闻》)

◎ **注释** ①〔唯务上达而无下学〕只有在日常生活中广泛学习,才能透悟高深道理,上达天命。语出《论语·宪问》:"下学而上达,知我者其天乎!"程颢认为佛教只讲"顿悟""上达",不讲"下学"。②〔尽其心者,知其性也〕语出《孟子·尽心上》。

◎ **大意** 佛教原本害怕生死轮回,学佛以免除生死轮回,那是出于利己之心,哪里是公道呢?只求悟彻玄深之理而无就事上下功夫的实学,那么他们要了悟的,哪有正确的道呢?实学与悟彻事理不能连接起来,中间有间断,就不是道。孟子说:"充分扩充善的本心,就能明白人的本性。"佛教说的认识本心、发展本性就是这个道理,但佛教没有存心养性方面的事。他们固然也说出家独善其身,但仅仅是"出家"就损伤了道体。有人说:佛教地狱之类的说法,都是为恫吓根基智慧低下的人,使他们因恐惧而行善。程颢说:天下唯有诚心能感化人,圣人至诚之心贯通天地,尚且有不能感化的人,难道设立一个伪教就能把人感化吗?

13.5 学者于释氏之说，直须如淫声美色以远之，不尔则骎骎然①入其中矣。颜渊问为邦，孔子既告之以二帝三王②之事，而复戒以"放郑声，远佞人"，曰："郑声淫，佞人殆③。"彼佞人者，是他一边佞耳，然而于己则危，只是能使人移，故危也。至于禹之言曰："何畏乎巧言令色④！"巧言令色，直消言畏，只是须著如此戒慎，犹恐不免。释氏之学更不消言常戒，到自家自信后，便不能乱得。（《二程遗书》卷二上《元丰己未吕与叔东见二先生语》）

◎ **注释** ①〔骎骎然〕骎骎有渐进之义，也可以指马跑得很快，形容急迫的样子。②〔二帝三王〕即尧、舜二帝，夏之禹、商之汤、周之文三王，一说"三王"指夏禹、商汤和周代文王、武王。③〔郑声淫，佞人殆〕语出《论语·卫灵公》。殆，危险。④〔何畏乎巧言令色〕语出《尚书·皋陶谟》，见卷十二第十三条注①。

◎ **大意** 学者对于佛教的学说，应该像对待淫声美色一样远离它，否则就会急急忙忙地跑到里面去。颜回问怎样治理国家，孔子告诉了他二帝三王之事后，又再次告诫他"抛弃郑地的音乐，远离奸佞之人"，说："郑国的音乐淫靡，奸佞小人危险。"那些奸佞小人，对于他本人来说是能说会道，但对于你来说则是很危险的，因为他能使人为之改变，所以危险。就像大禹说："何畏乎巧言令色！"巧言令色需要畏惧，是说如此戒备谨慎，尚且担心不免为之所动，佛教的学说，就更不用说要常常戒备了。等到自己有了信心后，佛教学说就不能扰乱你了。

13.6 所以谓万物一体者，皆有此理，只为从那里来。"生生之谓易①"，生则一时生，皆完此理。人则能推，物则气昏推不得，不可道他物不与有也。人只为自私，将自家躯壳上头起意，故看得道理小了他底②。放这身来，都在万物中一例看，大小大③快活。释氏以不知此，去他身上起意思，奈何那身不得，故却厌恶，要得去尽根尘④，为心源不定，故要得如枯木死灰。然没此理，要有此理，除是死也。释氏其实是爱身，放不得，故说许多。譬如负版之虫，已载不起，犹自更取物在身。又如抱石投河，以其重愈沉，终不道放下石头，惟嫌重也。（《二程遗书》卷二上《元丰己未吕与叔东见二先生语》）

◎ **注释** ①〔生生之谓易〕语出《周易·系辞上》。生生，孳生不绝，繁衍不已。②〔故看得道理小了他底〕茅星来《近思录集注》卷十三于"小了"断句，"他底"与下句之"放这身来"连读，作"故看得道理小了，他底放这身来"，认为"他底"是指古圣贤而言。③〔大小大〕宋时俗语，指多么、何其。④〔根尘〕六根六尘。佛教以眼、耳、鼻、舌、身、意为根，色、声、香、味、触、法为尘。

◎ **大意** 之所以说万物一体，是因为万物都具备此理，都是从天理中来的。《周易》说"生生不已就是易"，虽就道说是生生不已、变易无穷，但就物本身而言则是一时所生，所有的人与物，自其生成，都完备地具有此理。人禀气清而能够推扩此理，物禀气浑浊而不能推扩此理，但不能说物不具备此理。只因为人自私，只从自己身体上去考虑，所以将这理看小了，要把这身体放在万物之中，与万物一样看待，就能得到许多快活。佛教不明白万物一体，身与物为一的道理，只就自己身体上去思考，又对这身体无可奈何，所以就厌恶躯体，想要去尽六根六尘，又因为心源不定，所以要使这心如枯木死灰一样。然而人既然有身有心，就绝无静定如枯木死灰的道理，要想有此道理，除非是人死去。佛家其实是爱惜自己身体的，放不下，所以说了许多舍弃身躯的话。就像蝜蝂，背负的东西已经使它承载不起来了，却还要再取物放在身上。又像抱着石头投河，因为石头重就越加向下沉，到最后也不知道把这石头放下，只嫌这石头重。

13.7 人有语导气①者，问先生曰：君亦有术乎？曰：吾尝夏葛而冬裘，饥食而渴饮②，"节嗜欲，定心气③"，如斯而已矣。（《二程遗书》卷四《游定夫所录》）

◎ **注释** ①〔导气〕即导引，一种养生术，呼吸俯仰，屈伸手足，使血气流通，促进身体健康。②〔夏葛而冬裘，饥食而渴饮〕语出韩愈《原道》。意谓顺天理之自然。③〔节嗜欲，定心气〕语出《礼记·月令》。

◎ **大意** 有一个谈论导气之术的人，问程颢说：您也有养生之术吗？程颢说：我常常夏天穿葛衣，冬天穿裘衣，饿了就吃饭，渴了就喝水，"节制自己的欲望，安定自己的心气"，如此而已。

13.8 佛氏不识阴阳、昼夜、死生、古今，安得谓形而上者与圣人同乎？（《二程遗书》卷十四《亥九月过汝所闻》）

◎ **大意** 佛家不懂得阴阳、昼夜、死生、古今是怎样形成的，怎么能说他们形而上的观点和圣人相同呢？

13.9 释氏之说，若欲穷其说而去取之，则其说未能穷，固已化而为佛矣。只且于迹上考之，其设教如是，则其心果如何？固难为取其心不取其迹，有是心则有是迹。王通言心迹之判①，便是乱说，故不若且于迹上断定不与圣人合。其言有合处，则吾道固已有；有不合者，固所不取。如是立定，却省易。（《二程遗书》卷十五《入关语录》）

◎ **注释** ①〔心迹之判〕语出《中说·问易篇》。迹，迹象。

◎ **大意** 佛家的学说，如果想要透彻研究后加以选择吸收，那么在你还没能研究透彻的时候，自身就已成为佛教徒。且只就其行事上考察，他们设教如此（弃人伦，无君父臣子），那他们的内心到底怎么样呢？固然很难只吸取他的存心而不效法他们的行事，有这样的存心就有这样的行事。王通言心与迹的分别，就是乱说。所以不如且就行事上断定他们与圣人不相合。有些言论有相合的地方，那是我们儒家学说中本来已有的；有不相合的地方，固然是不能吸取的。这样立定自身，就很容易了。

13.10 问：神仙之说有诸？曰：若说白日飞升①之类则无，若言居山林间保形炼气②，以延年益寿，则有之。譬如一炉火，置之风中则易过③，置之密室则难过，有此理也。又问：杨子言"圣人不师仙，厥术异也"④，圣人能为此等事否？曰：此是天地间一贼，若非窃造化之机，安能延年？使圣人肯为，周、孔为之矣。（《二程遗书》卷十八《刘元承手编》）

◎ **注释** ①〔白日飞升〕道教宣称历代天师有白昼飞升天界成仙的法术。②〔保形炼气〕保形，保养自己的形体。炼气，通过吐纳、导引等术以求长生的方法。③〔过〕宋元俗语，火熄灭。④〔圣人不师仙，厥术异也〕语出扬雄（一作杨雄）《法言·君子》。仙，迁也，迁入山也，老而不死曰"仙"。

◎ **大意** 有人问：人们说的修炼成仙这种事，有没有呢？程颐说：如果说白日飞升之类的事则没有，如果说居住在山林间，保形炼气，以延年益寿，则是有的。就像一炉火，将它放在风中则容易熄灭，放在密室中则很难熄灭，有这个道理。又问：杨雄说"圣人不学神仙之事，因为所操之术不同"，圣人会做这样的事吗？回答说：追求延年益寿是天地间的一贼，如果不是窃取造化者的权柄，怎么能延年益寿？假使圣人肯做这种事，周公、孔子早就做了。

13.11 谢显道历举佛说与吾儒同处。问伊川先生。先生曰：恁地同处虽多，只是本领①不是，一齐差却。（《二程外书》卷十二《传闻杂记》）

◎ **注释** ①〔本领〕根本，主旨。

◎ **大意** 谢良佐详细列举了佛教之说与儒家相同之处，问程颢。程颢说：相同的地方虽多，但是根本与要领不对，这样就全差了。

13.12 横渠先生曰：释氏妄意天性，而不知范围天用①，反以六根之微因缘天地，明不能尽，则诬天地日月为幻妄，蔽其用于一身之小，溺其志于虚空之大。此所以语大语小，流遁失中。其过于大也，尘芥六合②；其蔽于小也，梦幻人世。谓之穷理可乎？不知穷理而谓之尽性可乎？谓之无不知可乎？尘芥六合，谓天地为有穷也；梦幻人世，明不能究其所从也。（张载《正蒙·大心》）

◎ **注释** ①〔而不知范围天用〕又本"天"作"之"，为"而不知范围之用"。范围，裁成，又解作"包括"。②〔六合〕指上下和东西南北四方，泛指天下或宇宙。

◎ **大意** 张载说：佛教不懂天性而胡乱猜测，不懂得天理裁成万物的功用，反而以人的六官为生成天地的因缘，他们所谓的聪明不能透彻领悟天地日月的来处，就谎称天地日月是虚幻的，被小小的身体蔽塞着，不知道天地之功用，志趣又沉溺于浩大的虚空之中，这就是他们不管谈论大还是谈论小，都流于荒诞而不符合中道的原因。其关于大的错误，在于认为微小尘芥中包含有天地四方；其被小蒙蔽处，在于认为认识都是心的幻觉。说他们穷究事理可以吗？不懂得穷究事理而说他们能充分扩充人的本性可以吗？说他们无所不知可以吗？尘芥中蕴含天地四方，说明他们认为天地是有限的；以人世为梦幻，说明他们不能推究人世从何处来。

13.13 大《易》不言有无。言有无，诸子之陋也。

（张载《正蒙·大心》）

◎ **大意** 伟大的《易》不谈论有无。谈论有无，正是诸子的鄙陋之处啊。

13.14 浮图①明鬼，谓有识之死，受生循环②，遂厌苦求免，可谓知鬼乎？以人生为妄见，可谓知人乎？天人一物，辄生取舍，可谓知天乎？孔孟所谓天，彼所谓道，惑者指"游魂为变"为轮回③，未之思也。大学当先知天德，知天德，则知圣人、知鬼神。今浮图剧论要归，必谓死生流转，非得道不免，谓之悟道可乎？（本注：悟则有义有命，均死生，一天人，推知昼夜，通阴阳，体之无二。）自其说炽，传中国，儒者未容窥圣学门墙，已为引取，沦胥④其间，指为大道。乃其俗达之天下，致善恶知愚、男女臧获⑤，人人著信。使英才间气⑥，生则溺耳目恬习之事，长则师世儒崇尚之言，遂冥然被驱，因谓圣人可不修而至，人道可不学而知。故未识圣人心，已谓不必求其迹；未见君子志，已谓不必事其文。此人伦所以不察，庶物所以不明，治所以忽，德所以乱。异言满耳，上无礼以防其伪，下无学以稽其弊。自古诐淫邪遁之辞⑦，翕然并兴，一出于佛氏

之门者已五百年。向非独立不惧，精一自信，有大过人之才，何以正立其间，与之较是非、计得失哉！（张载《正蒙·乾称》）

◎ **注释** ①〔浮图〕又作浮屠，即佛陀，见卷九第十七条注②，这里指佛教。②〔受生循环〕指佛教生死轮回观念。③〔惑者指"游魂为变"为轮回〕叶采《近思录集解》卷十三"惑"作"或"，为"或者指'游魂为变'"。游魂为变，语出《周易·系辞上》，指魂魄游散而成变化。游魂，游散之气。轮回，佛教认为众生根据其善恶，在天、人、阿修罗、地狱、饿鬼、畜生这六道中循环，所以也称"六道轮回"。④〔沦胥〕沦陷，沦丧。⑤〔臧获〕古代对奴婢的贱称。⑥〔英才间气〕指英雄豪杰。⑦〔诐淫邪遁之辞〕指言辞为佞辞邪说，不合正道，隐伏诡谲。语出《孟子·公孙丑上》。诐辞，偏颇的言辞。淫辞，放荡的言辞。邪辞，邪僻、不正的言辞。遁辞，逃避的言辞。

◎ **大意** 佛教讲论鬼，说那些有见识的鬼在投胎轮回时，却厌倦轮回之苦，宁可不投生以求免于轮回之苦，能说佛教徒们懂得什么是鬼吗？佛教认为人生是虚幻不实的，能说他们了解人吗？天与人原本是一物，佛教却弃人事而追求修道成佛，这能说他们懂得什么是天吗？孔孟所说的天，他们称为道，被佛教迷惑的人把"魂魄游散而成变化"当作六道轮回，这是没有经过深入的思考。学儒学的人应该先明白什么是上天的德性，明白什么是上天的德性，也就懂得了圣人的学说，也就明白了什么是鬼神。现在佛教理论的关键，一定要讲生死轮回，未得道成佛就不能免于轮回之苦，能说他们领悟了道吗？（本注：如果悟道，就会懂得死生有义有命，同等地看待生死，把天人看作一体，明白昼夜、阴阳之理，以此去体验生死、天人之理，明白其理原本无二。）自从佛教学说兴盛，传入中国，读书人尚未来得及窥见圣学概况，就已经被佛学引诱过去，沦陷其中，指称佛教是高明的学说。佛教风行天下，以至于不论善恶、智愚、男女、奴婢，人人信仰。即使有英才，生下来耳濡目染看惯了佛家之事，长大后又学习俗儒崇尚佛教的言论，也糊里糊涂地被驱赶到佛教那里，被佛教学说迷惑，认为可以不经修持就成为圣人，不用学习就能彻悟大道。所以还不了解圣人之存心，就说不必推求圣人的行事；未了解君子的志趣，就说不必去研读他们的文章。这就是不能体察人伦、明了普通事物，乃至于忽略修身、败乱德行的原因。异端之说盈耳，在上者没有确立法度以防其伪诈，在下者没有学问不能考察出其弊病。自古以来一切偏颇、放荡、邪遁之辞，一下子都盛行起来，全都出于佛教之门，已经有五百年了。如果不能独立不惧、精诚专一、坚定自信，有非常过人的才识，如何正身立于天地之间，与之较量，分辨是非得失呢？

◎ **思考辨析题**

1. 理学家主要批判了佛教的哪些观点？
2. 理学家的养生方法与道家道教养生术有何不同？
3. 理学主要吸收和借鉴了佛道的哪些观点和方法？

卷十四 圣 贤

此卷讨论古代圣贤世代相传的儒家道统。朱熹、吕祖谦编选取此卷的目的在于昌明儒家道统之说，以辨明自孔子后经义传承偏离，圣人之道隐而不彰、难辨不明的境况。此卷从不同侧面描写了先哲圣贤对"道"的践履，以圣贤为人处世为典范，为后世学者领悟圣人之道提供具体门径。

14.1 明道先生曰：尧与舜更无优劣，及至汤武便别。孟子言"性之""反之"①，自古无人如此说，只孟子分别出来，便知得尧舜是生而知之，汤武是学而能之。文王之德则似尧舜，禹之德则似汤武，要之皆是圣人。（《二程遗书》卷二上《元丰己未吕与叔东见二先生语》）

◎ **注释** ①〔"性之""反之"〕语出《孟子·尽心下》。性之，出于本性自然，不习而得。反之，通过修习恢复其本善之性。反，同"返"。

◎ **大意** 程颢说：尧与舜无优劣之分，等到商汤、文武时，就有了分别。孟子说，"尧舜的仁德是出于自然的本性"，"汤武的仁德是恢复了其本然的善性"，自古没有人这么说，只有孟子将其区分开来，这样便可知道尧与舜是生而知之，商汤与文武是学而能之。周文王之德近似于尧舜，大禹之德则近似汤武。总的来说，他们都是圣人。

14.2 仲尼，元气也；颜子，春生也；孟子，并秋杀尽见。仲尼无所不包；颜子示"不违如愚①"之学于后世，有自然之和气，不言而化者也；孟子则露其才，盖亦时然而已。仲尼，天地也；颜子，和风庆云②也；孟子，泰山岩岩之气象也。观其言，皆可见之矣。仲尼无迹，颜子微有迹，孟子其迹著。孔子尽是明快人，颜子尽恺悌③，孟子尽雄辩。

（《二程遗书》卷五）

◎ **注释** ①〔不违如愚〕语出《论语·为政》。②〔庆云〕五彩云。③〔岂弟〕即"恺悌",也作"恺弟",和乐平易。

◎ **大意** 孔子含蓄博大,就像天地之间的一元之气;颜回温和含蓄,如同春天发育生长万物;孟子刚明果敢、整齐严肃,如同秋天的肃杀之气。孔子道全德备,一切善行善念无不包含;颜回将"不违背孔子的话,如同愚钝一样"的学习精神展现给后世,有一种自然和气,不用言语就能感化众人;孟子则显露出自己的才气,那也是时势使他如此而已。孔子宽宏广博、无所不包,如同天地一样;颜回温和祥蔼,如同和风庆云一样;孟子刚强峻拔,如威严高大的泰山一样。观察他们的语言就可以看出来。孔子与天地浑然一体,无迹可寻,颜回只微露些迹象,孟子则是心迹昭著。孔子全然是一个明快的人,颜回尽是谦和,孟子全是雄辩。

14.3 曾子传圣人学,其德后来不可测,安知其不至圣人?如言"吾得正而毙①",且休理会文字,只看他气象极好,被他所见处大。后人虽有好言语,只被气象卑,终不类道。(《二程遗书》卷十五《入关语录》)

◎ **注释** ①〔吾得正而毙〕语出《礼记·檀弓上》。见卷七第二十五条注②。正而毙,规规矩矩、合乎礼法地死去。

◎ **大意** 曾子承继了圣人之学,他的德行后来日益上进到不可估量的地步,怎么知道他没有达到圣人的高度呢?比如他说"我应该规规矩矩、合乎礼法地死去",且不用推究文字,就能看到他的气象极好,他所看到的是大处。后世之人有好的言语,只因为气象卑下,最终不像一个明道的人。

14.4 传经①为难。如圣人之后才百年,传之已差②。圣人之学,若非子思③、孟子,则几乎息矣。道

何尝息,只是人不由之。"道非亡也,幽厉不由也④。"(《二程遗书》卷十七)

◎ **注释** ①〔传经〕起自汉代,谓孔子授某经于某某门人。②〔如圣人之后才百年,传之已差〕按《韩非子·显学》的说法,孔子之后至战国时期,儒家分为八派。③〔子思〕名伋,孔子之孙,受学于曾子而传于孟子,相传为《中庸》作者。④〔道非亡也,幽厉不由也〕语出董仲舒(约前179—前104)《对贤良策》。幽厉,周代幽王、厉王,都是无道之君。

◎ **大意** 传承圣人的学说是很困难的。如孔子死后才百年,学说的传授已经出现了偏差,如果不是子思、孟子的发扬,圣人之学几乎要熄灭了。圣人之道何曾熄灭呢?只是人们不实行罢了。就如董仲舒说:"文武之道并未消亡,只是幽王与厉王不实行罢了。"

14.5 荀子①才高,其过多;扬雄②才短,其过少。(《二程遗书》卷十八《刘元承手编》)

◎ **注释** ①〔荀子〕即荀卿(约前313—前238),姓荀,名况,战国时期赵国人。年五十游学于齐,三次仕为祭酒。因齐人谗而至楚,为兰陵令。后著书讲学,韩非、李斯学于其门,《史记》卷七十四有传。②〔扬雄〕一作杨雄,见卷三第二十五条注③。

◎ **大意** 荀子才识高远,敢为新说,他的过错也多;扬雄才识短浅,刻意模仿圣人,他的过错也较少。

14.6 荀子极偏驳,只一句"性恶"①,大本已失。扬子虽少过,然已自不识性②,更说甚道?(《二程遗书》卷十九《杨遵道录》)

◎ **注释** ①〔只一句"性恶"〕荀子主张"性恶",与孟子主张"性善"相对。②〔自不识性〕扬雄认为人性善恶没有明确界限,所以程颐说他"不识性"。

◎ **大意** 荀子的学说极其偏失驳杂,只一句"性恶",就在根本上错了。扬雄虽然过错少,但他既然不懂得性,又怎么谈论道呢?

14.7 董仲舒曰:"正其义,不谋其利;明其道,不计其功。"此董子所以度越诸子。①(《二程遗书》卷二十五《畅潜道录》)

◎ **注释** ①董仲舒之语见《汉书》卷五十六《董仲舒传》,亦见卷二第四十条。《春秋繁露》卷九《对胶西王越大夫不得为仁第三十二》所载则为"正其道,不谋其利。修其理,不急其功"。

◎ **大意** 董仲舒说:"言行合乎正义,不谋个人私利;讲明圣人之道,而不去计较它的功用。"这是董仲舒超越诸子的原因。

14.8 汉儒如毛苌①、董仲舒,最得圣贤之意,然见道不甚分明。下此即至扬雄,规模又窄狭矣。(《二程遗书》卷一《端伯传师说》)

◎ **注释** ①〔毛苌〕或作"毛长",为与称大毛公的毛亨相区别,又称小毛公。治《诗》甚精,为河间献王博士,官至北海太守。当时言《诗》者有齐、鲁、韩三家。后三家皆废,《毛诗》大行,流传至今。

◎ **大意** 汉儒如毛苌、董仲舒,最能明白圣人之意,但对圣人之道的认识还不够清楚。他们以下到扬雄,气度、格局就更加狭隘了。

14.9 林希①谓扬雄为禄隐。扬雄,后人只为见

他著书，便须要做他是②，怎生做得是？（《二程遗书》卷十九《杨遵道录》）

◎ **注释** ①〔林希〕字子中，福州长乐人。熙宁进士，官至吏部尚书，历任翰林学士、同知枢密院事。王安石女婿，曾参与罢黜程颐等元祐群臣。传见《宋史》卷三四三。②〔做他是〕肯定他。

◎ **大意** 林希说扬雄是食禄的隐士。扬雄，后世之人只是看到他所著的书便肯定他，怎么能肯定他呢？

14.10 孔明①有王佐之心，道则未尽。王者如天地之无私心焉，行一不义而得天下不为。孔明必求有成而取刘璋②，圣人宁无成耳，此不可为也。若刘表③子琮将为曹公所并，取而兴刘氏，可也。（《二程遗书》卷二十四《邹德久本》）

◎ **注释** ①〔孔明〕姓诸葛，名亮，字孔明，卒谥忠武侯。汉末群雄割据之际，佐刘备创立蜀汉。《三国志》之《蜀书》卷五有传。②〔刘璋〕字季，为益州（今四川省地）牧刘焉子，详见《蜀志》卷一《刘璋传》。③〔刘表〕字景升，汉末为荆州牧，后其子刘琮举州降曹操，见《后汉书》卷一零四下《刘表传》。

◎ **大意** 诸葛亮有辅佐帝王之心，但对于圣人之道却未完全把握。王者应当如天地一样大公而无私心，哪怕让他做一件不义的事就能得到天下，他也不做。诸葛亮执着于追求成就，才攻取刘璋。圣人宁愿无所成就，也不会做这种事。像刘表之子刘琮，将被曹操吞并，诸葛亮夺取之而兴刘氏，是可以的。

14.11 诸葛武侯有儒者气象。(《二程遗书》卷十八《刘元承手编》)

◎ **大意** 诸葛亮有儒者的气象。

14.12 孔明庶几礼乐。(《二程遗书》卷二十四《邹德久本》)

◎ **大意** 诸葛亮也许可以昌明礼乐。

14.13 文中子本是一隐君子,世人往往得其议论,附会成书。其间极有格言,荀、扬道不到处。(《二程遗书》卷十九《杨遵道录》)

◎ **大意** 王通原本是一位隐居的君子,世人往往记下他的议论,附会而成书。其间有很多精辟的话,是荀子、扬雄所没有讲到的。

14.14 韩愈亦近世豪杰之士,如《原道》①中言语虽有病,然自孟子而后,能将许大见识寻求者,才见此人。至如断曰:"孟子醇乎醇②。"又曰:"荀与扬,择焉而不精,语焉而不详③。"若不是他见得,岂千余年后便能断得如此分明?(《二程遗书》卷一《端伯传师说》)

◎ **注释** ①〔《原道》〕韩愈的哲学文章，提出儒家的"道统"学说，以攻击当时流行的佛老思想，见《韩昌黎全集》卷十一。②〔孟子醇乎醇〕语出韩愈《读荀子》。③〔荀与扬，择焉而不精，语焉而不详〕语出韩愈《原道》。

◎ **大意** 韩愈也是近世的豪杰之士，如《原道》一文中言语虽有些毛病，然而自孟子以后，能将这么大的见识探寻出来的，仅有他一人。至于判定说："孟子是醇而又醇的儒者。"又说："荀子与扬雄，其学说选择得不够精审，阐释得又不够详明。"如果不是他确有真见，怎能在孟子死后千余年，判断得如此分明呢？

14.15 学本是修德，有德然后有言①。退之却倒学了，因学文日求所未至，遂有所得。如曰："轲之死，不得其传②。"似此言语，非是蹈袭前人，又非凿空③撰得出，必有所见。若无所见，不知言所传者何事。（《二程遗书》卷十八《刘元承手编》）

◎ **注释** ①〔有德然后有言〕语出《论语·宪问》。②〔轲之死，不得其传〕语出韩愈《原道》，认为孟子之后，儒家的道统中断，此说为宋代理学家所称道。③〔凿空〕凭空无据。

◎ **大意** 学道原本是修德，有德才能有好的言语。韩愈却倒过来学了，因为他要学习写文章，每天追求自己未能达到的东西，于是对圣人之道有了收获。如他说："孟子死后，道统断绝，没能传下去。"像这样的话，不是蹈袭前人，也不是凭空杜撰出来的，一定是他自己有所认识。如果不是自有见地，就不会明白圣人所传的是什么东西。

14.16 周茂叔胸中洒落，如光风霁月①。其为政精密严恕，务尽道理。（《宋史·周敦颐传》、潘兴嗣《濂溪先生墓志铭》）

◎ **注释** ①〔光风霁月〕雨过天晴时风清月明的景象，这里形容周敦颐胸怀光明磊落。语出黄庭坚《山谷集》卷一《濂溪诗并序》："舂陵周茂叔，人品甚高，胸中洒落，如光风霁月。"

◎ **大意** 周敦颐心胸光明坦荡，如同光风霁月一样晶莹明净。他处理政事精细严密，严毅又宽恕，务在穷尽道理。

14.17 伊川先生撰《明道先生行状》曰：先生资禀既异，而充养①有道。纯粹如精金，温润如良玉。宽而有制，和而不流②，忠诚贯于金石，孝悌通于神明。视其色，其接物也，如春阳之温；听其言，其入人也，如时雨之润。胸怀洞然，彻视无间。测其蕴，则浩乎若沧溟之无际；极其德，美言盖不足以形容。先生行己③，内主于敬，而行之以恕，见善若出诸己，不欲弗施于人④。居广居而行大道⑤，言有物而动有常⑥。先生为学，自十五六时，闻汝南⑦周茂叔论道，遂厌科举之业，慨然有求道之志。未知其要，泛滥⑧于诸家，出入于老、释亦几十年，返求诸六经而后得之。明于庶物，察于人伦⑨，知尽性至命⑩，必本于孝弟；穷神知化⑪，由通于礼乐。辨异端似是之非，开百代未明之惑。秦汉而下，未有臻斯理也。谓孟子没而圣学不传，以兴起斯文为己任。其言曰："道之不明，异端害之也。昔之害近而易知，今之害深而难辨。昔之惑人也乘其迷暗，今之入人也因其高明。自谓之穷神知化，而不足以开物成务⑫；言为无不周遍，实则外于伦理。穷深极微，而不可以入尧舜之道。天下之学，非浅陋固滞，则必入于此。自道之不明也，邪诞妖异之说竞起，涂生民之耳目，溺天下于污浊。虽高才明智，胶于见闻，醉生梦死，不自觉也。是皆正路之蓁芜⑬，圣门之蔽塞，辟之而后可以入道。"先生进将觉斯人，退将明之书，不幸早世⑭，皆未及也。其辨析精微，稍见于世者，学者之所传耳。

先生之门，学者多矣。先生之言，平易易知，贤愚皆获其益，如群饮于河，各充其量。先生教人，自致知至于知止，诚意至于平天下，洒扫应对至于穷理尽性，循循有序。病世之学者舍近而趋远，处下而窥高，所以轻自大而卒无得也。先生接物，辨而不间⑮，感而能通。教人而人易从，怒人而人不怨，贤愚善恶，咸得其心。狡伪者献其诚，暴慢者致其恭，闻风者诚服，觌⑯德者心醉。虽小人以趋向之异，顾于利害，时见排斥，退而省其私，未有不以先生为君子也。先生为政，治恶以宽，处烦而裕。当法令繁密之际，未尝从众为应文逃责之事。人皆病于拘碍，而先生处之绰然；众忧以为甚难，而先生为之沛然。虽当仓卒，不动声色。方监司⑰竞为严急之时，其待先生率皆宽厚，设施⑱之际，有所赖焉。先生所为纲条法度，人可效而为也。至其道之而从，动之而和，不求物而物应，未施信而民信，则人不可及也。（《二程文集》卷十一《明道先生行状》）

◎ **注释** ①〔充养〕后天的学习与实践。②〔和而不流〕语出《中庸》。③〔行己〕处身行事。④〔不欲弗施于人〕语出《论语·颜渊》。⑤〔居广居而行大道〕语源于《孟子·滕文公下》。⑥〔言有物而动有常〕语出《礼记·缁衣》。⑦〔汝南〕在今河南汝南。⑧〔泛滥〕博览群籍。⑨〔明于庶物，察于人伦〕明达事物之情，详察人伦之序。语出《孟子·离娄下》。⑩〔知尽性至命〕语出《周易·说卦传》。见卷六第十一条注③。⑪〔穷神知化〕语出《周易·系辞下》。孔颖达疏："穷极微妙之神，晓知变化之道，乃是圣人德之极盛也。"⑫〔开物成务〕通晓万物之理，成就天下之务，语出《周易·系辞上》。⑬〔蓁芜〕杂草丛生。蓁，茂盛的样子。⑭〔不幸早世〕程颢卒时，年仅五十四岁。⑮〔辨而不间〕明辨其恶但不拒绝人。⑯〔觌〕见，相见。⑰〔监司〕监察地方属吏之官。⑱〔设施〕采取措施，筹划。

◎ **大意** 程颐撰写《明道先生行状》说：程颢先生天资禀赋不同常人，而他又扩充善性，持养身心有法。他的品行，纯粹得就像金子，温润得又如同美玉。他的性情，宽厚而有节制，和顺但不随波逐流，他忠诚之志可以贯穿金石，敬父爱弟之意可以通达于神明。看他的容貌、待人接物，就如同春天的太阳一样温和；听他言语，深入人心，就像时雨一样滋润万物。先生心胸开阔，如重门洞开，透彻而无间隔阻碍。度量其学识的蕴蓄，则又浩浩然如同沧海之无边无际；想要说清楚他的美德，再好的言语都无法做到。先生修持自身，于内主于谨敬，于外践行恕道并推之及人，见到别人的善行就像自己的善行一样珍视和赞扬，自己不想接受的绝不施加于人。心胸坦荡就如同居住在宽广的居室中，行为端正就像走在正直的大路上，言语切实不作空言，行动有常规而不肆意妄为。先生为学，十五六岁时听闻汝南周敦颐谈论圣人之道，于是就厌弃世人争相追逐的科举之业，慨然有探求圣人之道的志向。起初不得求道要领，博览诸家典籍，出入老庄、佛学也将近十年，最后又返回探求"六经"，然后才得其真谛。先生明达事物实情，详察人伦之序，懂得尽性知命必本于孝亲敬长之实，明白穷神知化所认识的天道原与明礼知乐的人事是相通的。辨析异端之学的似是而非，解答千百年未能弄明晓的迷惑。自秦汉以来，没有人能认识到这些道理。他认为孟子死后圣学未能延续，因此以复兴圣人之道为己任。他曾说："大道不能昌明于天下，是因为异端之学的妨害。昔日妨害圣学的杨墨、申韩之类的学说浅显，其荒谬容易察觉，今日妨害圣学的佛老之学深远而难以分辨。昔日异端之学迷惑人是利用人的迷暗，今日的异说侵入人心却是利用人的高明。佛教自认为能通达天地的玄妙，却不能够明晓万物之理，成就天下之务。认为自己的学说无所不包，其实不能通晓人类伦常之理。自认为穷尽深奥之理，其学说却不能达于尧舜坦荡平易之道。天下的学问，如果不是浅显而不通达，就必定会流入佛教。自从圣人之道不能明于天下，邪诞妖异之说就竞相盛行，堵塞了民众耳目，使天下人沉溺于污泥浊水之中。即使是才智高明之士，局限于耳目的见闻，也会醉生梦死而不能自我醒悟。这都是因为正路荒芜，圣学之门被堵塞，必须开辟路径才能步入大道。"先生他进身为官是为了唤醒世人，退身隐居要著书明理以垂后世，不幸早逝，进退之事都没有来得及做成。他辨析精微之论，多少有些为世人所见，这都是他的学生传播的。先生的门下有很多学生，先生的言语平易易知，不论是贤明的还是愚笨的，听了都可以从中受益，就像一群人在大河里饮水，各自满足自己的需要。先生教人，从推明知识开始一直到知其所止，从正心诚意一直到平治天下，从洒扫应对的小学功夫一直到究极圣道的穷理尽性，整个过程都遵循相应的次序。他批评当世学者舍弃近道而务求高远，身居下处却窥视高处，轻浮自大而最终什么都没有学到。先生对待他人，明辨其恶但也不拒绝他人，以意感人而人能与之相通。教导他人而人能乐于听从，怒责他人而人不怨恨，不论贤愚善恶各种人，他都能得其心。狡猾的人在他面前也会奉献其真诚，暴虐傲慢的人在他面前也表现出谦恭，听说他风范的人心悦诚服，见到他德行的人佩服得心醉神迷。即使是小人与他的追求不一样，考虑利害相妨，时时加以排斥，当他们退处而自我省察时，也没有不认为先生是君子的。先生治理政事，以宽厚态度治理恶人，以导其向善，处于烦琐的事务中却能悠闲宽裕，每当朝廷法令烦苛峻密的时候，从未像众人那样为了应付差使去做那些逃避责任的事。人人都认为法令不当，束缚、妨碍着众人，使他们没法做事，先生却能在这种法令下处理事物绰绰有余。众人认为很难做的事，先生却做得很好。即使是在仓促遇变之时，先生也镇定自若，不动声色。当监司们竞相严密地监察州县官员时，他们对待做州县官员的先生都很宽厚，处理事务之际，还有依赖先生的地方。先生所设的纲条法度，人们可以效法。至于先生引导民众，民众就会跟从，行动时有人相和应，不求外物应己而外物自应，未曾对民众展现他的诚信而民众已经相信他，这些都是普通人所赶不上的。

14.18 明道先生曰：周茂叔窗前草不除去①，问之，云"与自家意思一般"。(本注：子厚②观驴鸣，亦谓如此。)(《二程遗书》卷三《谢显道记忆平日语》)

◎ **注释** ①〔不除去〕叶采本无"去"字,作"不除"。②〔子厚〕张载之字。

◎ **大意** 程颢说:周敦颐不清除窗前的杂草。有人问他原因,回答说:"草所展现的生机与我的心境一样。"(本注:张载观看驴鸣叫,也是如此。)

14.19 张子厚闻皇子生,喜甚;见饿莩①者,食便不美。(《二程遗书》卷三《谢显道记忆平日语》)

◎ **注释** ①〔饿莩〕即饿殍,饿死的人或饿得快死的人。

◎ **大意** 张载听说有皇子诞生,非常开心;看见有饿死或饥饿的人,吃饭就不香。

14.20 伯淳①尝与子厚在兴国寺②讲论终日,而曰:不知旧日曾有甚人于此处讲此事?(《二程遗书》卷二上)

◎ **注释** ①〔伯淳〕程颢之字。②〔兴国寺〕旧名相国寺,在开封城内。

◎ **大意** 程颢曾经与张载在兴国寺谈论了一整天,说:不知道昔日曾有什么人在此处谈论过这样的事。

14.21 谢显道云:明道先生坐如泥塑人,接人则浑是一团和气。(《二程外书》卷十二《传闻杂记》)

◎ **大意** 谢良佐说:程颢先生静坐时就像一个泥塑的人,与人相处时则全然是一团和气。

14.22 侯师圣①云：朱公掞②见明道于汝③，归谓人曰："光庭在春风中坐了一个月。"游、杨④初见伊川，伊川瞑目而坐，二子侍立。既觉，顾谓曰："贤辈尚在此乎？日既晚，且休矣。"及出门，门外之雪深一尺。（《二程外书》卷十二《传闻杂记》）

◎ **注释** ①〔侯师圣〕侯仲良，字师圣。二程舅氏之孙，从学于二程。《伊洛渊源录》卷十二、《宋元学案》卷三十有传。②〔朱公掞〕朱光庭（1037—1094），字公掞。初受学于胡瑗（993—1059），后又从学二程于洛阳，嘉祐进士，历任左司谏、给事中、知州、集贤院学士。《宋史》卷三三三有传，学说见《宋元学案》卷三十。③〔汝〕即汝州，今属河南。元丰六年（1083年），明道监管汝州酒税，光庭前往拜见。④〔游、杨〕即游酢、杨时，都是二程门人。

◎ **大意** 侯仲良说：朱光庭到汝州去见程颢，回来后告诉人说："我在春风中坐了一个月。"游酢、杨时初次去拜见程颐，程颐正瞑目而坐，两人站在旁边等候。程颐醒后，看着他们说："你们还在这里呀？天色已经晚了，且去休息吧。"等到他们出门的时候，门外积雪已一尺。

14.23 刘安礼云：明道先生德性充完，粹和之气，盎于面背，乐易①多恕，终日怡悦。立之从先生三十年，未尝见其忿厉之容。（《二程遗书》附录《门人朋友叙述》）

◎ **注释** ①〔乐易〕和乐平易。

◎ **大意** 刘安礼说：程颢先生德行充实完美，纯正平和之气盎然展现在全身，性格和乐平易，心胸宽广，终日都是喜悦的。我跟从先生学习三十年，从来没见过他有愤恨严厉的神态。

14.24 吕与叔撰《明道先生哀词》云：先生负特立之才，知大学①之要，博文强识②，躬行力究，察伦明物，极其所止③，涣然心释，洞见道体。其造于约④也，虽事变之感不一，知应以是心而不穷；虽天下之理至众，知反之吾身而自足。其致于一也，异端并立而不能移，圣人复起而不与易⑤。其养之成也，和气充浃⑥，见于声容，然望之崇深，不可慢也；遇事优为⑦，从容不迫，然诚心恳恻，弗之措也。其自任之重也，宁学圣人而未至，不欲以一善成名；宁以一物不被泽为己病，不欲以一时之利为己功。其自信之笃也，吾志可行，不苟洁其去就；吾义所安，虽小官有所不屑。（《二程遗书》附录《哀词》）

◎ **注释** ①〔大学〕与"小学"相对的成就大人之德的学问，张伯行《近思录集注》卷十四解作书名。②〔博文强识〕博览古代典籍而又有很强的记忆力。语出《礼记·曲礼上》。③〔极其所止〕即止于至善。④〔约〕简要，要领。⑤〔圣人复起而不与易〕语出《孟子·滕文公下》："圣人复起，不易吾言矣。"

⑥〔充浃〕充盈浃洽。⑦〔优为〕从容。

◎ **大意** 吕大临作《明道先生哀词》说：先生怀有特立独出之才，明晓高深学问的要领，博览群书且记忆力超强，身体力行努力探索，详察人伦，明了事理，处于最完美的境界，心中如涣然冰释，深刻理解大道的本体。他的学问由博而返约，虽然外事作用于身而变化不一，但他明白心是应事之主而感应没有穷尽；天下众理虽多，但他明白众理皆备于身，反诸自身，一切理皆可自足。他的修养达到了精诚致一的境界，异端之学并兴也不能改变他的心志，就算圣人再生，也不会修改他的学说。他的德行养成了，和气充盈浃洽，表现在声音与容貌上，使人望见他高藏深隐，不可轻慢。先生遇事绰有余力，从容不迫，然而其人真诚恳切，做不好决不放弃。他对自己的期望和要求很高，宁愿学习圣人而未能达到，也不愿仅仅凭借一种善行美德而成就名声；宁愿把天下有一物不受圣泽恩惠看成是自己的过错，也不愿把一时之利视为自己的功劳。先生自信笃厚，只要其志向可以实行，就不故作高洁而去其位；只要依义而行就心安，即使是小官也不屑于做。

14.25 吕与叔撰《横渠先生行状》云：康定用兵时①，先生年十八，慨然以功名自许，上书谒范文正公②。公知其远器，欲成就之，乃责之曰："儒者自有名教，何事于兵？"因劝读《中庸》。先生读其书，虽爱之，犹以为未足，于是又访诸释、老之书，累年尽究其说，知无所得，反而求之六经。嘉祐③初，见程伯淳、正叔于京师，共语道学之要。先生涣然自信曰："吾道自足，何事旁求！"于是尽弃异学，淳如也④。（本注，尹彦明云：横渠昔在京师，坐虎皮说《周易》，听从甚众。一夕,二程先生至,论《易》。次日,横渠撤去虎皮,曰:"吾平日为诸公说者,皆乱道。有二程近到,深明《易》道,吾所弗及,汝辈可师之。")晚自崇文⑤移疾⑥西归横渠,终日危坐⑦一室,左右简编,俯而读,仰而思,有得则识之。或中夜起坐,取烛以书。其志道精思,未始须臾息,亦未尝须臾忘也。学者有问,多告以知礼成性、变化气质之道,学必如圣人而后已,闻者莫不动心有进。尝谓门人曰:"吾学既得于心,则修其辞;命辞无差,然后断事;断事无失,吾乃沛然。精义入神⑧者,豫而已矣。"先生气质刚毅,德盛貌严,然与人居,久而日亲。其治家接物,大要正己以感人。人未之信,反躬自治,不以语人,虽有未谕,安行而无悔。故识与不识,闻风而畏。非其义也,不敢以一毫及之。(张载《张子全书·附录》)

◎ **注释** ①〔康定用兵时〕"康定"是宋仁宗年号,康定元年(1040年),西夏攻宋,时范仲淹为陕西招讨副使,张载上书谒见。②〔范文正公〕即范仲淹(989—1052),谥文正,见卷一第四十三条注①。③〔嘉祐〕宋仁宗年号。④〔于是尽弃异学,淳如也〕据《伊洛渊源录》卷六,《行状》有两版本,有些不同之处。一本此处作："尽弃其学而学焉。"还有一说，朱子《晦庵集》中《答方伯谟》又说："尽弃旧学。"⑤〔崇文〕宋藏书馆名。熙宁二年（1069年），张载曾为崇文院校书，第二年就辞官归于横渠故里。⑥〔移疾〕作书称病，多为居官者求退的婉辞。⑦〔危坐〕端坐。⑧〔精义入神〕语出《周易·系辞传下》。

◎ **大意** 吕大临作《横渠先生行状》说：仁宗康定年间与西夏交战时，张载先生才十八岁，慨然以立功边疆自许，上书请求谒见范仲淹。范仲淹看出他是远大之器，想要成就他，于是责备他说："读书人自有读书人的学问，为什么要从事军事？"因此劝说他读《中庸》。张载先生读《中庸》，虽然喜欢，但仍感不足，于是又访求佛老之书，用几年的时间透彻地了解了佛老之说，学无所得，又回过头来读六经。嘉祐初年，先生在京师遇见了程颢、程颐兄弟，一同探讨道学的大要。先生胸中的疑问焕然消释，自信地说："我们儒学的理论本身十分充足，为什么要寻求他家之说？"于是尽弃异端之学，成为纯粹的儒者。（本注，尹彦明说：张载昔日在京师坐虎皮讲说《周易》，听众很多。一天晚上，二程到来，谈论《周易》。第二天，张载去掉虎皮，说：我平日给大家讲的，都是胡说。二程近日到此，他们深明《周易》的学问，是我赶不上的，你们可以向他们学习。）先生晚年因病从崇文院去职，西归回到横渠镇，整日恭恭敬敬地坐在一间房子里，左右放的都是书，俯首而读，仰首而思，有所得就记下。有时半夜坐起来，点灯去写东西。先生对圣人之道有精深的思考，从未有片刻停息和遗忘。门人有所问，多告诉他们学礼并用礼持养自己的本性，以及用学问改换气质的方法，要求学生学习一定要达到圣人的地步才可以。听者没有不动心而奋发向上有所进步的。先生曾对其门人说："我治学有所得时，就选择恰当的词句将其表达出来；用词没有差失，然后才以读书所得处理事务；处理事情没有失误，我心中才能感到充沛。精熟义理，达到神妙的境界，就要在事情未发生时就先知此事的道理，如此而已。"先生气质刚毅，德性充盛，容貌严肃，然而与他人相处，时间久了就很亲切。他治家与接物，大致原则是正己以感人。人未能信服他，就回过头来检查自己的言行，而不告诉他人；虽然有人未能明白他的用心，他照样安心而行，并不后悔。所以不论是认识他的还是不认识他的，闻其风而畏服，不合于义的事，再小也不敢拿来非议他。

14.26 横渠曰：二程从十四五时，便锐然①欲学圣人。（张载《经学理窟·学大原上》）

◎ **注释** ①〔锐然〕锐意进取的样子。

◎ **大意** 张载说：程颢、程颐两兄弟，从十四五岁的时候，就锐意进取，学做圣人。

◎ **思考辨析题**

1. 什么是圣贤气象？

2. 理学所讲的道统是如何传承的？

3. 圣人可学吗？我们在日常工作和生活中要如何提升自身道德修养呢？

参考文献

[1] （清）江永注：《近思录集注》，上海：上海书店出版社1987年版。

[2] 陈荣捷著：《近思录详注集评》，上海：华东师范大学出版社2007年版。

[3] （南宋）朱熹、（南宋）吕祖谦纂，张京华辑校：《近思录集释》，长沙：岳麓书社2010年版。

[4] （南宋）朱熹、（南宋）吕祖谦撰编，叶采集解，程水龙点校：《近思录集解》，北京：中华书局2017年版。

[5] （南宋）朱熹、（南宋）吕祖谦撰编，查洪德注译：《近思录》，郑州：中州古籍出版社2004年版。

[6] （南宋）朱熹、（南宋）吕祖谦撰编，于民雄译注：《近思录全译》，贵阳：贵州人民出版社2009年版。

[7] （南宋）朱熹、（南宋）吕祖谦撰编，杨祖汉译注：《近思录》，北京：中信出版社2016年版。

[8] （南宋）朱熹、（南宋）吕祖谦撰编，王华宝译注：《近思录》，太原：山西古籍出版社2008年版。

[9] 程水龙撰：《〈近思录〉集校集注集评》，上海：上海古籍出版社2012年版。

[10] 严佐之，戴扬本，刘永翔主编：《近思录专辑》，上海：华东师范大学出版社2015年版。